L'ÉTONNANTE MÉMOIRE DU CORPS

JEAN-PIERRE AUBRY

L'ÉTONNANTE MÉMOIRE DU CORPS

Équilibre

ÉDITIONS DU
ROCHER
Jean-Paul Bertrand

Collection « Équilibre »
dirigée par Maïté Jacquet

ISBN 2 268 03373 4

L'auteur adresse ses plus vifs remerciements aux conférenciers du Réseau Environnement Santé et tout particulièrement à messieurs :

J. GOUHIER, directeur de l'Institut de Rudologie.

J.-P. GRIGNET, pneumologue, spécialiste des particules inhalées.

H. JOYEUX, professeur de cancérologie et de nutrition

P. LE RUZ, directeur du Centre d'Étude et de Recherche en Protection électromagnétique.

G. MATHE, cancérologue de l'Hôpital suisse de Paris.

J.-F. NARBONNE, de l'Agence française de Sécurité sanitaire de l'Aliment.

J.-M. PELT, directeur de l'Institut européen d'Écologie.

A. PICOT, directeur de recherche en toxicologie au CNRS.

G.E. SERALINI, directeur de recherche en biologie moléculaire au CNRS.

Ainsi qu'à P. NEGARET, coordonnateur de la mission Recherche internationale de la CNAMTS, et promoteur des Journées de la Santé.

Un grand merci également à ceux qu'on nomme patients et dont cette qualité m'a permis de progresser davantage dans la compréhension de leurs aléas de santé.

Ce livre n'aurait pu être écrit sans la collaboration et le soutien de ma première lectrice, ma femme.

PRÉSENTATION

La première fois que j'ai entendu parler de « la mémoire du corps », c'était un 17 juin. Un samedi matin.

En février précédent, nous étions allés en famille aux sports d'hiver. Lors de ma première descente à ski, je quittai la piste rouge par la gauche pour attaquer, par vanité, une noire. Tout allait bien, la piste n'était pas trouillarde. C'était agréable de retrouver des sensations de vitesse.

Et puis la chute, celle qui vous fait rouler en donnant des coups à chaque tour. Je déchausse d'un ski, pas de l'autre. J'ai horreur de perdre un ski et j'aime (j'aimais) les sécurités bloquées. Quelques instants après avoir repris mes esprits, force fut de constater que le genou de ma jambe gauche, où j'avais encore le ski, me faisait bien mal. Je récupère l'autre ski, me relève, rechausse et, très doucement, en chasse-neige, je redescends. Les enfants finissaient leur cours.

– Papa, tu viens, on monte ! Pourquoi refuser ?

D'accord, mais je vous préviens, je vais aller tout doucement car je me suis payé une belle gamelle et j'ai mal à mon genou. En rentrant à la station je prendrai une Carte neige !

Il n'y a pas eu de Carte neige et plus jamais de ski.

Le soir, lorsque je me suis couché, mon genou était rouge et gonflé. Impossible de dormir tellement je souffrais. Vivement la fin de la nuit pour voir un médecin, avoir une radio, des calmants et, qui sait, un plâtre ?

La radio du lendemain ne diagnostiqua, heureusement, aucune fracture. Ce n'était, paraît-il, qu'une belle entorse…

Je passai le reste de la semaine à l'intérieur, allongé, à attendre que les autres reviennent des pistes (il faisait beau).

De février à juin j'ai eu :

– 3 arrêts de travail

– 80 piqûres d'anti-inflammatoires

– 35 séances de kiné

– de la mésothérapie

– des rayons laser

– sans compter les fois où je me levais la nuit pour prendre des bains chauds qui semblaient me soulager (jusqu'à 3 bains dans une seule nuit)…

Et puis un jour, ma femme, infirmière, me rapporte que le kiné de la clinique où elle travaille conseillait de consulter un praticien qui agissait sur « la mémoire du corps ».

Très sceptique, dans un premier temps, je refusai.

Et puis, elle finit par me prendre un rendez-vous pour ce fameux 17 juin.

C'est ainsi que je rencontrai pour la première fois l'auteur de ce livre.

Après m'avoir interrogé puis examiné, il m'affirma : « Votre genou a gardé l'empreinte du traumatisme ! »

C'était drôle. Comment voyait-il cela ?

« Je vais vous montrer comment vous en libérer », ajouta-t-il. « Tout d'abord, essayez de vous remettre dans la position où vous étiez à la fin de votre chute à ski. »

Comme vous voulez, ai-je dû répondre. Dans l'état où je me trouvais, je n'étais pas contrariant. Mais cela me fait toujours sourire d'imaginer un gros bonhomme, en slip, prendre une position ridicule et acrobatique.

Il m'a alors invité à placer ma jambe de telle manière qu'elle semblait en apesanteur. Curieusement, après quelques manœuvres très lentes, j'eus la sensation que quelque chose se dégageait dans mon genou.

Je ne sais pas combien de temps cela avait duré : 10 secondes, 30 secondes ? Habitué aux longues séances de rééducation, j'étais perplexe. Le genou semblant aller mieux, mon cartésianisme était fortement égratigné.

Dans l'après-midi de ce samedi, j'ai simplement eu un passage un peu fébrile, non douloureux.

Le lendemain je faisais un circuit de petite randonnée, soit 7 kilomètres !

Un autre et seul rendez-vous a suffi pour régler cette affaire.

Depuis, plusieurs dizaines de personnes m'ont confirmé bien d'autres effets remarquables, analogues à ceux décrits dans ce livre. Je laisse donc au lecteur le plaisir de découvrir « l'étonnante mémoire du corps » et les différentes manières de s'en libérer.

J.G. A.

Simple particulier toujours étonné de cette approche différente et pourtant étonnamment logique de la santé.

PRÉFACE

Enfin un homme qui ose dire tout haut ce que les patients attendent : connaître les origines de leurs problèmes de santé. Pour apprendre à se préserver. Et à s'en libérer pour être véritablement guéris.

Si la génétique et l'immunologie ont pu donner de nouvelles approches et de nouvelles explications à nos maladies, que celles-ci ne nous empêchent pas de retrouver le bon sens dans une explication des circonstances de départ. D'ailleurs, le retour en force des problèmes environnementaux va nous amener de plus en plus à rechercher les origines de nombre de nos affections.

Cette perception des causes que J.-P. Aubry nous convie à développer me semble extraordinaire et mérite d'être connue. Agir sur la « mémoire du corps » est un cheminement vers une autre conception des thérapeutiques du futur.

Docteur Claude Gabriel David
Diplômé d'immunologie,
Président de l'association RES

INTRODUCTION

Comment allez-vous ? Qu'on évite surtout de répondre ou qu'on se répande en interminables commentaires, cette formule de politesse montre la place prédominante qu'occupe la santé dans nos préoccupations.

Les doléances fréquentes et imagées de nos semblables quant à leurs douleurs, problèmes de circulation, digestion, sommeil, nerfs ou aléas des cycles, donnent parfois l'impression que leurs véhicules les moins entretenus sont en meilleur état qu'eux-mêmes ! Comment nos contemporains peuvent-ils être si mal en point ?

Notre corps, ce merveilleux cadeau que nous avons tous reçu en héritage, possède pourtant toutes les qualités dont nous pouvons rêver : voir, écouter, se déplacer, sentir, aimer... bref, prendre plaisir à vivre !

Pourquoi se met-il parfois à ne plus fonctionner correctement ? De multiples questions nous assaillent alors : Que m'arrive-t-il ? Comment suis-je devenu si fragile ? Et pourquoi moi ?...

La maladie est-elle, ainsi que l'épée de Damoclès, en permanence suspendue au-dessus de notre tête ? Bien sûr, les sciences médicales sont là pour nous aider. Mais tandis que médecins, biologistes et autres professions de santé accomplissent des prodiges, nous, que faisons-nous pour éviter que notre corps ne se détériore ? Connaissons-nous ce qui peut le fragiliser ?

Si l'hérédité a son importance, le milieu dans lequel nous avons vécu et les contraintes supportées laissent aussi leurs empreintes, même lorsque le souvenir s'en est estompé. Ce que nous avons respiré, mangé, la manière dont nous nous comportons influe aussi sur notre vitalité. Les soucis ou les peines trop longtemps endurées ne déforment pas que les traits du visage. De multiples facteurs modèlent notre physique et notre psychisme.

Notre santé est le reflet de l'histoire cachée de notre corps !

Heureusement, si nous détériorons parfois notre organisme, nous avons aussi le pouvoir de le réparer. En le libérant simplement de ce qui entrave son fonctionnement…

Comme autant d'énigmes à résoudre, ce livre est basé sur des exemples concrets. La plupart des influences à l'origine des problèmes décrits ont été confirmées par des études scientifiques. D'autres sont encore méconnues. Certaines, n'apparaissant que chez un petit nombre de personnes, ne figureront probablement jamais dans les statistiques. Tout dépend en effet de la sensibilité individuelle. Ne sommes-nous pas tous des êtres exceptionnels ?

Le chapitre premier, intitulé « Retours de chocs », montre les conséquences des traumatismes assez importants, bien que n'entraînant pas de lésions apparentes. Comment coups du lapin, chocs sur la tête, chutes violentes sur le bassin, mauvaises attitudes prolongées ou gestes répétés retentissent sur les articulations, la circulation, la vue ou affectent le développement des enfants.

Des tests permettant de déceler l'éventuelle présence de séquelles de chocs sont indiqués ainsi que des techniques aussi simples que méconnues pour s'en libérer.

Dans le deuxième chapitre, « Émotionnellement vôtre », sont relatés les effets des stress. Comment, par exemple, les contraintes psychologiques répétées, analogues au martèlement incessant de gouttes d'eau, arrivent à détruire les tempéraments les plus enjoués. Sans qu'il soit physiquement touché, le corps se recroqueville en lui-même. Ainsi, la mémorisation de peurs de l'enfance pourra modifier tout le comportement d'une vie. Là aussi, de nombreux moyens permettent de nous libérer des stress.

Les influences de l'alimentation sur notre santé seront résumées dans le chapitre 3 : « Mise en bouche ». Certains déséquilibres longtemps prolongés modifient peu à peu notre vitalité et peuvent induire de multiples désagréments. Adopter une alimentation plus énergétique que calorique est faire un grand pas vers la santé.

Le quatrième chapitre, « Les toxiques se cachent pour nous nuire », évoque les influences des pollutions auxquelles nous sommes confrontés dans notre vie quotidienne. Des produits d'usage courant et apparemment anodins peuvent cependant nous nuire. Certains facteurs en multiplient la toxicité par 50 voire par 1 000. S'accumulant au plus profond de nos tissus, les toxiques perturbent alors insidieusement nos organes et leurs fonctions. Savoir utiliser au mieux ces produits et aider notre corps à se détoxiquer s'avère aujourd'hui indispensable.

Le chapitre 5, « Cocktails dangereux », analyse les conséquences de l'accumulation de ces diverses influences dans notre corps et de bien d'autres, comme l'électromagnétisme ou le bruit. Leurs effets pervers ne se font parfois sentir qu'au bout de plusieurs années et beaucoup d'entre nous ignorent qu'ils portent ainsi les germes de leurs futures pathologies. Heureusement, toutes ne sont pas pour autant inéluctables si l'on peut agir à temps.

Ainsi, analogue à un ordinateur, le corps enregistre au fil des années un certain nombre d'informations qui modifient sa structure et ses fonctions. Améliorer cette programmation du corps sera l'objet du dernier chapitre : « Changement de cap ».

Pour aller mieux, il s'avère d'abord nécessaire de prendre conscience de ces influences ; la deuxième étape consiste à éviter celles qui peuvent nous perturber ; la troisième – plus difficile – visera à en atténuer les empreintes.

Se dégager de ce qui a entravé notre vitalité permet souvent de diminuer, voire de faire disparaître de nombreux désagréments.

CHAPITRE 1

RETOURS DE CHOCS

La vieillesse ne vient-elle pas assez vite, sans que nous fassions la moitié du chemin pour aller au-devant d'elle ? Qui nous fait vieux d'ailleurs ? Ce n'est point notre âge, ce sont nos infirmités.

A. DUMAS père, *Térésa.*

Qui ne s'est amusé, en regardant les bêtisiers à la télévision, d'une chute inopinée ou du choc brutal reçu par un distrait ? Base incontournable des principaux effets comiques du cinéma, ces « gags » déclenchent, de manière quasi certaine, des vagues d'hilarité chez les spectateurs ! Après tout, pourquoi ne pas rire de ces situations auxquelles nous avons tous, un jour, été soumis ? D'autant qu'elles sont sans conséquences !

Sans conséquences ? Ce n'est peut-être pas si sûr !...

DESCENTE AUX ENFERS

Ses migraines étaient si violentes qu'elles lui donnaient l'impression que sa tête allait éclater. Ne pouvant supporter le moindre éclairage, Rebecca devait rester allongée des journées entières dans le noir le plus complet. Mais pires encore étaient les vertiges. « Même couchée, je ne pouvais ouvrir les yeux sans avoir l'épouvantable sensation de me retrouver dans une centrifugeuse. J'avais beau me cramponner de toutes mes forces au bord du lit, je me sentais aspirée dans d'interminables tournoiements vers un abîme sans fond. Et qui me provoquaient en plus d'incoercibles envies de vomir... Des descentes aux enfers ! » se souvient Rebecca, qui poursuit : « Je ressortais complètement épuisée de ces crises qui, hélas, se rapprochaient de plus en plus. »

Ses premiers maux de tête étaient apparus à l'âge de 25 ans. Jusque-là Rebecca se portait bien, mises à part quelques tensions dans le cou et le haut du dos qui la gênaient de temps à autre lorsqu'elle devait écrire trop longtemps. Elle les reliait à sa profession de rédactrice dans une revue féminine et supposait que de nombreux confrères devaient également endurer ces petites misères. Aussi n'y prêtait-elle pas attention, se contentant d'y remédier en avalant quelques comprimés conseillés par le pharmacien. Ce qui la soulageait fort bien.

Puis, insensiblement, les contractures devinrent plus présentes. Tout en travaillant, elle devait, pour se soulager un peu, se masser la nuque assez souvent. Il lui arrivait aussi de tourner la tête à fond de chaque côté pour étirer ses tensions. Néanmoins, cette sensation de gêne s'amplifiant, Rebecca se résolut à consulter. « Les remèdes prescrits firent disparaître efficacement mes douleurs, mais hélas, elles réapparurent peu après la fin du traitement. Mon médecin me conseilla alors quelques séances de rééducation au cours desquelles le kinésithérapeute m'enseigna une meilleure position de travail. » Appliquant scrupuleusement ces recommandations, Rebecca ne souffrit plus pendant plus d'une année.

La qualité de ses articles lui ayant valu une promotion, la jeune femme se vit confier un poste de reporter. Elle attribua aux nombreux déplacements en voiture et au surcroît d'activité la réapparition de ses douleurs. Un point particulièrement pénible se faisait sentir sur la gauche de son cou, contrairement aux céphalées qui prédominaient à droite. Il lui arrivait aussi de ressentir par moments une impression de crispation dans l'avant-bras de ce même côté, ce qui l'obligeait à secouer sa main pour se décontracter. Son écriture, jusque-là bien dessinée, se déformait. « Avec ton métier, ce n'est pas rare, lui disait-on, c'est la crampe de l'écrivain. » Sur le conseil de son médecin, Rebecca absorba un traitement de fond pour les migraines et suivit à nouveau des séances de physiothérapie.

Toutefois l'amélioration ne s'avéra pas aussi spectaculaire que la première fois. Les soins ne purent qu'atténuer la douleur de l'avant-bras qui se focalisait principalement autour du coude. Cet échec relatif fut imputé au travail important que devait effectuer cette jeune femme et peut-être à la dureté du levier de vitesses de sa voiture, dont le maniement exacerbait souvent sa douleur.

« Je changeai donc de véhicule, mais cela ne diminua pas beaucoup ma contracture. Parallèlement, mes maux de tête s'amplifièrent et c'est vers cette époque que les sensations vertigineuses apparurent. » La journaliste se trouva alors contrainte d'accepter les premiers arrêts de travail de sa carrière. Radiographies, Dopplers, électromyogrammes, examens de l'oreille interne, scanners, IRM... se succédèrent et ne mirent heureusement en évidence que des signes d'arthrose cervicale avec pincements discaux. Des antivertigineux furent associés aux médicaments antimigraineux et anti-inflammatoires. En complément, quelques infiltrations dans les zones douloureuses du bras furent effectuées.

Plusieurs années se passèrent ainsi, ponctuées par ces traitements qui apportaient une sédation appréciée. Mais, si les maux de tête pouvaient être atténués par les médicaments, les crises vertigineuses elles, ne diminuaient guère en intensité et se multipliaient. Et s'avéraient de plus en plus difficiles à vivre. La sensibilité de la journaliste devint exacerbée. Les odeurs des feutres, avec lesquels elle surlignait chaque matin les passages d'articles, lui déclenchaient des nausées. Même les parfums de ses collègues lui devenaient insupportables.

Elle dut cesser le footing qu'elle pratiquait encore, en dehors des crises, une ou deux fois par semaine. En effet, Rebecca éprouva la sensation que, par moments, son cœur s'emballait. L'électrocardiogramme ne montra aucune anomalie et ces désagréables palpitations, qualifiées de simples troubles neurovégétatifs, purent être calmées par des prescriptions complémentaires de médicaments. « Parfois, je devais absorber aussi des tranquillisants pour arriver à m'endormir. Si je finissais par en avoir la bouche pâteuse – et les idées également – j'étais pourtant très contente de la rémission passagère qu'ils me procuraient. Mais consciente aussi qu'ils s'avéraient incapables de me guérir. Et angoissée de voir que malgré ce nombre croissant de remèdes, mon état de santé n'arrêtait pas de péricliter ! »

Certains jours, Rebecca n'arrivait plus à trouver ses mots pour s'exprimer correctement. Et ses articles devenaient d'une telle affligeante banalité qu'on envisagea de la reléguer à des activités subalternes. Ce qui ne fit, bien sûr, qu'ajouter à ses angoisses.

« Entre les vertiges, la gêne pour écrire et ce mal-être général grandissant, je ne voyais pas la fin de ce cauchemar ! » commente ainsi, quelques mois plus tard, Rebecca, dont l'état de forme s'est considérablement amélioré.

En effet, la plupart des malaises dont elle souffrait ne sont plus qu'un mauvais souvenir et elle peut à nouveau écrire sans difficulté. Seules quelques douleurs de la nuque resurgissent encore à la fatigue et l'amplitude des mouvements de son cou reste encore un peu limitée. Néanmoins, avec l'assentiment de son médecin, elle a pu cesser toute médication.

Comment a-t-elle pu réussir à se sortir de ce mauvais pas ? Avant d'aborder la réponse à cette question il nous faut préalablement comprendre ce qui a pu être à l'origine de ses problèmes.

Observons-la attentivement : la raideur de sa nuque est évidente. Pour regarder vers la droite, elle éprouve visiblement quelque difficulté car elle tourne aussi son buste, avec une très légère grimace. L'épaule gauche apparaît plus haute et avance plus que l'autre. Lorsque Rebecca s'allonge sur le dos, sa tête affiche une légère mais cependant nette angulation avec l'axe du corps et son visage regarde légèrement vers la gauche.

D'où proviennent ces asymétries cervicales ? Aurait-elle été victime d'un accident ? « Non, je n'ai jamais eu le moindre accrochage en voiture ! » affirme-t-elle sans hésiter. « La seule chose dont je me souvienne, c'est une violente chute de vélo quand j'avais quinze ans ! Mais c'est si loin à présent et je n'avais rien eu de cassé ! »

Effectivement, qui n'a pas, un jour ou l'autre, reçu un choc de ce genre ? Quelle importance ? Quelques exemples de la vie de tous les jours permettront à Rebecca de mieux comprendre les répercussions ultérieures de ce type d'incident. Aussi, convions cette journaliste à quelques petits reportages. Le premier a lieu dans la rue…

Un traumatisme bien soigné…

Véritable « bête » de skateboard, Jérémie ne porte plus depuis longtemps les protections qui lui avaient été offertes par ses parents : casque, genouillères ou autres protège-coudes, tout ça « C'est pas style ! ».

Se sachant aujourd'hui l'objet du regard d'une brochette de jolies filles, l'adolescent multiplie les prouesses acrobatiques. Quittant des yeux sa *board* l'espace d'un quart de seconde pour observer l'effet produit par un double *holly flip* dans l'azur des prunelles d'une beauté blonde, il loupe ce qu'il n'avait jamais raté et c'est la « plante », autrement dit la chute violente et brutale sur le coude.

Bien qu'il parvienne à réprimer un cri de douleur, son attitude visiblement en difficulté, entraîne une convergence des badauds autour de lui. Téléphone, ambulance, hôpital, radio, le diagnostic est évident : fracture, heureusement sans déplacement. Après quelques semaines de plâtre, Jérémie ne gardera aucune séquelle de cet accident.

Pourquoi un plâtre ? En réalité, ce matériau ou son substitut moderne en résine ne possède pas de propriété thérapeutique mais il procure *l'immobilisation* de la zone traumatisée, laquelle permet au corps de remplacer ses cellules endommagées. Le repos local est, en effet, une des conditions nécessaires à l'autoréparation du corps. Sa durée sera fonction du type de cellules lésées : de quelques jours pour une cellule cutanée à quelques semaines pour une atteinte musculaire ou osseuse, après soins chirurgicaux si nécessaire.

TRAUMAS ET CONSÉQUENCES

La plupart surviennent au domicile, la chute en est alors le principal facteur. À l'extérieur, le sport arrive en tête. La seule pratique du roller entraîne plus de 50 000 accidents par an en France. Conséquences : fractures entraînant des handicaps fonctionnels parfois irréversibles et troubles psychologiques. Ces accidents de la vie courante, dont la plupart pourraient être aisément évités, coûtent environ 3 milliards d'euros (20 milliards de francs) par an aux Français.

Sur les routes, 8 000 personnes perdent la vie chaque année. Plus 2 000 à 3 000 victimes qui décèdent dans les semaines qui suivent, auxquelles s'ajoutent 23 000 blessés graves dont 3 000 resteront handicapés à plus de 50 %. Excès de vitesse, alcool, tranquillisants mais aussi responsabilité de l'infrastructure routière dans 42 % des cas selon Maître J. Collard (1*) : signalisation défectueuse par exemple. Un revêtement routier utilisé depuis 20 ans en Grande-Bretagne aurait réduit le nombre d'accidents de 17 à 100 % selon les zones.
Coût total des accidents de la route : 18 milliards d'euros (120 milliards de francs) soustraitss aux Français par le biais des cotisations sociales.

Heureusement, près de 80 % des traumatismes ne provoquent ni plaie ni fracture. Sont alors qualifiés de simples contusions les effets de la plupart des chutes dans les escaliers, de tabouret, de roller, sur le verglas ou sols glissants, de ski ou patins à glace, mais aussi des petits accidents de vélo, scooter, moto ou voiture. Ou encore des coups reçus, des chutes d'objets sur le corps, des incidents de jardinage ou de bricolage, des collisions contre une porte de verre ou autres obstacles non signalés…

Par voie de conséquence, nous ne leur accordons aucune attention particulière, si ce n'est quelques petites frictions sur la zone traumatisée. Nous reprenons alors le cours de nos occupations et ces incidents disparaissent peu à peu de notre mémoire.

Sont-ils pour autant oubliés par notre corps ? Pour que Rebecca puisse en savoir un peu plus, transportons-nous, le temps d'un second reportage, aux sports d'hiver…

Après un choc violent, que se passe-t-il dans nos tissus ?

Après s'être faufilé dans un mur de bosses avec l'aisance d'une anguille, le jeune William exécute, dans une superbe gerbe de

* Pour les numéros entre parenthèses se reporter à la bibliographie p. 333.

neige, un bref dérapage-arrêt afin d'attendre ses parents. Surpris par sa manœuvre, un surfeur qui le suivait de trop près, et dont la conduite de trajectoire était à peu près aussi vague que l'ample combinaison qu'il portait, heurte à pleine vitesse le dos de l'adolescent.

Observons cette scène au ralenti et en gros plan : Tandis que, sous l'effet du choc, le tronc de William est brusquement catapulté en avant, sa tête nous donne l'impression d'être projetée en arrière. Ce traumatisme est nommé *whiplash* dans les pays anglo-saxons. Ce que l'on peut traduire par : « dommage occasionné par un mouvement analogue à l'aller et retour d'un coup de fouet ». En français on l'appelle communément, mais par erreur, le *coup du lapin*, alors qu'en réalité ce terme ne devrait concerner que les chocs directs sur la nuque.

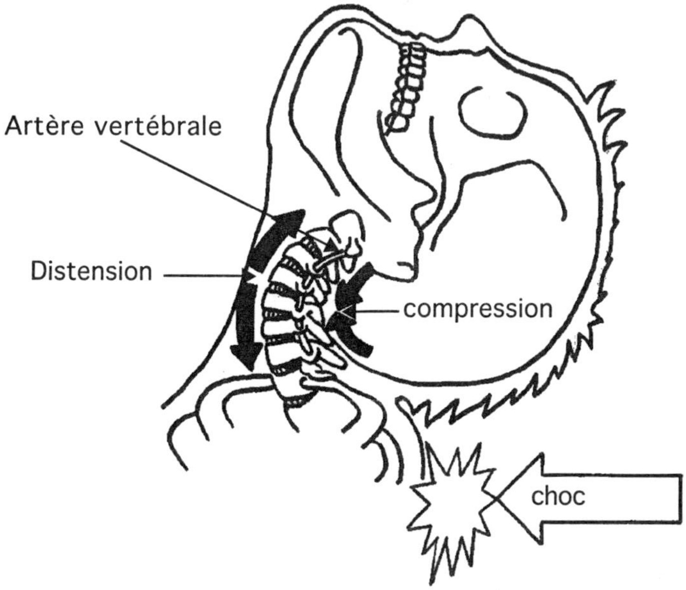

FIG. 1 WHIPLASH OU COUP DU LAPIN

Revenons un peu en arrière pour examiner le cou de William en transparence, comme si la peau et les muscles étaient translucides. On visualise ainsi l'étirement brutal des structures antérieures du cou : ligaments, muscles, vaisseaux, nerfs… et la compression des éléments postérieurs, tels les cartilages des articulations intervertébrales.

Puis, par leur élasticité, ces tissus renvoient la tête de l'adolescent plus en avant que le tronc alors qu'il est projeté dans la neige. Commotionné, après quelques minutes d'émoi, William, réconforté par ses parents, reprendra la piste. Quelques jours après, l'incident sera presque oublié : « Ce n'était rien ! »

Effectivement le choc n'a pas été suffisamment intense pour provoquer une fracture. Néanmoins des cellules musculaires, vasculaires, nerveuses, cartilagineuses et ligamentaires viennent de subir un violent traumatisme.

Comme pour les os ou la peau, pour s'autoréparer ces cellules ont également besoin de repos. Tant que celui-ci n'est pas accordé – ou imposé de manière thérapeutique –, la cicatrisation sera retardée.

C'est, par exemple, ce qui se produirait si, après s'être coupé accidentellement l'intérieur de la main avec un couteau, l'on bougeait sans cesse celle-ci. La plaie ne pourrait se refermer, en dépit du processus de réparation spontané de nos tissus.

Après un traumatisme, l'immobilisation locale est donc une condition nécessaire (quoique pas toujours suffisante…). Mais, non conscients de sa nécessité, nous nous l'accordons rarement. Le corps se comporte alors comme s'il cherchait à l'installer lui-même en rétractant, de manière quasi réflexe, autour de la zone traumatisée, les muscles bien sûr, mais aussi d'autres tissus : les *aponévroses* ou *fascias*. Pour former un « plâtre naturel » en quelque sorte. Si celui-ci ne s'avère pas suffisant, parce que nous bougeons trop ou que le repos n'est toujours pas accordé, ce « plâtre intérieur » va persister. Quelles en sont les conséquences ?

Un processus insidieux

Blanches et nacrées, les membranes aponévrotiques s'insèrent sur les os, enveloppent les muscles, les viscères (péritoine, péricarde, plèvre, etc.) mais également les nerfs et vaisseaux, formant ainsi des gaines de protection. Constituées de tissu *conjonctif* (qui joint), elles relient toutes les parties de l'organisme entre elles, transmettant ainsi aux confins du corps, comme des courroies de transmission, les moindres de nos tensions.

D'INSIDIEUSES RÉTRACTIONS

Semblables à des nappes textiles composées de fils de chaîne et de trame, les aponévroses sont formées d'un maillage de fibres (*élastine, réticuline* et *collagène),* enduit d'une sorte de gelée (la *substance fondamentale*). Dans celle-ci baignent aussi différentes cellules dont certaines contrôlent la fluidité (les *fibroblastes*).

À la suite de chocs, mais aussi dans d'autres circonstances, la physiologie de ces différents constituants se trouve perturbée. Ce qui, à plus ou moins long terme, entraîne des modifications de leurs tensions.

La rétraction de l'aponévrose palmaire de la main engendre la « maladie de *Dupuytren* ». Son équivalent pédestre se nomme *Ledderhose*. Le *syndrome du canal carpien* est provoqué par la rétraction d'une aponévrose au niveau du poignet. Ces rétractions se retrouvent aussi dans la polyarthrite rhumatoïde, les myopathies, les paralysies périphériques, certaines maladies du collagène... Elles ankylosent parfois plus ou moins complètement l'épaule (*périarthrite scapulo-humérale*), le coude (*syndrome de Volkman*) ou toute autre articulation, notamment lors des *algo-neuro-dystrophies*, à présent dénommées *syndromes douloureux régionaux complexes*, terminologie nettement plus explicite pour qualifier de persistants enraidissements articulaires douloureux avec gonflements qui surviennent souvent... à la suite d'accidents !

Aussitôt après les traumatismes et leurs conséquences sur les tissus autres qu'osseux – compressions, étirements brutaux, cisaillements, microdéchirements –, la modification du tissu conjonctif ne tarde pas à s'effectuer, ainsi que l'ont montré les différentes études effectuées sur des accidentés de la route. Tout d'abord, une nette prolifération de collagène s'observe dans les 30 minutes qui suivent des chocs violents. Les fibres nouvelles, plus fragiles, se développent alors spontanément de manière anarchique (à moins d'être sollicitées tout doucement selon les axes physiologiques, d'où l'intérêt d'une rééducation précoce).

Parallèlement, la substance fondamentale s'épaissit, contribuant à la densification tissulaire qui se poursuit au fil du temps.

À l'endroit du choc se constitue donc une sorte de manchon fibreux, musculo-aponévrotique, aux mailles resserrées. Cette rétraction persistera et continuera à évoluer tant que les conditions nécessaires et suffisantes à la réparation ne seront pas accordées à la zone traumatisée. Par ailleurs, ces densifications tissulaires sont une cause importante de déperdition d'énergie, par leur consommation considérable en oxygène. Elles s'avèrent ainsi à l'origine de nombre de fatigues d'apparition insidieuse et apparemment aussi incompréhensibles que persistantes…

Que deviennent-elles par la suite ?

Si des mouvements rapides ou intenses reprennent trop vite, le corps renforcera son mécanisme réflexe de protection en augmentant les tensions musculaires puis en multipliant et densifiant les fibres conjonctives. Ceci, tout en n'impliquant toujours que le minimum de fibres nécessaires à l'immobilisation des cellules endommagées. Il ne semble donc pas qu'il s'agisse d'une réaction anarchique, mais plutôt économiquement calculée. Alors que les scientifiques décrivent ce phénomène comme un simple réflexe, certains philosophes se demandent si nos cellules, petites parties d'êtres humains, ne se comporteraient pas aussi comme des êtres intelligents. Ce qui, bien sûr, fait sourire les premiers…

Si les conditions nécessaires à l'autoréparation des cellules endommagées ne sont pas accordées, la rétraction se poursuit dans le temps. La région se fibrose alors peu à peu, devenant de moins en moins souple. Et la contracture réactionnelle et permanente des muscles entraîne leur asphyxie ainsi qu'une augmentation d'acide lactique. Cette association conduit à « une réaction fibreuse du muscle et des tissus contigus, au raccourcissement aponévrotique et aboutit ainsi au cycle de la douleur et de l'invalidité (5) » ainsi que l'avait résumé le professeur R. Caillet, spécialiste de réadaptation à l'Université de Californie du Sud. La douleur devient alors un signal d'alarme, comme si les cellules traumatisées, non entendues dans leur souffrance, cherchaient par ce moyen à obtenir ce repos dont elles ont tant besoin.

Comment réagissons-nous ?

Comme nous le verrons plus loin, peu de choses permettraient de libérer les tissus. Mais, écoutant plus nos habitudes que nos cellules, nous continuons à vaquer à nos occupations. C'est ainsi que William, percevant ces inconfortables raideurs dans son cou, cherchera à les combattre. Et pour cela inclinera et tournera la tête pour étirer ses muscles contractés.

Ces mouvements sont parfois accompagnés de petits craquements produits par la décoaptation brusque des facettes articulaires. Ils apportent une sensation de bien-être et l'impression d'avoir gagné le combat contre la douleur. Impression hélas aussi illusoire que transitoire !

Si ce jeune garçon répète un peu trop souvent ces étirements du cou et se fait ainsi craquer les vertèbres, ses parents considéreront ces mouvements comme des tics, une manie caractéristique d'un enfant agité, nerveux.

Les années passeront et, à la raideur, succédera une sensation de gêne plus permanente, accompagnée parfois de difficultés de concentration, de maux de tête. À l'âge adulte, la nuque deviendra plus rigide. Les douleurs du cou gagneront les trapèzes, le haut du dos, puis, au fil du temps, se feront plus présentes, plus fréquentes, plus intenses.

Vers la quarantaine, devant le développement des symptômes, des radiographies seront prescrites. Les douleurs seront alors attribuées à l'arthrose apparue. Mais nous qui connaissons l'histoire de William savons que si cette pathologie s'est développée à cet endroit et pas ailleurs, ce n'est peut-être pas le fait du hasard !

COMMENT S'USENT NOS ARTICULATIONS...

Après les chocs, la rétraction réflexe provoque un effet pervers : la surcompression des cartilages. Les cellules qui les composent (*chondrocytes et protéoglycanes*) et qui peuvent être comparées à de microscopiques ressorts, vont essayer de réagir à cette contrainte en se multipliant. Au fil du temps, elles vont alors peu à peu perdre leur souplesse. Des radicaux libres apparaîtront, le collagène va se fragmenter, d'où une

nécrose qui entraînera à son tour un renforcement de la rétraction réflexe. La spirale vicieuse s'amplifiera, conduisant à la rapide détérioration de l'articulation nommée arthrose.
L'avancée en âge seule ne semble pas suffisante pour la provoquer puisque tous les seniors n'en sont pas atteints et que les manifestations articulaires de la vieillesse apparaissent différentes (6). Par ailleurs, lors de ce qu'on nomme communément une « poussée d'arthrose », l'image radiologique est rigoureusement la même qu'avant l'apparition des douleurs. Et, bien que les clichés de certaines personnes montrent des déformations arthrosiques considérables, curieusement elles ne s'en plaignent pas. À l'inverse, d'autres souffrent apparemment beaucoup alors que les radios ne montrent aucun signe d'arthrose !
Aussi, si l'arthrose favorise l'apparition de douleurs, elle s'avère plus une conséquence qu'une cause. Laquelle est souvent post-traumatique, mais d'autres facteurs peuvent aussi y participer ainsi que nous le verrons.

Raideur, fibrose, sclérose, arthrose... les empreintes laissées dans les tissus par les traumatismes d'une certaine importance évoluent et s'aggravent souvent au fil du temps.

Peut-on visualiser les traces des traumatismes ?

Comment rattacher une gêne douloureuse voire une arthrose à une éventuelle origine traumatique ancienne ? Rebecca s'était posé cette question et, en bonne journaliste, souhaitait des preuves. La réponse à cette légitime interrogation nécessite un nouvel exemple :

Depuis plusieurs années, Agatha, jolie jeune femme d'une cinquantaine d'années, souffre de douleurs de la nuque. Les examens radiologiques confirment l'origine de ses douleurs : un net pincement cervical, bien visible sur le cliché de profil que reproduit le dessin ci-contre.

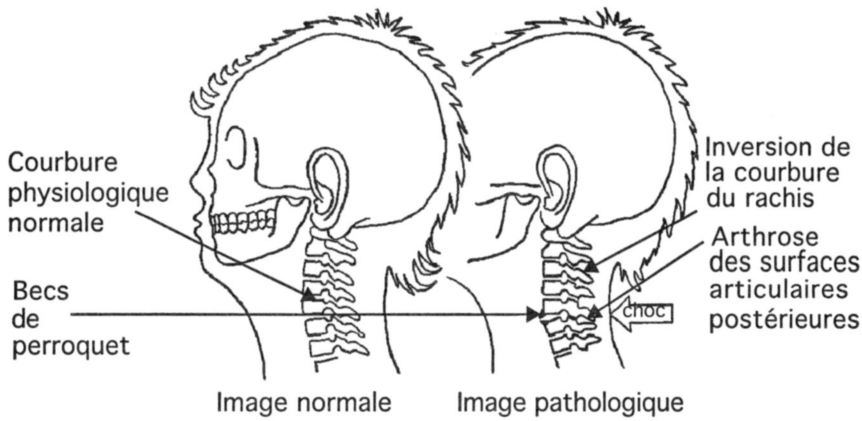

FIG. 2 LA RADIO D'AGATHA

L'histoire de cette femme met en évidence un violent coup du lapin reçu à l'âge de 7 ans dans les auto-scooters. L'homme est ainsi fait que trouvant sans doute trop rares les occasions de s'amuser des chocs encaissés par ses semblables, il a inventé des jeux lui permettant d'en provoquer à loisir, quitte à en subir lui-même.

Hormis ce *whiplash*, Agatha n'a subi, semble-t-il, aucun autre traumatisme, ni chute de vélo ou de ski, ni accident de voiture. Nous pouvons donc déduire, avec de très fortes probabilités, que son arthrose cervicale a été fortement induite par le choc dont elle a été victime.

Pour comprendre ce qui s'est passé, utilisons un modèle mécanique.

Prenons une tige d'acier doux dont nous fixerons solidement l'extrémité basse. Sur la partie haute, appliquons une force latérale : la pièce se déforme. Ensuite, si on relâche la pression, la tige va revenir à sa position initiale : la déformation que nous avions obtenue sera qualifiée d'élastique.

À présent, imprimons une force latérale plus importante : la tige d'acier va à nouveau s'incliner mais, au-delà d'un certain seuil, elle ne pourra plus revenir totalement à sa position antérieure : la pièce restera alors plus ou moins déformée. Cette déformation sera devenue permanente.

De manière identique, après un traumatisme, les ligaments et aponévroses violemment étirés pourront revenir ou non à leur état initial selon l'intensité de la force à laquelle ils auront été soumis. Le collagène qui les constitue semble donc posséder « les caractéristiques d'un tissu à mémoire » ainsi que l'écrivent M. Esnault et E. Viel, kinésithérapeutes et docteur ès sciences (7).

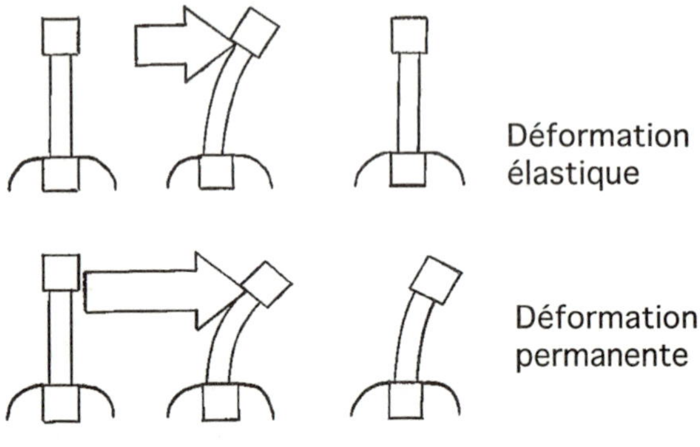

FIG. 3 MODÈLE MÉCANIQUE

Sur la radio d'Agatha, le bâillement antérieur du disque détérioré montre l'endroit où la force traumatique s'est focalisée lors de la première phase du *whiplash* (le *snapping-back*). L'étirement des ligaments antérieurs a été si important que la déformation élastique a été dépassée. Par la suite, cette région a été le siège d'une rétraction permanente réflexe durant des années, aboutissant à une douloureuse inflammation musculo-fibreuse (myosite en jargon médical).

Puis, les fibres conjonctives ont tiré peu à peu sur leurs insertions osseuses et provoqué ces proliférations osseuses en forme de becs de perroquet (en soirée parlez d'ostéophytes). La capacité d'absorption des accélérations au niveau de la colonne cervicale est 10 fois plus faible en extension qu'en flexion, ce qui explique pourquoi cette première phase du *whiplash* provoque les lésions les plus graves.

Néanmoins, le choc en retour (ou *whipping-forward*) peut lui aussi laisser des traces, comme le montre l'inversion de la courbure cervicale normale sur le profil d'Agatha, ravissant bien qu'hélas uniquement radiologique.

D'une manière générale, les rétractions tissulaires réflexes tendent à immobiliser les zones traumatisées dans la position entraînée par le choc, mémorisant en quelque sorte son empreinte dans le corps.

Nettement visible, mais avec retard

La visualisation radiologique des conséquences de traumatismes n'intervient généralement que 20 ou 30 ans après ! La plupart du temps, hormis les fractures et les entorses graves qui peuvent être mises en évidence par des clichés pris dans les amplitudes extrêmes, les empreintes des chocs récents n'apparaissent pas. « Les signes d'entorses graves sont difficiles à trouver sur les clichés standards et, très souvent, le bilan initial est négatif car la contracture réflexe fige le rachis en réalisant un véritable manchon protecteur », confirme le docteur R. G. Danowski, rhumatologue, chef de service du Centre médico-chirurgical de Chantilly (8).

Par la suite, des tests simples permettent cependant de débusquer ces marques cachées mais néanmoins inscrites dans l'histoire de notre corps.

TEST CERVICAL

• *Palpation.* De chaque côté du cou, descendent des muscles épais et puissants : les trapèzes. Empaumez un de ceux-ci avec la main opposée et comprimez-le sans forcer. Est-il souple ou dur ? Se laisse-t-il facilement étirer ? Y a-t-il une différence avec l'autre côté ?

• Ensuite posez la pulpe des doigts de vos mains de chaque côté, derrière le cou, dans ces sortes de gouttières latérales dessinées par ces muscles. Puis, enfoncez progressivement index ou majeurs à chaque niveau, depuis la base du crâne jusqu'à la pointe des épaules. Certains points sont-ils douloureux ? Symétriquement ou non ? Lorsque vos doigts contactent en profondeur les éléments osseux, vos vertèbres se laissent-elles mobiliser comme des touches de piano ou bien donnent-elles l'impression de blocs rigides ?

• *Mobilité.* Fléchissez lentement la tête : votre menton touche-t-il facilement le sternum ?
• À présent, toujours très progressivement, revenez à la position normale, et tournez la tête d'un côté, puis de l'autre. Ensuite effectuez une inclinaison latérale de la tête, d'un côté puis de l'autre. Puis une circumduction. Les mouvements sont-ils réguliers ? Des craquements sont-ils audibles ?
• Si, au cours de ces tests, les amplitudes vous apparaissent limitées de manière asymétrique, si une gêne ou une douleur survient lors d'un mouvement unilatéral bien que les examens médicaux soient négatifs, votre nuque a vraisemblablement gardé la mémoire de traumatismes antérieurs. Pas de panique ! Ce qu'il convient de faire sera indiqué dans quelques pages...

Nous possédons à présent suffisamment d'éléments pour comprendre l'origine des problèmes de Rebecca...

Une banale, mais violente, collision de vélo...

La journaliste se le rappelle fort bien. Elle revenait d'une petite randonnée cycliste avec des camarades dans une région assez escarpée.

« Dans la petite route qui descendait vers le village, je venais de m'arrêter à la sortie d'un virage pour renouer le lacet de ma chaussure. Sans descendre de vélo, j'avais posé mon pied sur le cadre, lorsque j'entendis crier derrière moi. Tournant la tête, j'aperçus un de mes amis qui, dévalant la côte à quelque distance derrière moi tout en regardant le paysage, venait seulement de m'apercevoir et tentait de m'éviter. Trop tard. Brutalement percutée au niveau de l'omoplate, je me suis retrouvée projetée contre un poteau téléphonique que je heurtai violemment de l'arrière de la tête. Mais, bien que restée "sonnée" quelques minutes, je me suis vite remise car, à part quelques écorchures superficielles, en fait je n'avais rien ! »

Bien sûr, dans les jours qui suivirent, Rebecca éprouva quelques douleurs à la tête et certaines difficultés pour tourner le cou, mais n'était-ce pas un peu normal après un tel choc ? « Ce n'est pas grave, ça va passer ! » lui disait-on. Effectivement, ces gênes passagères se sont très vite atténuées. Mais nous savons à présent ce qui s'installait, à son insu, dans son corps.

Essayons de reconstituer la scène au ralenti. Sous l'impact dans cette région latérale du dos, la colonne cervicale a subi une violente hyperextension en torsion. S'en est suivi une immobilisation réflexe au niveau des tissus traumatisés : omoplate et colonne cervicale. Ces rétractions, beaucoup plus marquées du côté du choc, créent ainsi des sortes de points fixes autour desquels pivoteront désormais les éléments osseux de la région, en particulier les vertèbres. Les axes normaux des articulations du corps peuvent donc se voir décalés par les séquelles de traumatismes.

De multiples conséquences...

Toute pièce mécanique soumise à un mouvement anormal s'use prématurément. Cette loi physique s'applique également aux structures humaines. Leurs pivots légèrement désaxés, les articulations vertébrales se détérioreront désormais plus rapidement. Une arthrose précoce en résultera, source de souffrances... comme pour Rebecca !

Dans les parties latérales des vertèbres cervicales (les apophyses), des orifices laissent le passage aux *artères vertébrales* qui montent irriguer la partie postérieure du cerveau, le cervelet et le bulbe rachidien. Ces artères, qui étaient jusqu'alors bien protégées lors des mouvements normaux du cou, deviennent dorénavant l'objet de contraintes anormales.

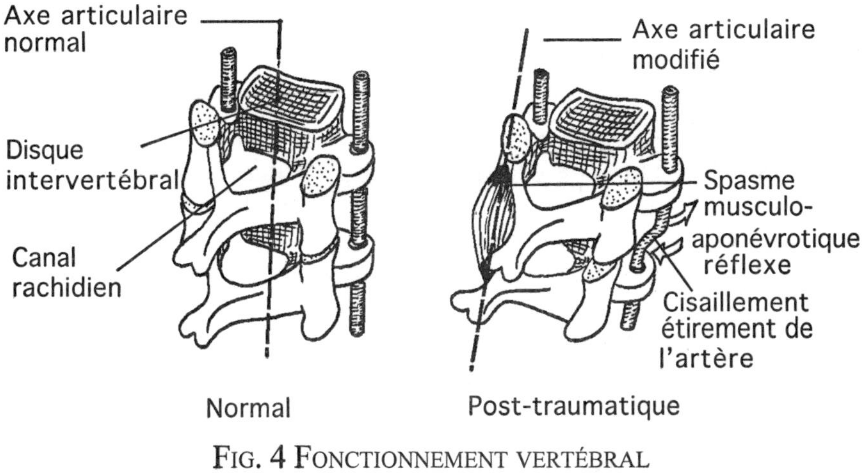

FIG. 4 FONCTIONNEMENT VERTÉBRAL

Soumises à cette striction, elles vont, dans un premier stade, se contracter de manière réflexe. Se prolongeant dans le temps, ce rétrécissement va diminuer le débit, d'où une restriction de l'irrigation cérébrale. La concentration devient alors plus difficile... comme ce fut le cas pour Rebecca.

DES BOUCHONS DANS LES ARTÈRES

Le revêtement artériel externe est intimement lié aux nappes aponévrotiques qui relient les différentes structures musculaires et osseuses. Les rétractions consécutives aux chocs vont donc se répercuter également sur ces vaisseaux. Et ceci que les causes traumatiques soient locales, comme ici au niveau de l'artère vertébrale cervicale, ou aient eu lieu à distance. De multiples rétractions importantes au niveau du dos, d'une épaule et de la hanche opposée peuvent ainsi focaliser leurs effets au centre du corps, par l'intermédiaire des fascias et engendrer des tensions asymétriques au niveau du cœur ou de l'aorte, sources de strictions, donc d'éventuelles détériorations vasculaires. Lesquelles peuvent contribuer, avec d'autres causes, à l'apparition ultérieure d'anévrysmes par exemple.

Soumises à des phénomènes de cisaillement, les différentes couches qui composent les parois artérielles vont réagir. La couche médiane (ou *média*), composée d'une musculature lisse, multipliera ses cellules. L'épaississement qui en résultera va restreindre localement le diamètre du conduit, source de turbulences et de ralentissement du flux, favorisant la sédimentation d'éléments circulants comme le cholestérol.

Si la tunique interne (l'*intima*) de l'artère vient à se léser, différents éléments – comme les *plaquettes* chargées de la coagulation – vont s'y agglutiner ainsi que des *macrophages*, sortes de cellules éboueuses qui se gorgent de cholestérol. Afin de rendre la paroi vasculaire encore plus résistante, du calcium vient parfois s'y ajouter.

Rétrécissements, ralentissements, turbulences et agglutinations aboutiront à la formation insidieuse d'*athéromes* (du grec *athera* : bouillie). Lesquels, au niveau cervical, restreindront aussi le bon approvisionnement de nos cellules grises. Les traumatismes, au niveau des vaisseaux, laissent donc aussi leurs marques, parfaitement mises en évidence par artériographies et Dopplers. Mais, hélas, des années après les éventuels traumatismes initiaux !

Les artères étant entourées de petits filets nerveux chargés d'adapter leur débit en fonction des besoins, leurs strictions peuvent également entraîner des dysfonctionnements de ce système adaptatif. D'où, au niveau cervical, des pressions intracrâniennes parfois trop élevées, génératrices de maux de tête… comme pour notre sympathique rédactrice !

Et les vertiges ?

« Une affection cervicale peut entraîner d'authentiques manifestations vertigineuses », (9) expliquent le professeur P. Tran Ba Huy, chef de service ORL à l'hôpital Lariboisière de Paris et le docteur C. de Waele, chargée de recherche au CNRS. Outre les vertiges rotatoires, de nombreux autres symptômes peuvent aussi apparaître. *Nausées, surdité transitoire, troubles visuels (flou, brûlures, larmoiements, douleurs rétro-oculaires, mouches volantes…), syncopes, sensations de dérobement des membres inférieurs, troubles psychiques (asthénie, dépression)…* ont été rapportés par les professeurs Jung et Kehr de la faculté de médecine de Strasbourg (10).

« Plus le *whiplash* est rapide et intense et plus il est pathogène », confirment J.-P. Barral et A. Croibier, enseignant en ostéopathie (11). Dans les pays anglo-saxons on regroupe sous le vocable de *whiplash-injury* l'ensemble des symptômes provoqués par ces traumatismes cervicaux, médicalement dénommés en France « syndromes cervicaux post-traumatiques ».

Les multiples malaises ressentis par Rebecca semblent donc bien provenir des conséquences lointaines de sa chute. De surcroît, sa tête avait en outre violemment heurté le sol. Les conséquences de ce type d'incident seront évoquées plus loin.

De chaque côté des vertèbres cervicales, par des échancrures nommées *trous de conjugaison,* sortent les nerfs rachidiens dont certains se dirigent vers les bras. La perturbation des axes vertébraux se répercutera également à ces niveaux. Les cisaillements engendrés seront la source de rétrécissements provoquant des œdèmes qui comprimeront les racines nerveuses. Lesquelles transmettront leur irritation dans le territoire innervé correspondant, d'où des contractures musculaires permanentes, comme celles ressenties par Rebecca dans son bras droit.

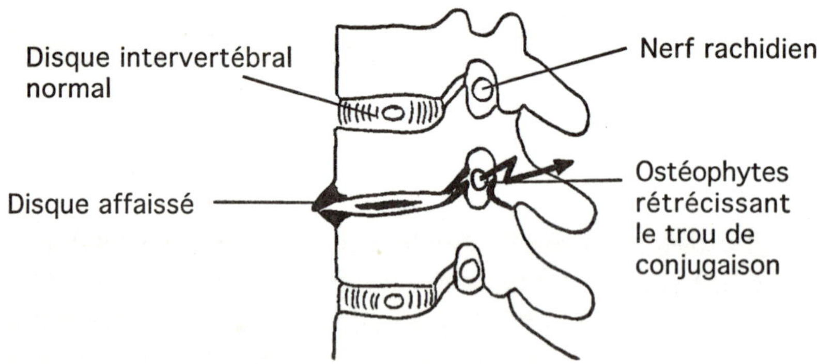

FIG. 5 TROUS DE CONJUGAISON

Ultérieurement, les tiraillements engendrés formeront des *ostéophytes* qui obstrueront encore plus ces orifices. La radio montrera alors, mais des années plus tard, la classique image en « *trou de serrure* » représentée sur le dessin ci-dessus.

Des troubles pas toujours sympathiques...

Le nerf *parasympathique* (ou *vague*) sort du crâne et passe en avant et sur le côté des cervicales, auquel il est intiment relié par une aponévrose. Appartenant au système nerveux végétatif, il participe à l'autorégulation des fonctions viscérales du corps : respiration, rythme cardiaque, digestion, élimination. Il devient alors aisé d'imaginer les ennuis qui peuvent découler, suite à un trauma, d'une stimulation anormale de ce nerf, encore dénommé *pneumogastrique* : bouffées de palpitations – comme chez Rebecca – ou encore asthme, douleur d'estomac (*gastralgies*), dysfonctionnement de la vésicule biliaire, malaise vagal….

Le système *sympathique*, antagoniste et complémentaire du précédent, voit ses nerfs sortir de la colonne vertébrale et se réunir en *plexus*. Au niveau cervical, immédiatement plaquées devant les vertèbres, ces fibres innervent le cœur, les yeux, les glandes salivaires mais commandent aussi la sudation et la vasoconstriction des vaisseaux cutanés du cou et de la tête. D'où les troubles possibles à ce niveau : auditifs tels que les acouphènes (sifflements d'oreilles) associés parfois à une surdité et à des vertiges, vision trouble, douleur derrière le globe oculaire et dilatation de la pupille. Ou encore diminution de la sensibilité de la cornée, écoulement nasal, sudation, larmes, photophobie (hypersensibilité à la lumière).

Comment éviter ces désagréables ennuis ?

Lorsque les chutes ou chocs viennent de se produire, il est donc très important d'éviter de laisser des marques s'imprimer dans notre corps. Notre cou, tout particulièrement, se comporte comme un flexible, bourré de conduits et connexions. Extrêmement fragile et vulnérable, il devrait être l'objet de tous nos soins et précautions.

APRÈS LE CHOC

Ces précautions ne s'entendent évidemment qu'en complément des traitements prescrits et après élimination, par diagnostic médical, de toute lésion grave.

• Le repos localisé est indispensable. Le segment traumatisé devant être placé dans la position de confort maximum. Précoce, il n'est pas nécessaire qu'il soit long. Suivant les endroits, il peut être aidé par un *strapping* (bandage) autour d'une articulation, la cheville par exemple, ou par le port d'une minerve au niveau cervical.

• S'il n'y a pas d'ecchymose, des douches alternées chaudes/froides améliorent la microcirculation, ainsi que des vessies de glace, laissées quelques minutes.
• Les chromothérapeutes (praticiens qui soignent à l'aide de rayons lumineux colorisés) préconisent des bains de lumière violette (pendant 2 à 3 minutes, 3 fois/jour). Selon leur expérience, l'apport de cette fréquence d'énergie permet une cicatrisation plus rapide.
• Des applications locales d'argile (durée 1 heure) pendant quelques jours facilitent aussi l'autoréparation.
• Plusieurs plantes peuvent aider : angélique, arnica, bardane, chou, hysope, millepertuis, pâquerette, pêcher, persil, primevère, souci, verveine… Sous forme d'onguents ou de préparations en pharmacie (tel le célèbre contrecoup) ou dans les magasins de santé naturelle. On les retrouve aussi dans des dilutions homéopathiques, réservées exclusivement à ceux que le mot ne rend pas nerveux. Des formules simples seront proposées plus loin.
• Après 48 heures de repos, des massages, à condition d'être extrêmement doux, sont très efficaces, et de préférence à distance de toute zone meurtrie.
• Quelques jours plus tard, des étirements lents et progressifs, dans la direction normale des mouvements articulaires, compléteront le résultat et devront être poursuivis jusqu'à récupération complète des amplitudes.

L'odyssée de Rebecca

Ayant pris connaissance des possibles répercussions ultérieures des traumas, Rebecca souhaita évidemment apprendre à s'en libérer. La seule preuve de leurs éventuelles responsabilités sur ses maux présents ne pouvait effectivement être apportée que par l'amélioration obtenue.

Les premières précautions à prendre, la jeune femme les avait trouvées par elle-même : éviter les positions susceptibles de déclencher les vertiges. Tout particulièrement les mouvements brusques du cou en hyperextension avec rotation.

Cette observation permit de lui enseigner son corollaire : la position autolibératrice ou correction spontanée par positionnement (12), mise au point par un ostéopathe américain : Lawrence H. Jones, D.O. (*docteur en ostéopathie*). Bien effectuée, cette technique apporte généralement une amélioration aussi rapide que spectaculaire. Quatre phases la composent.

Tout d'abord, il convient de rechercher le point de plus grande contracture, parfois profondément enfoui dans les tissus. Constamment tendu et douloureux chez Rebecca, sur la partie gauche de son cou, elle le massait souvent pour se soulager. En y posant la pulpe de l'index, elle apprit à rechercher la position de sa tête qui entraînait une moindre douleur à la palpation. Puis à affiner encore plus ce réglage jusqu'à la perception que ce spasme musculaire « fondait » complètement. Exactement de même manière que pour la recherche manuelle d'une station de radio ou, mieux encore, le calage précis d'une antenne-parabole de télévision.

Bien qu'il soit apparemment facile de chercher ces différents paramètres de flexion, rotation et inclinaison latérale, plusieurs essais furent nécessaires avant que la journaliste parvienne à déterminer ce positionnement. Lequel correspondait exactement à celui de son corps lors du choc initial, l'accident de vélo dont elle avait été victime !

La deuxième partie de cette technique consiste alors à rester un peu dans cette position. Généralement, une à deux minutes sont suffisantes pour relâcher un spasme consécutif à un traumatisme récent, un peu plus s'il s'avère être plus ancien. Là encore, le mieux est « d'écouter » son corps, de laisser aller spontanément les tissus. Lorsque ce spasme lâche, une envie de se redresser, de revenir à la « normale », se fait sentir. Ce retour, extrêmement lent, constitue le troisième temps de cette technique.

La quatrième phase, tout aussi importante, consiste en une sorte de « convalescence » de la zone qui vient d'être libérée. L'idéal est un repos total, en position allongée, durant un quart d'heure pour les chocs récents, mais qui peut atteindre une heure pour les traumas plus anciens. Repos durant lequel Rebecca s'initia à plonger en elle-même, à la recherche de ses tensions internes pour les faire lâcher plus encore. Puis elle veilla à ne reprendre son activité que très progressivement, sans effort ni mouvement brusque. Durant les jours suivants, elle s'entraîna à ne mobiliser son cou que tout doucement, en flexion uniquement tout d'abord, puis en rotation, la plus décontractée possible. Les douleurs s'atténuèrent alors très vite, tandis que son amplitude cervicale s'améliorait peu à peu.

Une affaire d'information ?

De nombreuses hypothèses ont été avancées par les physiologistes, tant de formation ostéopathique qu'allopathique, pour tenter d'expliquer les spectaculaires améliorations obtenues grâce à cette technique.

La tendance qu'a le corps à se replacer dans la position du choc, mise en évidence par la première phase, montre bien la mémorisation des traumas par les tissus. Si parfois notre mémoire ne se souvient plus, le corps lui, n'oublie rien. Le spasme musculaire, agissant à la manière d'un petit ressort constamment sous tension, a tendance à ramener spontanément les structures osseuses dans cette position. Aussi, lorsque se relâchent les tensions musculaires liées à la statique, le corps peut-il afficher ce déséquilibre sous-jacent. Les pratiquants de yoga, taï-chi, qi-gong, relaxation, danse ou expression corporelle n'ont habituellement aucune difficulté pour y parvenir. Les cellules, lorsqu'on leur laisse la possibilité de s'exprimer, semblent ainsi parfaitement connaître la position qu'il faut prendre… et le repos dont elles ont besoin.

Cependant, cette condition nécessaire à toute autoréparation du corps ne doit pas être trop prolongée. Un plâtre très longtemps maintenu entraîne une dégradation de l'articulation qu'il immobilise. La deuxième phase de la technique montre qu'il ne faut que quelques minutes pour relâcher la contracture réflexe. Et que 48 heures de reprise progressive de l'activité suffisent généralement. Inutile donc de quémander à son médecin des arrêts de travail de 3 mois renouvelables parce qu'on s'est coincé le petit doigt entre deux boules de pétanque !

Si le repos est nécessaire, le corps, pour s'autoréparer dans de bonnes conditions, a aussi besoin de bouger. Ainsi que l'exprime le célèbre adage : « Le mouvement, c'est la vie ! » Cette découverte n'est pas récente. Au début de ce siècle le professeur Lucas-Championnière, chirurgien orthopédiste, avait déjà constaté que de très légères mobilisations favorisaient les cicatrisations.

Sans entrer dans les explications physiologiques, nos cellules traumatisées semblent se comporter à la manière d'un ordinateur ayant reçu une certaine information – le choc – modifiant la programmation cellulaire. En effet, la rétraction se poursuit, alors que les cellules endommagées se sont renouvelées à bien des reprises, de cellules mères en cellules filles, puis petites-filles, durant des générations.

Lors de cette technique, tout se passe comme si la remise dans la situation du traumatisme, suivi d'un retour lent, d'un repos relatif et d'une reprise progressive des mouvements, semblait capable de reprogrammer peu à peu le fonctionnement normal des cellules...

Retour en forme

En complément de cette technique, qu'elle répéta régulièrement puis de manière de plus en plus espacée jusqu'à obtention d'une bonne mobilité cervicale, Rebecca s'accorda chaque matin le temps d'un petit voyage intérieur. À la poursuite de la libération de ses autres tensions et notamment de sa chute sur le crâne. Elle en ressortait calme et agréablement reposée. Au fur et à mesure où son corps se libéra, son énergie devint meilleure et son allant naturel reprit le dessus. Les crises migraineuses et vertigineuses s'espacèrent peu à peu et diminuèrent d'intensité. Elle n'eut plus besoin d'autant de médicaments.

Au fil des semaines son attitude changea. Si visiblement que ses collègues lui en firent la remarque. Son énergie s'améliorant, elle redoubla d'efforts dans son travail.

À la suite d'un déménagement, où elle souleva des objets lourds, quelques maux de tête et vertiges réapparurent. Cette petite rechute lui fournit l'occasion d'une nouvelle prise de conscience. Que la santé est un état fluctuant, extrêmement dépendant des conditions de vie. Rebecca apprit donc à modérer ses élans. Elle s'aperçut aussi des effets nocifs du stress et que ce dont elle se nourrissait exerçait aussi une influence sensible.

Une loi très simple

Après les maux de tête et vertiges, les bouffées de palpitations s'évanouirent aussi rapidement. Les névralgies de son bras s'estompèrent ensuite, tranquillement, au fil des semaines. Pour se libérer des manifestations désagréables, il suffit d'en supprimer les causes. Patience et longueur de temps font alors le reste…

Néanmoins, l'amélioration ne se fait pas toujours sentir dès la première tentative de relâchement des tensions internes. Plus le traumatisme a été intense et plus il est ancien, plus il sera difficile de s'en libérer. Mais plus on y consacre de temps et plus les résultats sont rapides.

Si l'amélioration obtenue au niveau des symptômes est souvent étonnante, les images radiologiques ne la concrétisent pas aussi rapidement. Il faut, comme pour la dégradation, des années pour que des modifications apparaissent. Cependant, même chez des personnes très âgées où l'arthrose est devenue parfois considérable, il est généralement possible d'atténuer suffisamment les tensions musculaires pour permettre une diminution très nette des douleurs. Ou d'autres maux fort désagréables dont on ne rattache pas toujours l'origine à des suites d'anciens chocs au niveau cervical…

Histoires de sons

Lorsque de tels traumatismes, avec torsions notamment, se répètent, les rétractions aponévrotiques s'accumulent, se renforcent et peuvent se répercuter sur la thyroïde et perturber son fonctionnement. Des troubles de la phonation ou de la déglutition ont également été constatés ainsi que des *acouphènes* (sifflements d'oreilles) uniquement perçus par leurs propriétaires, mais aussi des ronflements nocturnes que n'entendent que les autres et qui font le cauchemar des conjoints, peuvent aussi en découler. Des respirations difficiles, bruyantes et angoissantes, des irritations de gorge, des quintes rebelles sont parfois les conséquences d'anciens chocs cervicaux.

Les strictions tissulaires, comprimant la microcirculation locale, peuvent aussi diminuer les possibilités de défense lors d'invasions microbiennes et ce n'est pas par hasard si certaines personnes font des angines, des pharyngites à répétition et souvent résistantes aux traitements classiques. Il n'est pas rare que des bronchites chroniques durant depuis des mois, spectaculaires, avec toux incoercibles et expectorations dont il n'est pas utile de commenter les détails, disparaissent lorsque la colonne cervicale se trouve libérée.

Des fibres conjonctives relient les premières vertèbres cervicales à la mandibule. Les craquements et difficultés pour ouvrir complètement la bouche peuvent découler de dysfonctionnements cervicaux. Des antécédents de chocs se retrouvent aussi parfois lors de certaines névralgies dentaires multiples, alors que les dents sont saines.

Zigzags

Lorsqu'ils surviennent avant la fin de la croissance, les *whiplashs* ou coups du lapin entraînent presque toujours une accentuation de la courbure cervicale normale ou *lordose*. Par compensation, le dos s'arrondira provoquant une *cyphose*.

De manière identique, une inflexion latérale brutale entraîne l'installation d'une contracture musculo-aponévrotique réflexe. Se renforçant avec le temps, celle-ci bridera la croissance osseuse du même côté. En résulte alors une concavité installée sur un ou deux niveaux vertébraux. Afin de conserver la priorité qu'est l'horizontalité du regard, elle induira l'installation d'une *scoliose* sous-jacente.

Cette concavité étant peu visible sur les radios, sauf pour des observateurs avertis, par rapport à la déformation dorsale ou lombaire compensatrice, le diagnostic médical le plus souvent posé est celui d'une *scoliose idiopathique*. Il ne faut pas en déduire que la déformation vertébrale est la conséquence d'un accident « *idiot* ». Ce terme, qui signifie simplement « qui a son origine particulière », veut dire en clair qu'on en ignore la cause. Les suites de traumatismes sont encore trop rarement prises en compte par la Faculté.

Pourtant, ces répercussions, le professeur P. Rabischong, directeur de recherche à l'INSERM de Montpellier, les rappelait ainsi : « Il nous paraît important d'attirer l'attention sur cette loi de dépendance vertébrale, qui veut qu'une anomalie de position ou de structure d'une vertèbre retentit toujours sur l'ensemble du système... Ce principe de base, adopté par les ostéopathes, n'a pas qu'une valeur

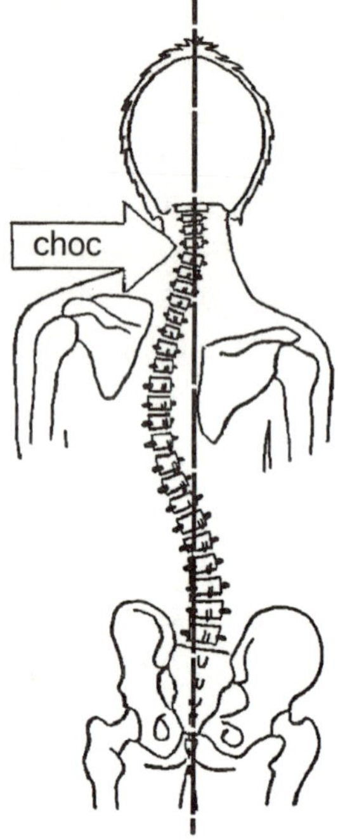

FIG. 6 SCOLIOSE

mécanique, facilement compréhensible ; lorsqu'une des pièces modifie sa forme, l'empilement instable des corps vertébraux se doit de retrouver son équilibre par une succession d'inflexions amorties » (13).

Selon l'incidence postérieure, latérale ou postéro-latérale du choc, des méplats ou concavités (ou *lordoses*) pourront se former autour du point d'impact entraînant des dos ronds compensateurs (*cyphoses*).

Lors de chutes apparemment anodines (de roller par exemple), des fractures par tassements ne sont pas rares, y compris chez les enfants. Même bénignes, celles-ci aboutissent parfois à des déformations vertébrales qui peuvent devenir importantes dans les années qui suivent, aussi les orthopédistes préfèrent-ils immobiliser la zone de fracture durant un temps qui semble toujours trop long et exercer une surveillance attentive.

Là encore, les résultats peuvent être considérablement améliorés par un relâchement des rétractions consécutives au traumatisme initial. Dès l'apparition de scolioses, le docteur D. Feltesse, chef de département à la faculté de médecine Paris-Nord, préconise : « L'intervention d'un ostéopathe est souvent nécessaire, ainsi qu'une kinésithérapie pour apprendre à l'enfant à corriger de lui-même les mauvaises attitudes » (14). La déformation des corps vertébraux s'installant très vite, plus l'action est entreprise précocement et meilleure est l'amélioration obtenue. Comme pour Rebecca, la technique de repositionnement spontané du docteur Jones apporte souvent des résultats rapides lorsque le traumatisme est récent. Retrouver la mémoire du corps, cette tendance qu'a la tête de retrouver spontanément la position prise par leur colonne lors du choc subi, peut devenir un jeu.

De même, la rééducation de l'enfant ne doit pas paraître un pensum, mais offrir un caractère ludique. Par exemple, ils peuvent s'amuser à laisser s'ériger la colonne à la manière d'une montgolfière qui s'élève et dont ils relâchent les amarres...

Pour les très jeunes enfants, la participation volontaire n'étant guère possible, l'action ne pourra être exercée que par les mains d'un praticien formé à cette technique.

Autres répercussions

Les traumatismes dorsaux, en limitant ultérieurement l'amplitude costale, peuvent être à l'origine de douleurs tenaces mais aussi restreindre ou perturber la physiologie des organes sous-jacents. Ainsi les chocs au niveau de la rate ou du foie, s'ils provoquent parfois des dommages aigus lorsqu'ils sont très violents, engendrent souvent des dysfonctionnements chroniques.

Notre corps est enveloppé par les aponévroses qui le recouvrent totalement. Ces membranes séparent également nos loges musculaires et viscérales. Par le biais de ces lames tissulaires, des traumatismes sur une épaule, un bras ou une main peuvent participer au déséquilibre de la colonne cervicale ou dorsale haute et majorer un cisaillement vertébral préexistant.

Le cou et le thorax sont abondamment pourvus en zones réflexogènes. Des coups violents sur ces points précis entraînent souvent des réactions neurovégétatives intenses pouvant provoquer une syncope. L'étude de ces *points vitaux* a été développée au fil des siècles dans différentes techniques martiales. Ce livre n'a pas pour objet de les dévoiler. Mais il peut arriver que lors de chahuts, un coup involontaire dans le plexus solaire envoie un petit copain faire un petit tour au pays des pommiers. Ils se font parfois de curieux cadeaux ces chers petits.

Dans ce cas, plutôt que d'expédier en retour une bonne gifle à celui qui a offert ce voyage, il est préférable d'étendre sur le dos l'enfant inanimé, de passer doucement une main sous sa région dorso-lombaire et de soulever très légèrement celle-ci de quelques centimètres. Cette manœuvre détend le plexus et ramène instantanément la conscience.

Aussi est-il parfois utile de connaître quelques autres techniques...

AUTOMASSAGES

À pratiquer en cas de tensions musculaires alors que l'examen médical est normal.

- Si des sensations de cordes apparaissent sous vos doigts, faites-les vibrer tout doucement comme sur une guitare.
- Les blocs rigides, comprimez-les et relâchez-les alternativement, puis malaxez-les souplement.
- Certaines zones vous donneront l'impression d'être adhérentes au plan profond. Décollez-les doucement en les faisant rouler avec vos doigts.
- Entre chaque muscle et chaque côte, des vallées se dessinent, suivez-les avec la pulpe de vos doigts.
- Les points douloureux peuvent être poncés légèrement :
  - les points du sommet de la tête et des tempes soulagent les maux de tête.
  - une zone située sous la base du crâne, à l'arrière de la nuque, induit le sommeil.
  - deux points localisés derrière vos trapèzes dans le haut des épaules, relancent l'énergie.
  - un point situé sur le côté du thorax, à un travers de main sous le creux de l'aisselle, libère la respiration (efficace en cas de crise d'asthme).

Une tension musculaire qui se reproduit anormalement doit être un signe d'alarme invitant à en rechercher l'origine. Laquelle peut être simplement un ancien traumatisme...

Mais la colonne cervicale ou dorsale n'est pas la seule partie du corps à subir les conséquences de chocs. D'autres régions, bien qu'apparemment plus robustes, peuvent aussi en garder la mémoire...

Le conflit

Bien que bourré de piqûres et de médicaments, au moindre mouvement Éric souffrait le martyre, à cause de ses lombaires. En officier d'unité combattante, habitué à ne pas s'embarrasser de circonlocutions verbeuses, il résume la situation en quelques mots, éliminant de ses courtes phrases les articles superflus : « Depuis presque un an, suis cloué dans mon lit, incapable me mettre debout, même pour aller aux latrines ! » maugrée-t-il. Sa chambre habituelle étant située à l'étage, un campement de fortune avait été installé provisoirement dans son bureau. Mais il est parfois des provisoires qui durent plus qu'on ne souhaite.

Pourtant Éric, la cinquantaine passée, n'est pas le genre d'homme à s'écouter. Ex-commandant de paras dans une unité de montagne, ce vigoureux baroudeur, bâti comme un colosse, s'était jusqu'alors sorti de bien des situations désespérées. Mais à présent il perçoit que son moral d'acier commence à flancher. À vrai dire, il n'y croit plus : « Tout essayé. Les chirurgiens, veulent plus m'opérer. M'ont envoyé aux rhumatos, et ceux-ci aux kinés. Sont tous formels, ma colonne est foutue. Vu des chiros, que dalle ! Suis même allé voir des guérisseurs, dans la montagne, à tout hasard. Aucun soulagement, rien ! Du bidon tout ça ! »

Alors, quand on lui propose de rechercher dans son passé l'origine de ses maux pour s'en libérer, son sourire ironique traduit sa pensée : « Foutaises ! » Cependant, comme le conseil vient d'un ami médecin, il accepte, après tout, sait-on jamais ? Mais il prévient qu'il n'a pas de temps à perdre. Ce qu'il veut, ce ne sont pas de belles paroles, mais des résultats. Il n'ajoute pas « Rompez », mais c'est tout comme !

Ses premières douleurs lombaires étaient apparues voici bien des années. Il les avait traitées comme tout bon militaire qui sait se faire respecter. C'est-à-dire en les mettant au pas, exercice biquotidien, pompes et abdos. Et cela avait bien réussi, un certain temps. Puis, ses lombalgies s'étaient à nouveau signalées au rapport matinal. Les mesures disciplinaires qu'il s'imposait ne paraissant pas suffisantes pour les mâter, il s'en était ouvert au médecin-major. Un traitement de choc avait été prescrit, dont un programme serré de rééducation à la suite duquel les lombaires fantaisistes étaient à nouveau rentrées dans le rang. Pour en ressortir de temps à autre sous forme de lumbagos aigus, au moindre effort. De nombreux jours d'arrêt de rigueur s'étaient avérés indispensables pour en venir à bout.

Par la suite, les périodes de services actifs devinrent de plus en plus réduites. Alors qu'un médecin-colonel était appelé en renfort pour tenter de réduire cette maudite colonne au silence, une sciatique fulgurante paralysa Éric.

Une opération fut montée en urgence pour réduire la hernie. « Le chirurgien m'a raconté. Tombé sur un lacis veineux. Inextricable. Saignait partout. A eu du mal à colmater l'hémorragie. Veut plus m'ouvrir ! » condense le baroudeur. En effet, l'intervention n'apporta qu'un soulagement transitoire et les douleurs rebelles reprirent et submergèrent peu à peu le militaire. Le moindre exercice lui arrachait des grimaces. La marche, où jadis il épuisait ses hommes bien avant qu'il ne ressente de fatigue, lui devint impossible. Même dans son lit, il souffrait. Hospitalisé à nouveau durant plusieurs semaines, des examens complets confirmèrent une importante discopathie lombaire. Des soins en piscine lui apportèrent un léger mieux.

De jour en jour son périmètre de marche se raccourcit. Malgré tout, il s'efforçait de tenir, à coups d'infiltrations et de médicaments puissants. Habitué à avaler n'importe quoi, il n'en ressentait aucun effet secondaire. Mais après plusieurs années de lutte, il fut contraint d'abaisser le pavillon et dut s'avouer vaincu. Prisonnier de sa position couchée, la barbe mal rasée, le cheveu hirsute, le pyjama débraillé, allongé dans un lit complètement défait, le vase de nuit à proximité, l'officier n'était plus que l'ombre de lui-même.

Une paire de brodequins traîne dans un coin de la pièce. Déformés, éculés, ils offrent au regard une usure totalement asymétrique. La forme des pieds reflétant l'équilibre du corps, le passé traumatique d'Éric ne peut se dissimuler.

Des chutes, des coups, comment un ex-para n'en aurait-il pas « encaissé » ? Mais n'apprennent-ils pas à les amortir ? Effectivement, un choc que l'on voit venir, auquel on se prépare, ne laisse pas ou peu de traces, à condition évidemment qu'il ne soit pas trop important. Il n'en est pas de même des chutes inattendues, brutales, bien que de sa propre hauteur et pour cela souvent considérées comme anodines. Et la pratique assidue d'activités physiques violentes n'est pas sans laisser de séquelles. Les sportifs de haut niveau, qui sont loin de connaître des situations aussi difficiles, en savent quelque chose... mais quelques années après leurs exploits ! « Leurs articulations accusent en moyenne 20 à 30 ans de plus que leur âge réel », explique le docteur G. Zerhat, rhumatologue et médecin du sport (15).

Comme dans le cas de Rebecca, c'est la libération des multiples empreintes laissées dans son corps par des traumatismes antérieurs qui permit à cet officier de se sortir de cette fâcheuse situation.

Remis sur ses pieds en moins d'un mois, cet officier profite à présent pleinement de sa retraite. Bien que sa radio montre toujours les mêmes détériorations structurelles, il jardine, bricole dans les pires positions, grimpe allègrement dans les échelles, parcourt des kilomètres sur la plage et pêche dans les rochers, dorénavant sans douleur. Seul un léger déhanchement à la marche rappelle par moments ses années difficiles. Un jour, en se déchaussant, il constata avec stupéfaction que les semelles de ses chaussures s'usaient désormais de manière symétrique.

Quelques exemples de faits et gestes quotidiens permettront de comprendre ce qui était arrivé à ce militaire. Afin de permettre à Éric d'évaluer les forces en présence dans les conflits de sa colonne lombaire, remontons quelques années en arrière...

Conséquences d'une glissade

Le froid vif de ce matin de février mordait le visage. Le sol de cour de la caserne était recouvert de glace. Après avoir refermé la porte de son pavillon, d'un pas prudent Éric se dirigea vers le mess. À mi-parcours, son regard fut attiré par un éclair au niveau du dernier étage d'un bâtiment, reflet du soleil levant se projetant dans une vitre qui s'ouvrait.

Cet instant d'inattention lui fut fatal. Glissant brutalement sur une plaque de verglas, Éric tomba violemment sur la hanche. De jeunes recrues qui passaient à proximité se précipitèrent pour l'aider à se relever. Remis sur ses jambes, il s'entendit affirmer que ce n'était rien, tapota du revers de la main les salissures qui maculaient sa tenue et, après avoir balbutié quelques remerciements, poursuivit son chemin en s'efforçant de marcher comme si rien ne s'était passé.

Durant les jours qui suivirent, ne pas boiter nécessitait un effort constant. Heureusement, au bout de quelque temps, la douleur disparut. Éric garda cependant la curieuse impression d'une démarche sensiblement différente. Puis il s'y habitua et n'y pensa plus.

Observons l'attitude de cet officier quelque temps après : à la marche, son bassin présente un balancement asymétrique. Son pied, du côté de la chute, s'oriente plus en dehors et le talon de sa chaussure apparaît plus usé. Lorsqu'il se penche en avant, la flexion s'effectue en bloc, sans souplesse. Et quand Éric se redresse, on le voit parfois esquisser une petite grimace ou se frotter les lombes. Mais la quarantaine passée, qui n'a pas un jour ou l'autre « mal aux reins » ?

Revoyons le film de sa chute au ralenti. Lorsque notre militaire heurte violemment le sol au niveau de cette partie de l'os iliaque (nommée *ischion*), des muscles se trouvent écrasés. Puis, le corps d'Éric continue à se tasser sous l'influence de cette force engendrée par la chute appelée *énergie cinétique*. Par un effet de couple, l'os iliaque, du côté du choc, tend à basculer en rotation postérieure, d'autant que les rétractions consécutives à l'écrasement de la masse musculaire contre le sol verrouillent cette distorsion.

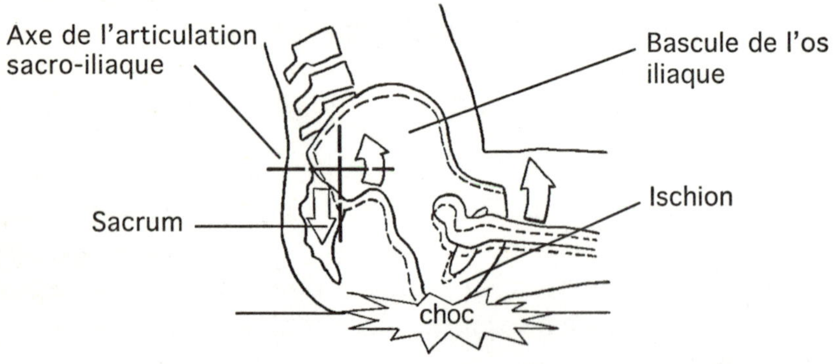

FIG 7. CONSÉQUENCES D'UNE CHUTE SUR LE BASSIN

Presque en même temps, les vertèbres viennent successivement se télescoper les unes sur les autres. Situés entre celles-ci, les disques intervertébraux (DIV) sont alors soumis à de brusques et intenses contraintes d'écrasement qui vont les compacter. Le « Compact Disc » ne date pas d'hier !

Les disques intervertébraux (DIV) sont constitués d'un noyau ou *nucléus*, de substance analogue à de la gélatine, entouré et maintenu par des fibres ligamentaires concentriques et entrecroisées : l'anneau ou *annulus*.

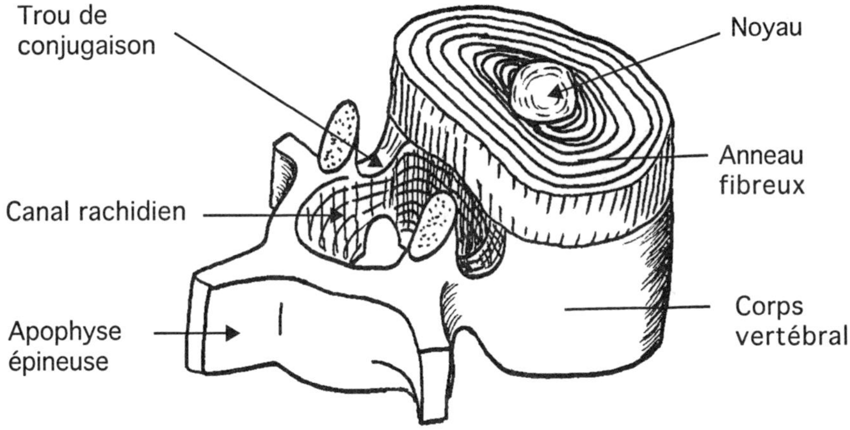

FIG. 8 VERTÈBRE LOMBAIRE

Ces disques rendent ainsi possibles les mouvements de la colonne et amortissent les pressions, sous réserve que celles-ci ne dépassent pas les limites physiologiques. Dans les conditions normales, environ la moitié du poids du corps est supportée par le dernier disque lombaire. S'y ajoute également la contrainte exercée par les muscles paravertébraux.

Dans le corps d'Éric, l'immobilisation réflexe viendra ensuite verrouiller le déséquilibre du bassin provoqué par la chute. Ajoutant sa force de resserrement aux tassements des disques, la compression accrue de ceux-ci augmentera leur souffrance. D'où un renforcement de la rétraction. Le cercle vicieux ainsi engendré aboutira à une détérioration prématurée du DIV.

Petit détail intéressant : l'impression de bascule en arrière de l'os iliaque du côté du choc (objectivable sur la radio par sa plus grande largeur) aura pour effet de remonter l'axe de l'articulation de la hanche (ou *coxo-fémorale*). Ce qui donnera l'impression d'une jambe plus courte. On comprendra que, dans ce cas, le port d'une talonnette n'est pas indiqué puisque empêchant tout retour possible de la distorsion iliaque.

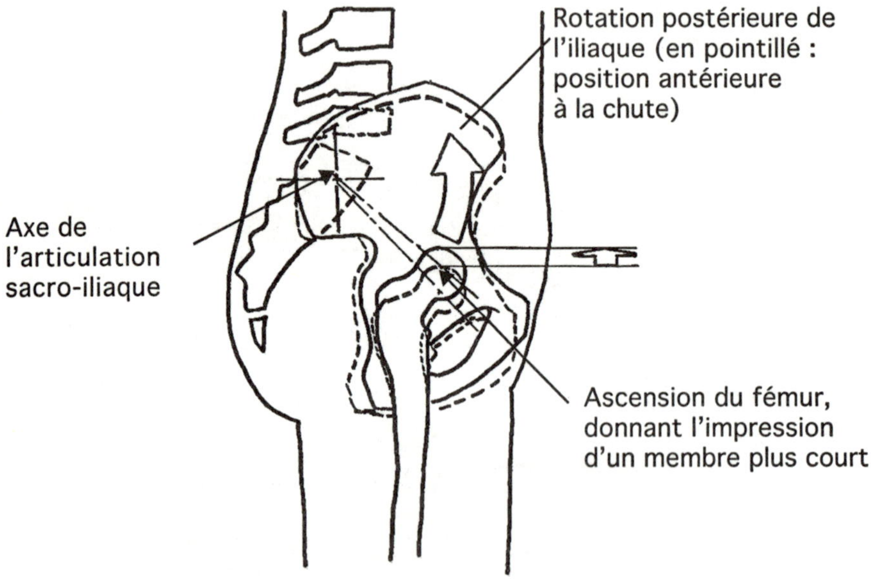

FIG. 9 PSEUDO JAMBE COURTE

Bien que le corps soit capable de s'adapter aux tensions tissulaires consécutives aux chocs, nous avons vu qu'avec le temps, des troubles peuvent en résulter. Aussi est-il utile de ne pas laisser de telles empreintes s'inscrire dans nos tissus.

TEST LOMBAIRE

• Debout, penchons-nous en avant. Nos doigts peuvent-ils toucher facilement le sol ?
• Sans bouger le bassin, inclinons le buste latéralement d'un côté, puis de l'autre. Ensuite effectuons une rotation dans chaque sens, puis une circumduction. Avons-nous un sentiment de souplesse ou de raideur ? Des douleurs apparaissent-elles à certains mouvements ?
• Ensuite, en posant les mains de chaque côté de la taille, essayons d'enfoncer nos pouces dans les gouttières paravertébrales, à chaque niveau jusqu'au sacrum. Des points sont-ils douloureux ?
• La palpation des zones réflexes peut attirer l'attention sur certains dysfonctionnements des régions correspondantes. Notre corps en possède de nombreuses, sous le pied ou sur l'oreille, par exemple. Leur massage procure souvent un apaisement des douleurs.
• Si une sensibilité ou une asymétrie des amplitudes apparaît, alors que tout est normal par ailleurs, les présomptions de traumatismes antérieurs mémorisés sont fortes. Les conseils donnés précédemment permettront de les atténuer.

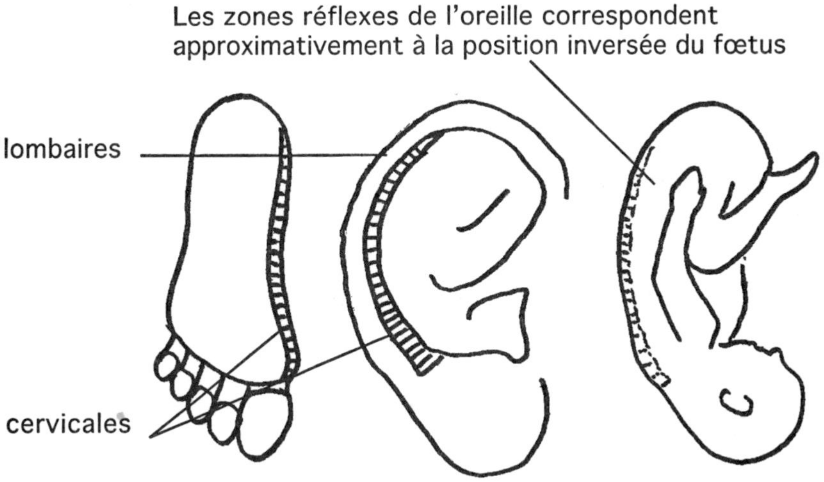

Fig. 10 Zones réflexes

Mis à part un léger déhanchement à la marche et quelques douleurs épisodiques, l'officier n'était pas conscient du déséquilibre de son bassin. Un autre incident allait en découler…

Suites d'efforts…

Quelques années plus tard, alors qu'Éric était en vacances, une voisine sollicita son aide musclée pour déplacer un lourd confiturier. Flatté qu'on eût remarqué sa vigoureuse constitution, il s'empressa de répondre aux désirs de son admiratrice.

Après avoir repoussé de la main les patins de glissement en silicone que lui tendait celle-ci, tout en bombant discrètement le torse avec un sourire évocateur, Éric se vrilla en avant pour empoigner le dessous du meuble. Alors qu'il commençait à le soulever, une violente douleur lombaire le cloua brutalement au sol. S'effondrant sur ses genoux, il ne put se relever qu'avec bien des difficultés. Diagnostic du médecin appelé : lumbago aigu. Comment cet homme à la solide musculature a-t-il pu ainsi se « bloquer » le dos ?

Là encore, observons en transparence ce qui s'est passé au niveau de sa colonne lombaire. Comprimée entre les plateaux vertébraux, refoulée vers l'arrière dans la flexion avant, la substance gélatineuse du noyau du disque s'était peu à peu infiltrée entre les fibres de l'anneau discal préalablement détériorées.

Lorsque nous nous penchons en avant pour soulever une charge, la pression sur le noyau peut dépasser 100 kg/cm^2. Celui-ci est alors refoulé contre les fibres postérieures de l'anneau. Lesquelles sont soumises à des efforts de distension tels qu'elles peuvent se dilacérer, voire se rompre. Le ligament postérieur, richement innervé, a été brusquement étiré.

Cette entorse, ainsi que le pincement de petits filets nerveux – conséquence du brusque dérapage du nucléus –, a déclenché la douleur violente du lumbago. Un mécanisme réflexe a immédiatement spasmé la région, entraînant l'attitude déhanchée « antalgique » caractéristique, mais verrouillant aussi le noyau discal dans sa position excentrée. La douleur entraîne un renforcement du spasme, qui, à son tour l'amplifie. Par suite de mouvements inopportuns, tels des efforts de redressement ou une manipulation vertébrale hasardeuse, la substance gélatineuse qui constitue ce nucléus peut faire saillie en dehors de l'anneau et provoquer une « hernie discale ». Comprimant une racine nerveuse, elle pourra entraîner une perte de sensibilité (*parésie*) ou une douleur névralgique intense telle la *sciatique*.

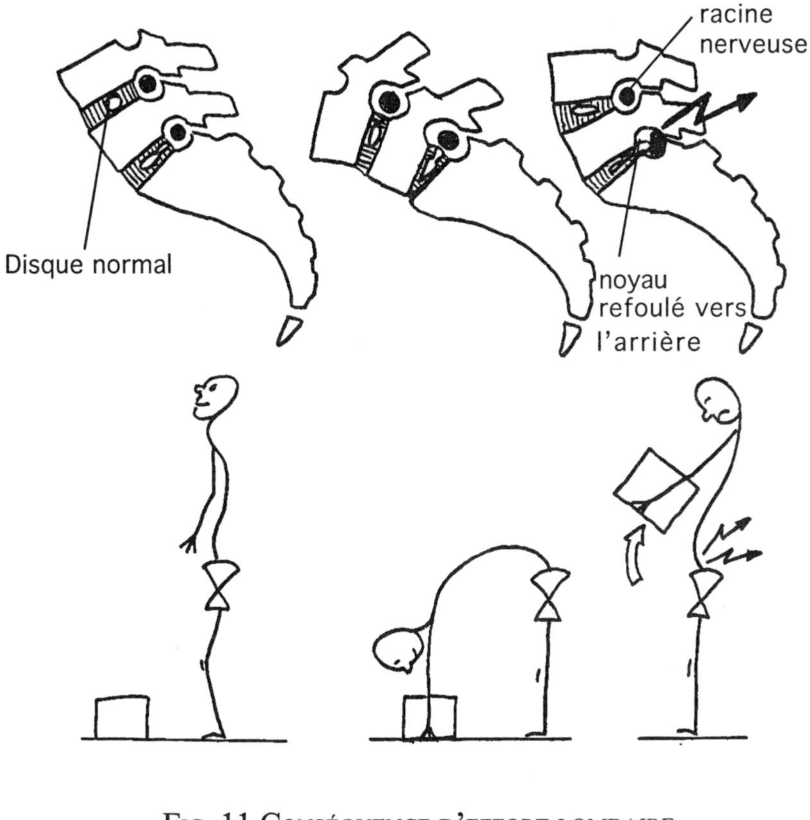

FIG. 11 CONSÉQUENCE D'EFFORT LOMBAIRE

EN CAS DE LUMBAGO

• N'essayez pas de vous redresser.
• Replacez la colonne dans la position où a eu lieu l'effort, où dans une position similaire à quatre pattes ou couché sur le côté, en vous relâchant au maximum, selon la technique de repositionnement spontané du Dr Jones.

• Restez dans cette position confortable le temps que la douleur s'estompe avant de repasser très progressivement en station verticale.
• Si, pour des raisons pratiques, vous n'avez pas pu appliquer le repositionnement spontané après l'effort, rentrez chez vous et reposez-vous en recherchant à nouveau la position la moins douloureuse, même si celle-ci vous amène à être bizarrement contorsionné. Pour la maintenir, calez-vous avec des coussins ou, mieux encore, laissez-vous installer le plus confortablement possible.
• Aidez-vous de compresses ou bouillottes chaudes.
• Massez les points réflexes lombaires vus précédemment au niveau de l'oreille. Des applications d'huiles essentielles de lavande apaisent les douleurs, ainsi que des cataplasmes d'argile.
• De nombreuses plantes peuvent vous aider : arnica, cassis, bouleau, reine-des-prés, harpagophytum, vergerette du Canada… Elles vous seront proposées en applications, infusions, jus, décoctions.
• Attendez patiemment, tranquillement, en vous décontractant. Dans la plupart des cas, le lumbago sera bien atténué. Si la douleur n'a pas complètement disparu, vous vous serez donné les meilleures chances d'amélioration et aurez facilité la tâche de votre médecin.
• Dans les heures et les jours qui suivent, évitez tout mouvement brusque. Puis, progressivement, commencez des étirements doux et lents de la région lombaire, soit sur le dos, soit en position quadrupédique. Le matin, pour enfiler bas, chaussettes ou sous-vêtements, ne vous penchez pas en avant. Mettez-vous sur le dos, sur votre lit et repliez doucement les jambes.
• En ce qui concerne l'alimentation, diminuez viandes, charcuteries, laitages et dérivés, sucreries, alcool, fritures. Augmentez les légumes et les fruits : choux, carottes, poireaux, oignons, salsifis, céleri, citrons, pommes, poires, raisin…
• Par la suite, évitez de vous asseoir le dos rond ou de vous avachir trop longtemps dans votre fauteuil favori. Même si c'est bien agréable de regarder la télé comme un pacha, en dégustant des chocolats. Et si cette évocation vous donne envie de réagir pour transformer vos abdos façon tablettes et

vous forger des lombaires d'acier, commencez prudemment, avec les conseils avisés de votre kiné.

• D'autres conseils seront donnés plus loin qui permettront d'augmenter encore l'efficacité de ces techniques. Et de comprendre les causes de certains blocages vertébraux alors que les efforts déclenchants semblent minimes.

Les membranes aponévrotiques nous recouvrent entièrement et relient entre elles toutes nos structures osseuses. Par leur intermédiaire, les diverses rétractions tissulaires majoraient les déséquilibres du bassin, sources de cisaillements lombo-sacrés, aggravés par les tassements consécutifs aux innombrables sauts.

Le schéma ci-dessous montre comment ces tensions membraneuses, telles des courroies d'engrenage, conduisaient aux douloureuses strictions des racines nerveuses d'Éric.

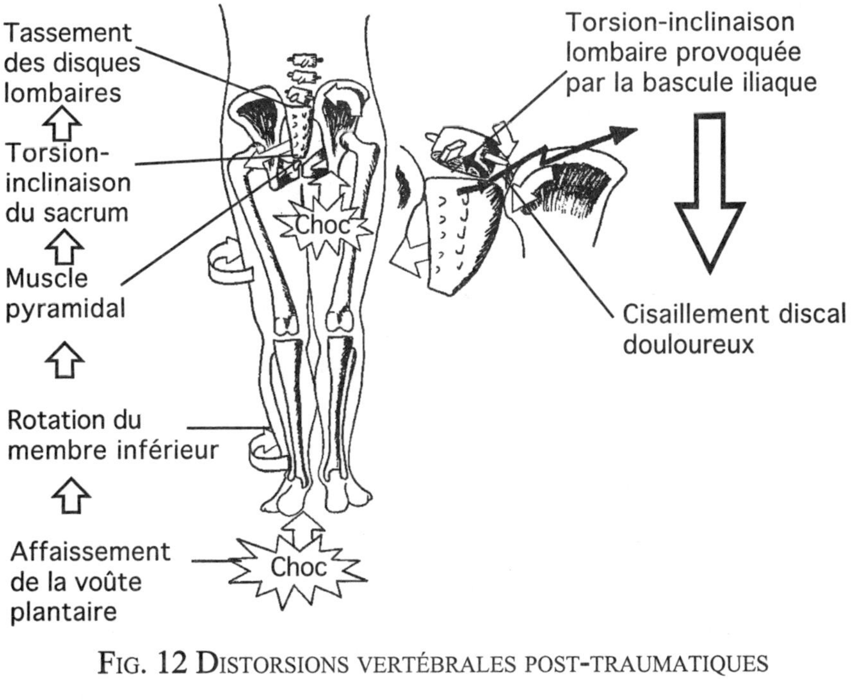

FIG. 12 DISTORSIONS VERTÉBRALES POST-TRAUMATIQUES

D'une part, la distorsion du bassin consécutive à la chute brutale sur le verglas entraînait (par les ligaments ilio-lombaires) une rotation des dernières vertèbres telle que les épineuses tournaient vers la gauche.

D'autre part, l'affaissement de la voûte interne du pied gauche – suite d'une mauvaise réception lors d'un saut – provoquait une rotation interne de ce membre. Par le relais du muscle pyramidal, qui relie le fémur à la face antérieure du sacrum, cet os est aspiré en torsion, les épineuses regardant alors vers la droite.

Les rotations opposées entre les lombaires et le sacrum cisaillaient insidieusement le dernier disque lombo-sacré, d'où sa détérioration.

S'y ajoutaient encore les suites d'entorses des chevilles dans les pierriers de montagne, les torsions d'un genou à la suite d'une mauvaise chute, des séquelles de *whiplashs*, les tassements vertébraux consécutifs aux nombreux sauts.... Le corps n'oublie rien !

Le cisaillement lombo-sacré se répercutait aussi sur les vaisseaux sanguins. Le sang veineux, ne pouvant s'évacuer suffisamment, des varicosités s'étaient formées au niveau du trou de conjugaison. Leurs compressions sur la racine nerveuse s'ajoutaient à l'effet de striction, d'où la sciatique.

Les statistiques montrent que près d'un tiers des personnes à qui l'on fait passer un scanner s'avèrent présenter une hernie discale, sans pour autant en souffrir. En cas de douleurs, la plupart de ces hernies disparaissent spontanément au bout de quelques mois. Chez les personnes opérées, il n'est pas rare que des douleurs persistent ou réapparaissent quelques années plus tard. Elles sont généralement dues au fait que le geste chirurgical, même parfaitement exécuté, ne fait pas disparaître le déséquilibre qui a provoqué les cisaillements. Pire, les cicatrices verrouillent parfois solidement ces distorsions.

Après avoir compris l'enchaînement de circonstances qui aboutissaient au conflit qui étranglait sa racine nerveuse, notre officier, en admirateur de Clausewitz, adopta un plan de bataille pour se libérer.

La stratégie d'Éric

Les forces adverses étant particulièrement nombreuses, chaque élément agresseur fut isolé, comme dans le célèbre combat des

Horaces et des Curiaces. Les séquelles de torsion de genou et de *whiplashs* furent assez facilement dégagées par des repositionnements du Dr Jones, ce qui permit d'aérer le champ de bataille, donc de rendre les contacts des racines nerveuses moins aigus.

Les autres rétractions auraient pu aussi être annihilées par ce stratagème mais Éric ne souhaitait pas voir se dissoudre ainsi l'ennemi qui le faisait tant souffrir. Il voulait le sentir plier, s'affaiblir et demander grâce, bref le combattre par des moyens concrets, toniques. La distorsion du bassin, séquelle de chute sur l'iliaque, bien installée dans une redoute de rétractions musculaires denses, constitua une occasion d'utiliser une telle méthode.

Destinée aux tensions coriaces, la technique de *muscle energy* du docteur F. Mitchell, D.O., est basée sur un principe rusé et cependant simple : pour décontracter un muscle spasmé, il faut contracter son opposé (l'antagoniste). Pour appliquer cette manœuvre, Éric se plaça donc sur le dos dans son lit, après qu'on eut rendu ce terrain plus ferme en glissant une planche sous le matelas. S'approchant du bord et tout en maintenant son genou gauche replié sur son ventre à l'aide de ses mains, l'officier laissa alors pendre son membre inférieur droit en dehors du lit.

Il mit alors légèrement en tension les muscles élévateurs de cette cuisse, mais sans la bouger, ce qui eut pour effet de tromper l'adversaire musculaire. Lequel détendit aussitôt ses contractures postérieures qui verrouillaient la position. Profitant alors de ce relâchement de leur défense, Éric, tel Napoléon s'emparant du plateau de Pratzen à la bataille d'Austerlitz, en profita alors pour regagner du terrain en laissant descendre davantage la cuisse droite. Répétant cette tactique, l'officier parvint à se dégager de la position en bascule postérieure iliaque.

Ensuite, pour commencer à libérer le cisaillement lombo-sacré, quelques autodétorsions lombaires, en position couchée sur le côté droit, furent mises en œuvre. Utilisant toujours la même ruse du contracté-relâché, elles libérèrent rapidement la compression sciatique. En quelques jours, l'officier put retrouver la position verticale et recommencer à faire quelques pas.

Restait la malposition du sacrum, conséquence à distance de l'affaissement de l'arche plantaire gauche. Pouvant désormais s'asseoir, en s'aidant d'une balle de tennis, et toujours grâce à la même méthode, notre stratège s'employa à la remodeler. Les tensions qui en découlaient se rendirent aussitôt et le sacrum se redressa, libérant complètement la charnière lombo-sacrée. La campagne contre la sciatique était gagnée !

Les leçons de l'histoire

Des techniques très douces pratiquées avec ordre et méthode peuvent venir à bout des problèmes les plus complexes et quelquefois apparemment insolubles. En effet, les grands coups de marteau ne sont pas toujours les moyens les plus efficaces pour remettre à leur place les pièces d'un puzzle lorsque celui-ci a été un peu bousculé.

Notre corps possède en lui tous les moyens nécessaires pour s'autoréparer. En fait, c'est notre ignorance des capacités de mémorisation du corps, mais aussi des possibilités que nous avons de nous libérer à temps des tensions engrammées qui est à l'origine de la plupart de nos souffrances.

Les causes de dérangement de notre organisme ne manquant pas dans notre existence, il nous appartient de les connaître, afin de les éviter autant que possible.

MÉNAGER SA COLONNE

• Pour nous pencher en avant, mieux vaut pivoter autour de l'axe des hanches plutôt que d'enrouler les lombaires.
• Évitons les positions inclinées et prolongées :
– Chaque fois que cela est possible, utilisons un siège.
– Pour nous laver les cheveux, ne nous penchons pas au-dessus de la baignoire, plaçons-nous debout sous la douche.
• Pour ramasser un objet au sol, fléchissons les genoux.
• Si l'objet est lourd, rapprochons-le du corps avant de le soulever. Mieux encore : Trouvons une main charitable pour nous aider…
• Veillons à ne pas nous asseoir le dos rond mais légèrement cambré. Des tabourets ergonomiques permettent une assise plus confortable et moins fatigante.

• Plaçons les meubles-bureaux de préférence face aux portes. Ceci afin de ne pas entraîner des rotations répétées de la tête pour ceux qui y travaillent. Dans le même but, les écrans d'ordinateurs doivent être installés face à l'opérateur et non en position plus ou moins oblique.

• Mais n'oublions pas d'éviter, autant que possible, les traumatismes et d'en atténuer rapidement les traces, comme nous l'avons vu précédemment.

Notre corps n'oublie rien. De multiples événements marquants laissent leurs empreintes et s'inscrivent dans les tissus comme dans les pages d'un livre. Leur libération peut changer notre vie de manière parfois spectaculaire...

Métamorphose

D'aussi loin que sa mémoire le lui permettait, son appendice nasal lui avait toujours posé des problèmes. Jeff se souvient encore du gros mouchoir à carreaux qu'il entassait dans la poche de sa blouse d'écolier. Bien que ses papilles ne lui rapportent désormais ni odeur, ni saveur, il se rappelle : « J'ai parfois l'impression de ressentir encore le goût des cuillerées de sirop que ma mère devait me faire ingurgiter et des pulvérisations nasales que je surnommais des "pichouits". »

Son enfance n'avait été qu'une longue succession de sinusites, d'otites et de bronchites. Auxquelles s'étaient vite ajoutés des phénomènes asthmatiformes. Heureusement, de nombreuses médications, en endiguant les crises, lui avaient permis de mener une scolarité à peu près normale.

Mais son développement physique s'était trouvé affecté par cet état maladif permanent. Essoufflé pour un rien, il n'arrivait pas à courir et avait fini par exécrer toute activité physique. Maigre, les épaules enroulées, le dos voûté et le teint pâlot, sa vitalité n'avait jamais été bien forte. Et ce d'autant plus que Jeff récupérait très mal. « Même épuisé, je ne crois pas avoir jamais réussi à plonger dans le sommeil avant 2 ou 3 heures du matin. J'entendais chaque nuit les tintements de la cloche de l'église qui marquaient les heures. Mes parents m'ont raconté que lorsque j'étais bébé, ils me prenaient dans leur lit pour essayer de m'endormir, car je pleurais souvent, et ceci depuis ma naissance. Il paraît que c'était nerveux. C'est vrai que je suis un grand angoissé. Par ailleurs je n'arrivais pas à m'alimenter, je vomissais mes biberons dès que je venais de les absorber. Il n'est donc pas étonnant que je n'aie jamais pu prendre de poids ! » déplore-t-il en haussant ses épaules décharnées.

Par la suite, la situation ne s'était pas arrangée. Les sinusites s'étaient compliquées d'allergies à toutes sortes de choses. Toujours fatigué, éreinté par ses nuits insuffisantes, perpétuellement angoissé, ennuyé par ses problèmes de sinus et d'asthme, auxquels s'ajoutaient de fréquents maux de tête, Jeff n'avait pu poursuivre ses études. Une place d'employé dans une petite commune s'était offerte et il l'avait aussitôt acceptée. Sa maigreur et son nasillement particulier entrecoupé de fréquentes et bruyantes vidanges n'avaient guère attiré les compagnies féminines. Aussi Jeff était-il resté célibataire, se traînant entre son petit studio, le bureau et les cabinets médicaux.

Des examens avaient mis en évidence de nombreux polypes nasaux, auxquels avait été attribuée la difficulté de plus en plus importante de sa respiration. Une ablation par chirurgie lui avait effectivement permis de retrouver une meilleure ventilation nasale. Mais l'amélioration n'avait pas duré plus d'une année, peu à peu la gêne respiratoire était réapparue. Et il avait dû, à nouveau, se soumettre à l'excision de ces fâcheuses proliférations cellulaires.

À 30 ans Jeff ne comptait plus les interventions chirurgicales. Entre deux résections de polypes on lui a redressé la cloison nasale, cautérisé les cornets, buriné et agrandi ses orifices sinusaux pour en faciliter l'évacuation, nettoyé et désinfecté ses cavités à de multiples reprises… Malgré tout, il a l'impression que plus on l'opère et plus les problèmes se reforment vite. Mais que faire d'autre ? Lorsque ses polypes reprennent un certain volume, l'air ne peut plus passer. « Je n'ai d'autre possibilité que de respirer par la bouche, ce qui est fort gênant, d'autant que des mucosités s'écoulent continuellement dans le fond de ma gorge », commente-t-il tout en déglutissant.

Pourtant Jeff a essayé de réagir. Conscient de sa piètre apparence physique, il s'est acheté des haltères et un livre de musculation. « J'ai trop honte de mon corps pour m'inscrire dans une salle de gym, alors je m'efforce de faire grossir mes muscles par des mouvements quotidiens », dit-il avec un petit sourire qui laisse entrevoir des arcades dentaires complètement déformées. La simple vue de cette anomalie, jointe à l'attitude caractéristique de la position de la tête, traduit immédiatement, pour un œil exercé, l'origine évidente des problèmes de Jeff. Mais laissons-le s'exprimer :

« Pour essayer de prendre un peu de poids, je me bourre de matières grasses et de sucres. Hélas, jusqu'à présent, ce qui fait grossir tant de personnes ne donne chez moi aucun résultat. De plus, j'ai l'impression que les exercices aggravent mes difficultés de sommeil. Heureusement que mon médecin me donne des tranquillisants, grâce à eux j'arrive à mieux dormir. Mais malgré leur effet sur mon angoisse, je m'avoue complètement découragé car en dépit de mes efforts et des soins que je suis scrupuleusement, j'ai le sentiment de ne pouvoir m'extirper de l'ornière où la vie m'a conduit. »

Bien qu'effectivement parti avec un handicap difficile, Jeff a néanmoins réussi à améliorer son état de forme. Quelques années plus tard, il ne sera plus le même homme.

Sa silhouette s'est progressivement redressée, dorénavant il respire mieux et n'a plus besoin de se faire continuellement opérer. Toute allergie a pratiquement disparu ainsi que ses maux de tête. Plus calme, il s'endort désormais sans difficulté et a pris plus d'une dizaine de kilos de muscles. Ayant retrouvé une énergie nouvelle, il s'est inscrit à des cours du soir et est devenu un informaticien apprécié.

Pour comprendre comment une telle métamorphose a été possible, il nous faut poursuivre notre enquête pour reconstituer ce qui s'est inscrit dans l'histoire du corps de ce jeune homme.

Remontons bien avant sa naissance. Une salle de gym va nous offrir l'occasion d'observer les conséquences des mésaventures arrivées à sa maman lorsque celle-ci était adolescente.

Des chutes aux effets indirects…

Gymnaste émérite, la jeune Hélène, future mère de Jeff, éprouvait une certaine appréhension pour effectuer des sauts carpés sur la poutre. Ceci depuis plusieurs chutes où elle était tombée brutalement à cheval sur cet agrès, ce qui avait, bien sûr, fait pouffer les copines !

Nous connaissons bien à présent ce qui se passe lors de traumatismes de cette importance : le périnée devient le siège d'un spasme musculo-aponévrotique réflexe visant à immobiliser les tissus. Nous savons également que la rétraction augmentera d'autant plus que notre gymnaste ne respectera pas le repos nécessaire pour cette auto-réparation. Cette densification se renforcera encore à chaque nouvelle chute, à skis, sur le verglas, dans les escaliers…

Mais pour l'entourage de cette toute jeune fille, les traumatismes qui n'entraînaient pas de fracture, « ce n'était rien », même lorsqu'ils se multipliaient.

Devenue adulte, mariée, Hélène attendit bientôt son premier enfant. Lors de l'accouchement, son bassin, au lieu de s'ouvrir amplement (sa distension est facilitée par une hormone : la *folliculine*), a vu son ouverture bridée par cette rétraction déjà bien installée. Aussi avait-elle beau pousser très fort, la tête de Jeff, déjà engagée, passait mal. La naissance dura près de 10 heures.

Dans ces cas, l'utérus, comme un véritable vérin, comprime fortement le bébé dont les cervicales, encore très malléables, s'emboutissent dans la base du crâne. Sous la pression, celle-ci pourra se déformer, constituant *l'impression basilaire,* ultérieurement bien visible sur les radios de la base du crâne.

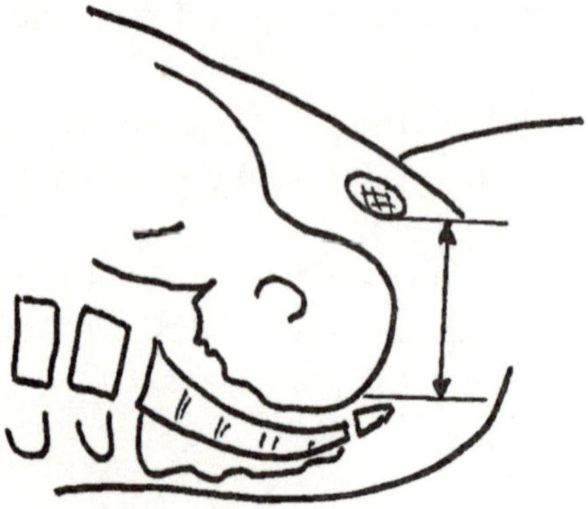

Périnée libre

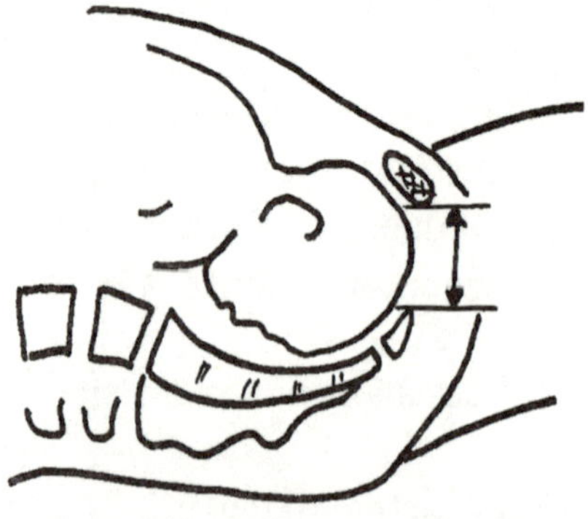

Périnée resserré

FIG. 13 CONDITIONS DE NAISSANCE

Très souvent, pour faciliter l'expulsion, une épisiotomie devra être pratiquée. Parfois, sur le crâne du bébé, l'application d'une ventouse sera nécessaire, voire de forceps. Ces instruments avaient été employés lors de la difficile naissance de Jeff, ce qui, des années plus tard, avait entraîné les malformations de ses arcades mandibulaires. Si les tissus des bébés sont très souples et capables de supporter quelques contraintes, nous savons maintenant qu'au-delà d'un certain seuil, des déformations persistent.

À propos des différentes formes de traumatismes obstétricaux, B. E. Arbuckle, D.O., de Philadelphie, Pennsylvanie, spécialiste en ostéopathie crânienne chez les nouveau-nés, commente : « Dans de nombreux cas d'altérations diverses du développement, des signes étaient apparus dans la toute petite enfance. Ces symptômes passent trop souvent totalement inaperçus ; ou bien, s'ils sont diagnostiqués, ils sont rapidement oubliés par tout le monde, à l'exception de la mère, qui va persister à les relater à toute personne qui l'interroge » (16).

De nombreux praticiens en ont constaté les séquelles ultérieures. Pour T. Verny de Toronto (Canada), spécialiste du monde prénatal, l'enfant enregistre toutes les sensations. Pédiatre réputé, D. Chamberlain, dans un livre intitulé *Les enfants qui se rappellent leur naissance*, signale : « Les marques laissées par les forceps ou les traces laissées sur la gorge lors de strangulations causées par le cordon ombilical apparaissent avec le recul et prouvent qu'elles ont été conservées. »

Quelles peuvent en être les conséquences ?

Un passage difficile…

Observons, en transparence, la base du crâne d'un bébé. Elle est constituée par un os portant un joli nom : l'occiput. De chaque côté, entre celui-ci et l'os voisin appelé temporal, on aperçoit un petit orifice allongé aux bords irréguliers.

Ce trou déchiré postérieur donne passage à plusieurs nerfs et à une grosse veine : la *jugulaire interne.* Celle-ci et sa symétrique permettent l'évacuation de 95 % du sang veineux du crâne. Lors des naissances longues et difficiles, la déformation de la base du crâne peut se répercuter sur un de ces orifices et comprimer légèrement ce vaisseau. Une

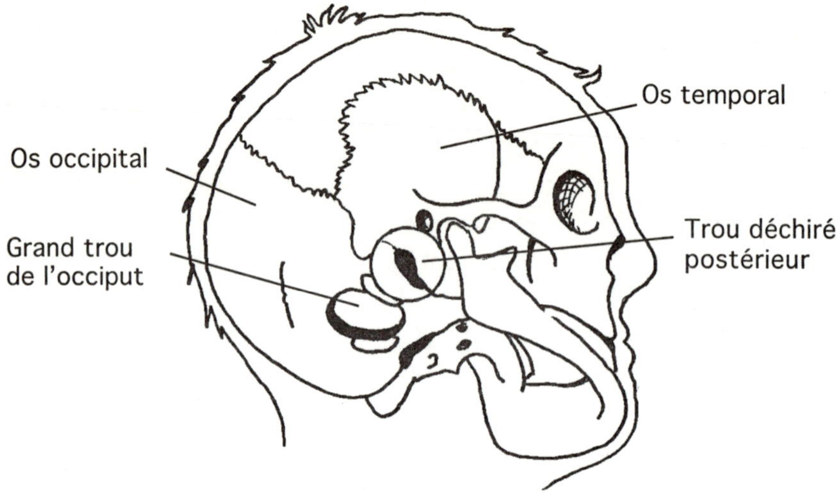

FIG. 14 BASE DU CRÂNE

surpression vasculaire intracrânienne en résulte alors. Est-elle, comme chez l'adulte, génératrice de maux de tête, manifestés chez le bébé par des pleurs ? On peut le supposer. Quoi qu'il en soit, la libération douce de ces compressions de naissance apporte, dans les cas où cet orifice est en cause, l'arrêt rapide des hurlements du bébé…

Bébés secoués

Lorsque des mains expertes ne peuvent intervenir à temps ou lorsque d'autres motifs sont en cause, les souffrances du bébé se perpétuent et ses cris empêchent les parents de dormir. À bout de nerfs, n'en pouvant plus, certains craquent et passent leurs nerfs en secouant violemment leur enfant. « Comme la tête du bébé est grosse et lourde par rapport au reste du corps, ces secousses créent des forces à l'intérieur de la tête », explique R. Ensom de l'hôpital pour enfants de l'Ontario. « Secouer un enfant de manière violente et répétée écrase le cerveau contre la boîte crânienne, ce qui cause le saignement des vaisseaux sanguins déchirés et des lésions importantes. » Responsable des urgences pédiatriques à l'hôpital du Hâvre, le Dr Boulloche précise : « C'est le système du fouet. Si l'enfant est un peu mou, l'accélération peut atteindre 100 à 120 km/h » (17).

Outre les décès, les conséquences peuvent en être gravissimes. Selon les docteurs K. Barlow et R. Minns d'Édimbourg, 78 % des survivants souffrent à long terme d'anomalies neurologiques (18) : anorexie, énurésie, agressivité, déficit d'attention, tendance dépressive, comportement de fuite, épilepsies, hémorragies rétiniennes, retard de développement, altérations mentales pouvant évoquer l'autisme... « Il y a des bébés qui, en quelques mois, présentent des scanners de vieux Alzheimer. C'est atterrant ! » s'insurge M.C. Camena d'Almeida, pédopsychiatre et psychanalyste (19).

Ces secousses violentes peuvent être le fait des parents ou des personnes chargées de la garde du bébé, et pas seulement dans les milieux défavorisés. « Tout ce qui fait baisser la garde est un facteur de risque », avertit le professeur D. Renier de l'hôpital Necker à Paris (20) : perte de sommeil, grande fatigue, moment de déprime, soucis, problèmes de santé ou difficultés de travail... Et beaucoup sont inconscients des conséquences de leurs actes.

Les premières constatations des séquelles engendrées par ces gestes d'énervement ont été relevées par le Dr J. Caffey, un radiologue américain, dès 1946. Depuis, les États-Unis ainsi que d'autres pays comme le Royaume-Uni et la Belgique se sont mobilisés. « La France, elle, n'a pris conscience de la réalité et de l'ampleur de ce phénomène que très récemment », relatait une revue scientifique française (21). Chaque année, dans l'Hexagone, plus de 100 bébés perdraient ainsi la vie.

On peut également espérer que les futures mamans et les nourrices puissent être mieux informées sur la manière de calmer leurs bébés autrement qu'en les secouant, ainsi que des risques gravissimes de telles manœuvres.

Mais tous les pleurs ne proviennent pas des suites de compressions de naissance. Bien d'autres causes existent : maladies infectieuses, coliques ou simples sensations de malaise lorsque les bébés sont trop ou pas assez couverts... Les poussées dentaires aussi font souffrir les bébés. Des remèdes homéopathiques comme *Camomilla 5CH* peuvent alors suffire pour les soulager. Les vaccinations trop précoces sont également mises en cause dans la survenue de douloureuses sciatiques paralysantes : « Le tronc sciatique n'est que très rarement blessé par piqûre directe, commente le docteur M. Mayer, neuropédiatre de l'hôpital Saint-Vincent-de-Paul à Paris, le responsable est le produit lui-même qui, injecté à proximité du nerf, diffuse passivement jusqu'à lui et le lèse » (22). Selon ce spécialiste, une seule injection dans la fesse pourrait suffire pour provoquer de définitives séquelles. Pour les adeptes des vaccinations précoces, la cuisse serait une zone préférable.

Renvois fréquents

Revenons au crâne et approchons notre loupe de cet orifice oblong qu'est le trou déchiré postérieur : au milieu de celui-ci, là où il se rétrécit légèrement, passe un gros tronc nerveux : c'est le nerf *vague* ou *pneumogastrique* que nous avons déjà rencontré lors des malheurs de Rebecca. Comme son nom l'indique, il distribue son innervation neurovégétative vers les poumons et l'estomac, mais aussi vers d'autres organes.

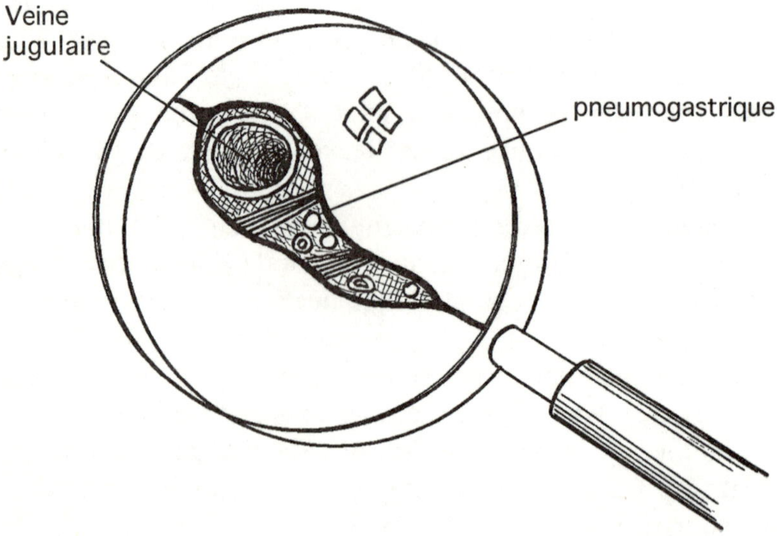

FIG. 15

Lors des régurgitations chez les bébés, des observations médicales mettent en cause un rétrécissement du *pylore* (partie terminale de l'estomac). Pour certains, des spasmes trop importants de cet organe seraient les responsables des rejets et vomissements de nourriture. D'autres encore ont mis en évidence une béance du sphincter entre l'œsophage et l'estomac : le *cardia.* Aussi chacune des précédentes hypothèses est-elle sans doute exacte, comme il possible que plusieurs s'additionnent.

Quoi qu'il en soit, la décompression manuelle précise du trou déchiré postérieur apporte généralement la cessation rapide des régurgitations. Il est donc fort probable qu'une irritation de ce nerf s'avère la cause première de ces dysfonctionnements. L'endroit où ce nerf vague est comprimé au niveau de cet orifice a probablement une importance, autrement dit les fibres nerveuses irritées, qui chacune se dirigent vers un territoire différent. En effet, chez d'autres enfants, la libération des compressions de ce même trou déchiré postérieur apportera aussi la sédation des douloureuses coliques du nourrisson ou des constipations opiniâtres.

L'origine de ces souffrances, voici longtemps que les ostéopathes les connaissent, ainsi que le rapportait Viola Frymann, D.O, La Jolla, Californie, spécialiste mondialement connue en ostéopathie des jeunes enfants : « Le nerf vague a une sphère d'influence étendue mais, chez le nouveau-né, il est spécialement lié à la physiologie du système digestif, du système circulatoire et de la respiration. En d'autres termes, les irrégularités respiratoires, cardiaques et le vomissement ou le péristaltisme hyperactif suggèrent une perturbation vagale » (23). Autre ostéopathe réputé, H.I. Magoun, D.O. de Belen, Nouveau-Mexique, a aussi publié ses constatations : « Dans de nombreux cas, les interventions chirurgicales pour pylorospasme chez le nouveau-né pourraient être évitées par la libération de la zone occipito-temporale. Les ulcères gastro-duodénaux chez les adultes se guérissent plus rapidement après correction de ce facteur étiologique » (23).

Effets pervers à distance

Lors de naissances longues, il est fréquent que les vertèbres cervicales, soumises à de fortes contraintes, aient tendance à de véritables télescopages avec dérapages les unes par rapport aux autres. Les torticolis engendrés ne sont pas rares, parfois accompagnés de pleurs. Dans le berceau, la tête du bébé reste alors en appui permanent sur le même côté, ce qui provoque des aplatissements asymétriques de l'arrière du crâne (ou *plagiocéphalies*) qui disparaissent rarement spontanément. Comme le chante Alain Souchon : « Allô, maman, bobo ! Maman comment tu m'as fait, j'suis pas beau ! » doivent se plaindre certains bébés si on comprenait leurs gazouillis. Heureusement, l'intervention précoce de mains entraînées permet d'éviter ces désagréments ou de les faire disparaître au plus vite.

Non corrigées, ces compressions cervicales et crâniennes, lorsqu'elles sont importantes, peuvent provoquer ultérieurement des scolioses, selon l'expérience d'autres ostéopathes célèbres, comme A. Cathie, D.O. : « Les scolioses vertébrales apparaissant pendant l'enfance et l'adolescence sont, dans de nombreux cas, la conséquence d'une déformation crânienne générée pendant la naissance » (23). Ce que confirme le docteur D. Feltesse, chef de département de la faculté Paris-Nord : « Le simple traumatisme de la naissance, qui vient comprimer les os au niveau du crâne, peut se répercuter sur le sacrum et entraîner un déséquilibre de la colonne vertébrale. Ce traumatisme peut être à l'origine de certaines scolioses » (24).

Lors du passage dans le bassin, le crâne peut se trouver comprimé latéralement et plus encore si des forceps ont été nécessaires. D'autres empreintes s'impriment alors. À l'avant de la tête, les sinus se verront resserrés, d'où une vascularisation restreinte, facteur de sinusites chroniques ultérieures. Plus en arrière, les trompes d'Eustache, ces petits conduits qui permettent l'aération de l'oreille moyenne, pourront être affectées. Les sérosités ne pouvant plus s'évacuer, le terrain des otites sera alors bien préparé.

Les malheurs de Jeff n'étaient donc pas le fait du hasard !

Souffrances

Si le bassin de la maman est « voilé » par suite de traumatismes antérieurs, le crâne du bébé pourra être modelé lors de son passage en force. La déformation qui en résultera rendra le visage légèrement asymétrique. Si elle se focalise à l'arrière d'une des orbites, le déséquilibre de la tension des muscles de l'œil provoquera un strabisme. Quant aux contraintes importantes appliquées sur les maxillaires, elles pourront être à l'origine de malformations des arcades dentaires, comme chez Jeff.

La tête d'un bébé double de volume dans les 6 premiers mois. Puis elle double encore durant les 4 premières années pour atteindre assez vite la dimension adulte. Parallèlement, l'ossification du crâne se poursuit. Aussi, les compressions éventuelles laissées par la naissance doivent-elles être atténuées précocement. « Facile entre 3 et 6 mois, l'intervention ostéopathique devient plus difficile entre 3 et 6 ans, mais reste possible », rappelle R. Solano, D.O., enseignant en ostéopathie (25).

Certaines de nos souffrances d'adultes (maux de tête, insomnies, douleurs d'estomac, problèmes de transit, difficultés de concentration, arthrose cervicale, déformations vertébrales, faiblesse de la vitalité, angoisses, peurs...) peuvent donc prendre leur source lors de naissances difficiles. Une enquête réalisée par D. Cheek, obstétricien à Chico (Californie), a montré que certains patients qui souffrent d'asthme ou d'emphysème avaient été au bord de l'asphyxie au moment de l'accouchement. Le professeur S.A. Mednick, directeur de l'Institut psychologique de Copenhague, a constaté que sur un groupe de 20 schizophrènes, 70 % avaient souffert lors de leur naissance ou dans leur vie utérine. Pour L. Salk, professeur de pédopsychiatrie, faculté de Cornell (États-Unis), il existe une relation entre le suicide de l'adolescent et la difficulté de leur venue au monde, relation corroborée par une étude suédoise.

Les rétractions post-traumatiques du périnée nuisent non seulement à la bonne sortie de la tête, mais aussi à l'extraction des épaules. Une de celles-ci peut rester engagée derrière la symphyse pubienne, ce qui obligera l'accoucheur à tirer fortement sur le cou. Des distensions, voire des arrachements du plexus brachial, c'est-à-dire de l'ensemble des nerfs qui se rendent au bras, ne sont pas rares. S'ensuivront parfois d'irréversibles paralysies. Ces regrettables départs dans la vie, engendrés par des naissances difficiles, peuvent ainsi être les conséquences de violentes bien qu'anciennes chutes de la maman sur son bassin, négligées par méconnaissance de leurs effets pervers.

Aussi toute future maman devrait-elle veiller à retrouver un bassin libre de toute trace de traumatisme.

Mais les misères que les petits êtres que nous sommes doivent parfois endurer ne s'arrêtent pas là…

Les avatars de bébé, suite…

Il suffit d'un instant d'inattention et le chérubin, qui jusqu'alors se laissait poudrer les fesses en toute quiétude, choisit le moment où la maman se retourne pour descendre par ses propres moyens ! Les dégâts immédiats résultant de tels chocs sont à peu près identiques à ceux qui découlent des secousses. Mais voyons plutôt ce qui peut advenir à plus long terme, lorsque, apparemment, ce n'était rien…

Premiers cas : la réception se fait sur l'arrière de la tête. Lors de la chute, un mouvement de cisaille se produit entre le crâne et les premières vertèbres cervicales. La *dure-mère*, cette membrane dont nous avons déjà parlé, est très fortement adhérente aux parois internes de ces éléments osseux. Constituée de tissu conjonctif, une rétraction réflexe s'y produira. Elle protège l'axe neurologique cérébro-rachidien, lui-même étroitement ceint par une autre enveloppe : la *pie-mère.*

L'arachnoïde, sorte de résille en forme de toile d'araignée, d'où son nom, relie ces deux feuillets. Des constatations qui découlent de la pratique laissent supposer que cette membrane pourrait également se rétracter et transmettre des tensions au segment intermédiaire entre le cerveau et la moelle épinière : le *bulbe rachidien.*

À l'intérieur de celui-ci sont situés des centres nerveux très importants : le centre respiratoire, la *substance réticulée* qui commande notre activité de la veille au sommeil, etc. Les tensions engendrées par le choc pourront affecter le bon fonctionnement de ces centres nerveux. Les chutes sur l'arrière du crâne provoquent fréquemment, chez les jeunes enfants mais aussi chez les adultes, des insomnies rebelles assorties d'agitations incessantes (*hyperkinésies*), voire des oppressions respiratoires spectaculaires. La sécrétion de médiateurs chimiques tels la *sérotonine* se trouve modifiée.

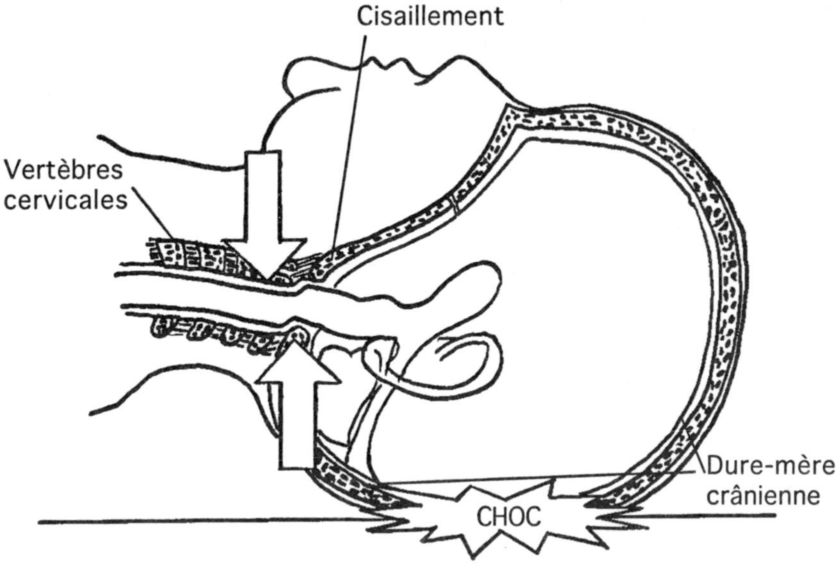

FIG. 16 CHUTE SUR L'ARRIÈRE DU CRÂNE

Lors d'impacts postéro-latéraux, peuvent survenir des céphalées importantes et des troubles de l'équilibration tels les vertiges dont souffrait Rebecca mais aussi des troubles de la vision ou des torticolis. Découvreur des mouvements possibles des os crâniens, W.G. Sutherland, D.O., a souvent affirmé que les migraines disparaissent toujours *si* les os temporaux peuvent être complètement libérés. « Un grand "si", ajoutait H.I. Magoun, D.O., étant donné les multiples traumatismes qui peuvent toucher cette région. Mon expérience personnelle est convaincante : une chute sur le verglas pendant l'enfance, touchant la région occipito-mastoïdienne, 40 ans de souffrance, puis la guérison complète par la correction de la fixation temporo-occipitale convaincront les plus sceptiques » (26).

Une autre conséquence, heureusement assez rare, de ces trop fréquentes chutes de tables à langer, est l'hématome cérébral. Lors du contact brutal avec le sol, le crâne du bébé va se déformer légèrement en fonction de l'élasticité osseuse. Tandis que sa trajectoire est brusquement stoppée, à l'intérieur la masse cérébrale va poursuivre la sienne et va se comprimer contre la paroi. Les liens qui l'attachent à la boîte crânienne vont donc être sollicités au maximum de leurs possibilités. Et le plus fragile, *l'artère méningée moyenne*, peut se rompre. Aussi est-il préférable de consulter sans attendre l'apparition de signes évocateurs tels des pleurs incessants, une raideur de la nuque ou la perte de conscience.

Mais le mieux ne serait-il pas de prendre toutes les précautions pour éviter ce genre d'accident ? Disposer préalablement tous les accessoires dont on peut avoir besoin, à portée de main, évite d'avoir à quitter le bébé des yeux. Dans les services d'urgence, la majorité des nourrissons hospitalisés pour traumatismes crâniens sont tombés soit d'une table à langer, soit d'une chaise haute, soit d'un landau.

Deuxième possibilité : le bébé tombe sur la face. Les petits os du nez, dont celui appelé *ethmoïde*, s'encastrent violemment dans le crâne. Uniquement constitué de fines lamelles, cet os est d'une grande fragilité. Cette région sera le siège d'une rétraction réflexe qui entravera l'aération des sinus et perturbera la vascularisation. Une congestion sanguine ainsi qu'une irritation entraîneront la sécrétion de mucosités, comme chez Jeff. La partie supérieure de cet os, percée de très nombreux petits trous, est nommée la *lame criblée*. Ses orifices permettent le passage des rameaux du nerf olfactif.

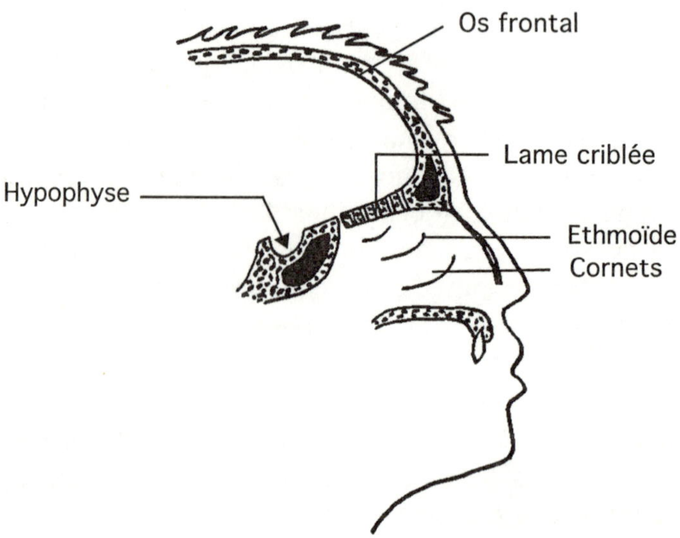

FIG.17 NEZ VU EN COUPE

Leurs strictions, sous l'effet de la fibrose tissulaire, pourront ne survenir que des années plus tard. Elles provoqueront une hypersensibilité des terminaisons nerveuses, génératrice de salves d'éternuements au moindre contact de particules banales, normalement non irritantes, telles que les poussières de maisons, les graminées ou les poils de chats. Ceci d'autant plus qu'une perturbation de la sécrétion d'histamine n'est pas rare après les traumas crâniens.

Si l'impact a lieu sur le front, la perturbation provoquée par l'onde de choc ainsi que la rétraction réactionnelle pourront perturber les structures neurologiques sous-jacentes. En particulier les *zones d'association* qui permettent de coordonner et de rassembler nos idées, autrement dit de cogiter normalement. D'où d'incompréhensibles retards scolaires chez certains enfants, même issus de parents surdoués. L'initiative, la volonté pourraient également s'en trouver affectées. Le professeur A. Damasio, neurobiologiste de l'université de l'Iowa, a montré que des enfants ayant subi de sérieux traumatismes au niveau frontal dans les premiers mois de leur vie ont manifesté à l'adolescence des troubles importants du comportement : mensonge, incapacité à ressentir la moindre culpabilité, amoralité, agressivité…

Chez les enfants, et même chez les adultes, les multiples chocs peuvent être atténués par une homéopathie adaptée.

HOMÉOPRATIQUE

Après tout choc, le remède universel est le classique *Arnica*. D'autres sont plus spécifiques, selon la localisation ou le type de traumatisme :

- Sur les fesses, le coccyx, le périnée ou les parties génitales : *Bellis pérennis*. C'est la pâquerette des champs. La nature fournit ainsi la plante qui permet de remédier aux chutes dans la campagne. Mais inutile d'essayer *béton* ou *asphalte* pour les chutes en ville !
- Sur le dos ou la poitrine : *Conium*.
- Sur la tête : *Cicuta*.
- Les conséquences des compressions de naissances sont bien atténuées avec *Zizyphus* (jujubier).

• Après *whiplash* ou coups du lapin, chutes de tables à langer : *Echinacea.*
• Chocs sur le nez : *Sulfuric acid.*
• Si saignement : *Phosphorus.*
• Traumatismes oculaires : *Ledum.*
• Naissance avec ventouse ou épisiotomie, ecchymoses : *Calendula.*
• Étirement d'un plexus nerveux : *Hypericum.*
• Effort lombaire, lumbago, entorse : *Ruta.*
Les dilutions et la durée de la prise varieront selon l'intensité et l'ancienneté du traumatisme. De 7 CH une ou deux fois par jour, pendant 48 heures. pour un choc local récent assez bénin à 30 CH pendant une plus longue période, pour atténuer les séquelles d'accidents anciens et importants. La consultation d'un homéopathe qualifié n'est jamais superflue.

Bien qu'à partir de la onzième dilution centésimale les granules ne renferment plus de molécules, « ils sont encore actives comme l'expérimentation scientifique l'a démontré », rappelle le professeur M. Bastide de l'université de Montpellier (27). Vraisemblablement parce que ces dilutions transportent, non pas une matière chimique, mais une fréquence vibratoire particulière. J.-M. Pelt, professeur de biologie et de pharmacologie à l'université de Metz, ajoute : « L'argument selon lequel l'homéopathie n'agirait que par un effet placebo est désormais irrecevable au vu des multiples expérimentations *in vitro* et *in vivo* dont elle a fait l'objet... Ce serait un singulier dévoiement de la démarche scientifique que de nier des faits sous prétexte qu'aucune théorie entièrement satisfaisante ne permet encore de les expliquer pleinement » (28).

L'histoire de Jeff

Ainsi que nous l'avons vu, ses conditions de naissance s'étaient avérées difficiles et des forceps avaient dû être posés. Puis, à l'âge de 1 an, il était tombé d'une table à langer, sur la face. Sa nuque présentait d'importants cisaillements au niveau de la jonction avec le crâne.

Sa tête gardait les empreintes de la compression occasionnée par la naissance et aggravée par les forceps. La partie antérieure du crâne était fortement resserrée, déformant les arcades maxillaires et restreignant la micro-circulation au niveau des cavités aériennes du crâne nommées sinus et des muqueuses des fosses nasales. Ce qui entraînait une moindre défense antimicrobienne de cette région. Cependant, la pression sanguine, poussée par la pompe cardiaque, était suffisante pour faire passer le sang artériel à travers les rétractions. Mais le sang veineux et la lymphe ne pouvaient convenablement s'évacuer. La muqueuse n'avait donc d'autres possibilités que de se développer pour absorber l'excès de sang, ce qui contribuait à la formation des polypes avec la perturbation du dysfonctionnement métabolique général.

Les tensions crâniennes de Jeff auraient fort bien pu être atténuées par la seule action externe de mains entraînées. Mais pour ce jeune homme qui toute sa vie avait subi les effets du sort, ce n'était pas la meilleure méthode. Il était préférable qu'il participe aussi à sa sortie d'affaire.

La première étape fut la prise de conscience des rétractions enregistrées dans ses tissus. La diminution progressive des tensions normales du corps, par la relaxation, permet de mettre en évidence celles qui sont plus intenses, donc anormales. Il devient alors possible de les détendre mentalement à leur tour. En d'autres termes de modifier leur mode de fonctionnement.

Exactement de la même manière dont on apprend à écrire, dessiner, parler, chanter, skier, jouer au tennis ou au golf... il est possible de s'entraîner à programmer différemment les tensions internes. En remplaçant par des informations répétées de détente celles de stress post-traumatiques qui régissaient, jusqu'alors, le renouvellement cellulaire.

UN MOMENT DE DÉTENTE

• Tout d'abord, relâchez vos tensions musculaires. Pour cela il est préférable de s'étendre dans un lieu calme. Par la suite, cet entraînement peut se faire assis, dans un bureau par exemple.

• Fermez les yeux. Pénétrez à l'intérieur de vous en accompagnant l'air qui passe par les fosses nasales, la trachée-artère, les bronches, bronchioles et alvéoles pulmonaires. Observez le gonflement et le dégonflement de la respiration… son amplitude… son rythme… sa régularité… son énergie… sa symétrie… sa localisation, là où elle se fait plus facilement. Percevez-en également les freins, les zones qui brident cette ampliation pulmonaire, qui l'empêchent d'être aussi libre et énergétique qu'elle pourrait l'être.
• À chaque expiration, détendez un peu plus cette respiration en commençant par les zones qui semblent les plus faciles. Ensuite, étendez la décontraction vers les autres régions du corps… Continuez ce voyage à l'intérieur de vous-même à la poursuite du bien-être… des vacances intérieures.
• Certaines parties sembleront faciles à relâcher. D'autres, au contraire, apparaîtront particulièrement denses, tendues, rétractées. Si vous avez le souvenir d'un traumatisme récent à un endroit, vous percevrez ainsi la rétraction réflexe qui s'y est installée.
• En vous projetant mentalement dans cette zone dense, détendez-la intérieurement en vous aidant toujours de votre respiration.
• Recommencez chaque jour jusqu'à sensation d'un bien-être complet. Ce qui peut demander plusieurs jours, semaines ou mois si le traumatisme est très ancien. Ceci quotidiennement, sans jamais forcer et jusqu'à la récupération la plus totale possible.

Au fur et à mesure où Jeff affina sa perception, il ressentit, de plus en plus nettement, l'intensité de ses tensions tissulaires internes, dans les zones de son corps autrefois traumatisées. Lors de ses plongées en lui-même, ce jeune homme se retrouva souvent face à des douleurs profondes, séquelles des souffrances que ses cellules avaient enregistrées ; mais il apprit progressivement à les détendre, les calmer, les dominer, les maîtriser. Peu à peu, il eut la perception qu'il arrivait à séparer très légèrement ses vertèbres, pourtant fortement serrées les unes contre les autres. Puis, ce petit relâchement obtenu, il se laissa entraîner vers d'autres parties du corps qui, elles aussi, ne demandaient qu'à se détendre.

Les premières sensations obtenues, lors de ces petits tours du propriétaire, furent d'agréables détentes générales. Puis, l'atténuation progressive de ses rétractions ramena chez Jeff un meilleur sommeil et, en libérant les fibres du pneumogastrique, permit un meilleur fonctionnement de l'estomac et des poumons. D'où une assimilation facilitée, une respiration amplifiée et un métabolisme amélioré.

La décompression des tensions crâniennes de ce jeune homme dura près de deux années. Si, hélas, elle n'a pas été suffisamment précoce pour modifier les déformations crâniennes qui sont restées marquées, elle lui a néanmoins permis de retrouver une toute autre vitalité. Dans le corps de Jeff, l'énergie était toujours là. Comme dans un torrent obstrué par un éboulement, il a suffi d'enlever un à un les obstacles, méthodiquement, pour que la vie reprenne son cours.

Petits ennuis

Grâce à ses qualités d'intelligence et d'organisation, Ingrid a pu accéder à de hautes fonctions dans son entreprise. Peut-être aurait-elle pu monter plus encore si elle n'était gênée par de multiples ennuis.

Par exemple, elle ne peut pas tenir assise très longtemps. « Au bout d'une demi-heure, une brûlure envahit mon bassin et m'oblige à bouger tellement je souffre ! Lorsque je suis à mon bureau, je peux me lever et marcher quelques pas. Mais durant les réunions de direction cela devient intolérable, malgré tous mes efforts pour ne pas me dandiner sur ma chaise. » Autre inconvénient fort désagréable, sa vessie donne des signes de faiblesse. Dès qu'elle marche ou si elle veut courir un peu, pour attraper un bus par exemple, c'est la fuite assurée. Heureusement, une rééducation vésicale a légèrement amélioré la situation : « À présent, je me contrôle un peu mieux, mais cela reste insuffisant, notamment quand je tousse », regrette-t-elle. Ce qui pose problème lorsqu'elle doit se déplacer pour son travail.

Ingrid vit seule depuis que son mari l'a quittée. Ils s'entendaient très bien, mais elle n'a jamais pu supporter les rapports sexuels qui la faisaient horriblement souffrir. Ils avaient pourtant tout essayé, lui la douceur la plus extrême, elle d'innombrables séances de psychothérapie. En femme d'affaires pour qui la réussite est avant tout professionnelle, elle avoue que, durant quelques années, cette impossibilité de contact physique est souvent difficile à vivre. D'autant plus que cette pulpeuse blonde se sait jolie femme malgré le port de lunettes aux verres très épais. Aussi ne cache-t-elle pas qu'elle est souvent sollicitée. Ce qui n'étonne pas lorsqu'on la suit pendant quelques pas, sa démarche chaloupée se révélant assurément attractive.

Mais, pour un œil exercé à des observations plus fonctionnelles bien qu'anatomiques, ce déhanchement curieusement asymétrique indique son côté involontaire. L'ondulation de ses hanches roule en effet autour de points pivots qui trahissent indubitablement leurs origines traumatiques. Ce qui montre que les séquelles de chocs ne sont pas toujours que négatives, elles ajoutent aussi parfois, quoique involontairement, au charme.

Le passé sportif de cette femme d'affaires va nous permettre de comprendre les multiples petits ennuis qui perturbent sa vie.

Chutes sur les fesses

Durant son adolescence, Ingrid, alors très douée pour s'envoyer en hauteur, ne manquait jamais une occasion de s'entraîner. Les rues de son quartier complétaient souvent le gymnase scolaire et elle aimait y défier les garçons. Une simple corde tendue entre deux arbres faisait l'affaire. Bien évidemment il leur arrivait souvent de tomber sur leur séant et la réception sur le macadam des trottoirs était parfois rude.

Observons d'autres conséquences possibles de traumatismes sur cette partie charnue de notre anatomie.

Chez la femme, le bassin est généralement plus large que chez l'homme. Le coccyx, ce petit os triangulaire qui termine la colonne vertébrale, devient plus vulnérable, malgré les agréables rondeurs dont la nature a, parfois, doté les dames. Les Brésiliennes n'hésitent pas, paraît-il, à se rendre plus callipyges encore, grâce à des prothèses. Est-ce parce qu'elles tombent souvent sur leurs charmants attributs qu'elles les qualifient de « boum-boum » ? Le but de ce livre n'est pas de lever le voile sur ce sujet, certes fort intéressant, mais sur les suites.

Écrasé entre le sacrum et le sol, il n'est pas rare que le coccyx se fracture. Soumis à des contraintes violentes de compression en flexion, les ligaments qui l'unissent au sacrum sont alors souvent déchirés, provoquant des douleurs pénibles en position assise. Si, par suite d'un rembourrage fessier conséquent, il échappe à la fracture, les muscles traumatisés lors du choc se rétractent et le maintiennent en position de flexion.

Sur ce petit os s'insère l'extrémité terminale d'une membrane très épaisse qui entoure la moelle épinière et le cerveau en tapissant l'intérieur de la boîte crânienne : la « dure-mère ». La flexion exagérée du coccyx va engendrer une tension importante dans cette membrane. Ce qui aura pour effet d'augmenter la compression des disques tassés. Comme une corde tendue, cette dure-mère va devenir le principal vecteur d'un phénomène qui va parcourir la colonne vertébrale : *l'onde de choc.*

Et conséquences...

Engendrée par des traumatismes percutants directs (chutes, chocs, coups...) ou indirects (explosions et autres *blast-injury*), cette onde de choc propage, par les structures solides ou liquides, les effets pervers du traumatisme aux confins du corps. Analogue à une forte secousse, parfois à un véritable petit séisme interne, elle va ébranler les éléments les plus fragiles de l'organisme. Les organes pleins – foie, rate, cerveau – y sont les plus sensibles mais aussi les vaisseaux, où des surpressions vont apparaître.

Si elle est violente, des lésions viscérales (sidération, éclatement, etc.), neurologiques (K.-O. du boxeur, séquelles des traumas crâniens par exemple) ou vasculaires pourront en découler, immédiatement ou des années plus tard ! Tel l'hématome « sous-dural » (situé sous la dure-mère, au niveau du crâne) : « Rarement précoce, le plus souvent tardif (quelques semaines), parfois très tardif (quelques mois ou années)... Le traumatisme initial est parfois minime et souvent passé inaperçu ou oublié s'il est ancien. Il peut s'agir d'un traumatisme par contrecoup (chute sur les fesses...) », avertissent les professeurs Perlemuter et A. Cénac des Hôpitaux de Paris (29). Maux de tête, dilatation de la pupille, confusion mentale, troubles de la parole, pertes de conscience en constituent les premiers signes. L'hospitalisation en urgence s'impose alors.

En cas de choc important et répétitif (fortes secousses, trépidations ou cahots violents, chutes en cascades, etc.), l'onde de choc peut se réfléchir sur la voûte crânienne, et redescendre. Comme la garde dans *Carmen*, la descendante va rencontrer la montante. Ces ondes vont alors se heurter, soit en *concordance de phase*, c'est-à-dire en additionnant localement leurs amplitudes, soit en *opposition de phase* et provoquer des phénomènes de cavitation. En langage clair, des lésions structurelles ou organiques pourront apparaître, chez les personnes préalablement fragilisées.

Lors de la chute, les disques intervertébraux lombaires vont se tasser violemment, de manière rarement symétrique. Ces distorsions peuvent irriter des racines nerveuses qui conduisent l'influx vers la partie interne de la cuisse ou le périnée. Sous le choc, les articulations sacro-iliaques seront soumises à un mouvement de cisaille. Devant celles-ci, enveloppées dans les aponévroses, passent les veines qui remontent le sang des jambes.

Les rétractions réflexes de ces membranes rétréciront le diamètre de ces vaisseaux, d'où l'apparition ultérieure de cellulite, de varices. Des petits filets nerveux qui se dirigent vers les organes génitaux et la vessie pourront aussi se trouver enserrés dans ces fibres membraneuses au niveau du plexus sacré. Les irritations qui en résulteront pourront engendrer, souvent bien des années plus tard : douleurs lors des rapports sexuels, brûlures du périnée, incontinences urinaires... comme dans le cas d'Ingrid.

À l'intérieur du corps, nos organes vont subir les effets de la secousse. L'énergie cinétique, cette force qui va les attirer brutalement vers le bas, distendra parfois fortement les ligaments qui les suspendent. Et les rétractions sous-jacentes consécutives aux chocs verrouillent ensuite la position. Il n'est pas rare qu'un rein se retrouve ainsi comme bloqué à l'étage inférieur. Ces descentes d'organes ou *ptôses* sont fréquemment génératrices de fatigues chroniques ou de cystites à répétition sans présence de germes. Cependant, même chez les Brésiliennes, ces « chutes de reins » ne sont pas visibles de l'extérieur. Mais des mains entraînées les sentent fort bien et peuvent remédier à la situation, ce qui apporte aussitôt la cessation durable des crises. Ceci, chacun peut se le faire, il suffit d'apprendre...

Libérée par la danse

En femme d'affaires habituée à ce qu'on lui obéisse, Ingrid, après avoir pris conscience des séquelles laissées dans son corps par les chutes qu'elle avait subies, s'employa à remettre de l'ordre dans sa société cellulaire. Repositionnement spontané, *muscle energy*, relaxation profonde, prise de conscience de la statique furent tour à tour utilisés avec profit.

Elle apprit également à écouter son corps. À le laisser bouger, non comme le travail l'exigeait, mais comme ses cellules encore fragiles en avaient envie. Debout, telle une anémone de mer qui se laisse aller au gré des courants, elle laissait sa tête et ses bras osciller tout doucement et légèrement dans l'espace. Au fil des semaines, aidée d'un fond de musique douce, elle improvisait ainsi de véritables – et très agréables – danses spontanées. S'étirant ou se repliant sur elle-même, elle évoluait sans avoir d'autre guide que ses sensations internes de bien-être. Ce n'était pas son cerveau qui lui commandait d'élever un bras ou de lancer sa jambe dans l'espace, mais son corps tout entier qui s'exprimait dans un ballet magique. Jamais aucun geste n'était forcé ou ne dépassait ses propres possibilités. Une variante de cette technique de *déroulement des fascias* permet également de se dégager des empreintes laissées par les stress.

Après avoir ainsi libéré son corps des traces des rapports conflictuels entre ses parties charnues et le dur bitume des trottoirs de son quartier, Ingrid vit avec plaisir ses contacts humains intimes devenir considérablement plus agréables. Les brûlures du périnée s'atténuèrent progressivement puis disparurent, ainsi que les douleurs lombaires.

Là encore, bien que paraissant spectaculaire après coup, cette renaissance de la vitalité nécessita cependant plus d'une année.

Ensuite, ayant également retrouvé un plus grand tonus, tant sur le plan général que vésical, cette femme put poursuivre son ascension vers les cimes de son entreprise.

Si ses maux de tête ont également disparu, sa vision est cependant restée déficitaire, quoique améliorée suffisamment pour qu'elle puisse à présent porter des verres de contact. Si elle s'en donne le temps, cette femme d'affaires pourra peut-être faire mieux. De nombreux livres indiquent comment améliorer sa vision (31). Ainsi que le rappelle Ingrid : « Je ne suis pas née myope, ma vue était parfaitement normale jusqu'à l'âge de douze ans. Auparavant j'ignorais également ce qu'étaient les céphalées. » Que s'était-il donc passé dans les mois précédents ?

Coup de coude

Lors d'un jeu, Ingrid avait reçu un très violent coup de coude à la jonction du nez et du front. Des difficultés de vision s'étaient manifestées dans les semaines qui suivirent et la myopie fut diagnostiquée quelques mois après.

Observons en transparence les conséquences du coup reçu par Ingrid, alors adolescente. La rétraction aponévrotique, qui s'est installée autour de la zone d'impact et sur tout le trajet de l'onde de choc, a légèrement aspiré les tissus péri-oculaires, les *ligaments palpébraux*. Sous cette traction, l'œil, retenu en arrière par la *capsule de Tenon*, s'est imperceptiblement allongé suivant son axe antéropostérieur. L'image qui, normalement, se projette sur la rétine, se forme désormais en avant de celle-ci, constituant ainsi la myopie.

Profitons du coup d'œil pour regarder entre la base du crâne d'Ingrid et sa première cervicale, et constater que le choc s'est répercuté jusqu'à ce niveau. Le cisaillement, mémorisé dans les tissus, irrite différents éléments vasculaires, comme l'artère vertébrale qui, à cet endroit, s'incurve avant de pénétrer dans le crâne. Mais aussi des filets nerveux tel le nerf *d'Arnold,* lequel n'a rien à voir avec Schwarzenegger, si ce n'est que les maux de tête provoqués peuvent eux aussi, comme chez Ingrid, être très forts. Le sport, surtout lorsqu'il est pratiqué brutalement, peut aussi être source d'accidents.

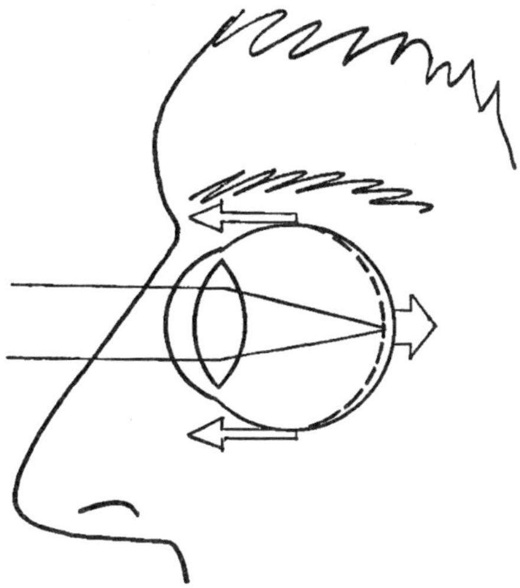

FIG. 18 MYOPIE

LES ACCIDENTS DU SPORT EN FRANCE

Le sport est la première cause de blessures chez les jeunes. Le nombre de décès a doublé depuis les années 1980. Durant cette période l'attrait pour les activités à risque a considérablement augmenté : saut de falaise, canyoning, parapente…
L'enquête « Accidents de la vie courante » permet d'estimer à environ 382 000 le nombre d'accidents de sports des 10 à 24 ans, dont 50 000 ont nécessité une hospitalisation. À titre de comparaison, les accidents de la circulation routière ont provoqué, pour la même tranche d'âge, 62 000 victimes en 1999. Les accidents de sports représentent 44 % des incidents de la vie courante.
Selon l'étude du professeur F. Frauscher, orthopédiste à l'hôpital d'Innsbrück, 96 % des pratiquants assidus de VTT présenteraient des séquelles de traumatismes au niveau du périnée. En ce qui concerne le roller, 65 % des accidentés ne portaient aucune protection…
Apparemment, quelques précautions s'imposent…

Et ceci ne concerne que les accidents officiellement pris en compte. « Au cours de nombreux jeux, de sports plus violents et de certains exercices énergiques de gymnastique, les enfants subissent diverses blessures. Si la blessure est assez grave pour nécessiter une hospitalisation, l'enfant va recevoir des soins adéquats. Mais qu'en est-il des blessures qui sont apparemment si légères que l'enfant, à cause de son désir de continuer, convainc les autres qu'il n'a rien ? » rappelait B. E. Arbuckle, professeur d'ostéopathie à Philadelphie, qui poursuivait : « Les tensions artificielles qui se produisent viennent s'ajouter à celles qui existent déjà et sont accentuées en raison des contraintes de la vie quotidienne. Ceci jusqu'à ce que des mois voire des années plus tard, des symptômes apparaissent lentement et se développent » (32).

S'il n'est jamais trop tard pour tenter de se dégager des empreintes du passé, il est de loin préférable d'intervenir le plus précocement possible. Conjointement aux visites médicales scolaires, chaque enfant ne devrait-il pas faire l'objet d'une surveillance ostéopathique ? Loin d'être une dépense supplémentaire, ce dépistage précoce permettrait ultérieurement de substantielles économies des frais dits de santé, donc une réduction des prélèvements sociaux. Et éviterait surtout bien des souffrances…

Chutes et chocs

Âgé de 75 ans, Richard ne peut plus marcher qu'avec peine. À la radio, son genou droit apparaît complètement détérioré, les cartilages usés.

Adolescent, il avait fait, lors d'une chute d'un arbre, une mauvaise réception au sol. Ce n'était apparemment rien mais par la suite une gêne s'était installée qui l'avait empêché de pratiquer toute activité sportive. Bien qu'il ait le plus possible ménagé son articulation douloureuse, en reportant le maximum du poids du corps sur l'autre jambe, il n'avait pu éviter sa détérioration insidieuse. Ni de l'autre genou d'ailleurs, surchargé prématurément. La réduction d'activité, jointe à de tout petits, mais peut-être trop répétés, excès de table, lui avait amené un embompoint qui n'avait rien arrangé.

Sonia, bien qu'elle n'ait pas encore 50 ans, présente une angulation bien visible de sa jambe, par rapport à l'axe de la cuisse. Bien évidemment son genou est douloureux et ses activités sont très réduites. Et la radio montre une importante déminéralisation osseuse de l'articulation.

Au lycée, lors d'un saut en gymnastique, elle s'était violemment tordu le genou. Une entorse grave ayant été diagnostiquée, elle avait dû subir une intervention chirurgicale. Mais, la mémoire de la torsion, étant restée dans ses tissus, avait fait insidieusement son œuvre destructrice...

Carlos, à quarante ans passés, souffrait de migraines lancinantes qui lui gâchaient la vie. En dépit des médicaments les plus forts, il était souvent contraint de s'aliter tellement il était mal...

Enfant, son père s'amusait à le mettre sur ses épaules et, le prenant par la taille, le faisait plonger entre ses jambes. Jusqu'au jour où Carlos lui a échappé et s'est violemment heurté le front contre le sol...

Lorsqu'il réussit à se libérer de ses maux de tête, il récupéra tellement d'énergie que sa secrétaire n'arrivait plus à le suivre !

Alors que, pour se donner un peu d'exercice, Sandra effectuait un peu de footing, elle ressentit une violente douleur derrière sa cheville, si intense qu'elle fut clouée sur place, incapable d'avancer. Son tendon d'Achille venait de se rompre. Bien que réparé chirurgicalement, une forte gêne à la marche persistait.

En réalité, son pied gardait la mémoire de différents traumatismes : entorses, coups sur le mollet, mauvaises réceptions de sauts de grande hauteur... Ces rétractions diverses et asymétriques induisaient un véritable cisaillement au niveau de son tendon. Dès qu'elles furent déprogrammées des tissus, le réalignement correct des fibres musculo-tendineuses permit une récupération rapide.

Depuis l'adolescence, une douleur tenace vrillait le milieu du dos d'Alex, le gênant pour respirer. Heureusement, il avait trouvé un bon chiro qui réussissait à le dégager. Toutefois, au fil des années, il avait dû consulter ce praticien de plus en plus fréquemment car la sédation procurée était de moins en moins longue. Et depuis quelques mois, non seulement il n'éprouvait plus de soulagement, mais il avait l'impression que ces séances l'aggravaient plus encore.

Vu de dos, sa colonne vertébrale montrait bien ce petit décalage vers la droite d'une vertèbre. Comment un praticien aussi expérimenté n'avait-il pas réussi, en tant d'années, à la lui « remettre » complètement « en place » ?

Les tensions qui déséquilibraient les niveaux sus et sous-jacents à ce décalage provenaient de la hanche gauche et de l'épaule gauche, conséquences d'anciennes chutes de moto sur ce côté. Mais le dérapage vers la droite de la vertèbre qui ne tenait jamais semblait comme aspiré par des rétractions tissulaires qui, par l'intermédiaire des nappes aponévrotiques, conduisaient vers le poignet droit, lui aussi siège d'un très ancien et violent traumatisme.

La libération de ces diverses tensions libéra le cisaillement douloureux et la colonne retrouva désormais un alignement correct. Et Alex n'eut plus jamais besoin de manipulations.

Pour éviter les traumatismes, il est aussi très important d'apprendre à se protéger. Des malheurs pourraient être évités…

Chutes et glissades

Les glissades ne sont pas toutes dues à la neige ou au verglas. Ainsi les innombrables chutes dues aux déjections canines qui encombrent les trottoirs de certains pays. Comme la France qui arrive, paraît-il, dans le peloton de tête. Si certaines ne se soldent que par des meurtrissures fessières et des vêtements souillés, elles sont aussi à l'origine d'entorses, de fractures et même de décès lorsque la tête de la victime rencontre l'angle acéré d'une marche ou d'un trottoir.

Ces drames pourraient être évités. Il suffirait que les charmants propriétaires des adorables toutous, au lieu de laisser faire, le regard dans le vague ou fixé sur la ligne bleue des Vosges, adoptent le même comportement de propreté qu'ils doivent avoir dans leurs intérieurs… On l'espère pour eux !

LES CHUTES EN FRANCE

Les chutes provoquent en France 9 000 décès par an, soit un nombre de morts équivalent à ceux provoqués par les accidents de la route. On estime qu'une personne de plus de 65 ans sur trois tombe au moins une fois par an. Près de 10 % des chutes entraînent des fractures dont 40 000 par an concernent le fémur. Plus de 50 % ont lieu à domicile. Les chutes sont responsables de 7 % des motifs d'hospitalisation de tous âges pour une durée moyenne de 3 semaines... Dont plusieurs milliers dues à des glissades malencontreuses sur des déjections canines !

Les conséquences des chutes sont lourdes, tant par les handicaps parfois irréversibles qu'elles entraînent que par leur coût social. En effet, par le biais des prélèvements sociaux, elles entraînent aussi la chute...des revenus !

Pour minimiser les conséquences des chutes, il est utile d'apprendre à tomber. Évidemment ce n'est pas à 75 ans qu'on acquiert les meilleurs réflexes, bien qu'il ne soit jamais trop tard pour apprendre. L'apprentissage des chutes devrait se faire dès la prime enfance, et être entretenu au même titre que la forme physique, durant toute notre vie.

En effet, lorsqu'il nous arrive de tomber en arrière, nous avons tendance à nous cambrer en arc de cercle et nous en avons vu les possibles conséquences. De même, lors de chutes latérales ou vers l'avant, nous tendons instinctivement la main vers le sol pour nous protéger, ce qui est la meilleure solution... pour se fracturer le poignet et heurter ensuite violemment la tête sur le sol ! Savoir tomber s'apprend. Il faut mettre en place des réflexes d'amortissement, d'enroulement, de flexion et de protection. À défaut d'avoir reçu cet apprentissage lors de cours d'éducation physique, différentes formations dispensées par des kinésithérapeutes spécialisés en prévention sont à notre disposition. De nombreux sports ou jeux augmentent considérablement les risques de chutes violentes. Certains, comme les arts martiaux ou le parachutisme, exigent, lors de leur pratique, l'apprentissage préalable des chutes. Pourquoi n'en serait-il pas de même pour le patinage sur glace, le roller ou autres skates ?

Le corollaire de l'apprentissage des chutes est de savoir se relever. Ce qui semble une boutade quand nous sommes jeunes devient moins évident pour nos anciens. Il n'est pas rare que des personnes seules et âgées restent, chez elles, immobilisées des journées entières après une chute, *a fortiori* quand elles se sont fracturé un membre.

Quel médecin, quel kinésithérapeute n'a pas vu dans sa clientèle des patients qui ne savent pas se retourner lorsqu'ils sont couchés sur le dos et qui, tels des scarabées, agitent vainement leurs membres dans l'espace ? Le contrôle de ce réflexe de sauvegarde ne devrait-il pas faire partie de tout examen annuel de prévention de la santé ?

Il est donc nécessaire de tout mettre en œuvre pour prévenir et minimiser les conséquences des chutes.

ÉVITER LES CHUTES :

– Ne pas déposer sur le sol des déchets, objets ou immondices pouvant provoquer des glissades.
– Signaler ou reboucher les trous effectués (chemins, mais aussi allées, jardins ou plages).
– Prendre garde à notre environnement : l'éclairage, par exemple, joue un rôle non négligeable.
– Ne pas utiliser des tabourets ou des chaises qui peuvent basculer ou se briser. Vérifier la stabilité des escabeaux et des échelles.
– Se méfier des différences de niveaux du sol et des obstacles tels que tapis, moquettes décollées, fils électriques, dalles disjointes…
– Porter des chaussures aux semelles antidérapantes. Éviter les mules ou les pantoufles ouvertes.
– Attention aux sols glissants et escaliers cirés, tout particulièrement chez les championnes toutes catégories de la brosse à reluire !
– Installer des barrières de protection en haut des escaliers pour les jeunes enfants.

– Utiliser des tables à langer munies de rebords et de ceinture Velcro. Mais surtout prendre soin de préparer préalablement tous les accessoires nécessaires au change. Ils doivent être à portée de main pour ne pas quitter le bébé des yeux ne serait-ce qu'une seconde, ils sont vifs, les petits bougres !

Les chutes représentent 50 % des traumatismes, lésions provoquées par des causes externes, le plus souvent mécaniques. Ainsi que nous l'avons vu, ils peuvent être directs : chutes, chocs, coups, compressions, efforts, écrasements, torsions, cisaillements, distensions, trépidations. Ou indirects : coups du lapin, souffles d'explosions, accidents de plongée... Ces chocs peuvent être isolés ou multiples et d'intensités variables.

Et les minichocs ?

Les microtraumatismes s'avèrent également nocifs par les irritations provoquées, dès lors qu'ils sont très fréquents.

Les mouvements répétitifs sont en effet mémorisés dans notre corps. Ils entraînent une fatigue accrue dans les mêmes muscles par engorgement d'acide lactique. Asphyxiés, ceux-ci deviennent vite très douloureux. La souffrance amène la formation d'une rétraction réflexe. Si elle persiste trop longtemps, elle laissera aussi une empreinte.

Des pathologies liées aux mouvements répétitifs se rencontrent de plus en plus souvent sur les chaînes industrielles et agro-alimentaires. (Certains abattoirs de volailles, par exemple, imposent à leurs ouvriers des cadences de plus de 3 000 coups de hachoirs par heure.) S'y ajoutent les vibrations et microtraumatismes engendrés par les chocs. Un bureau ou un ordinateur mal placé, en obligeant la personne qui travaille à des mouvements toujours asymétriques, est également nocif à long terme.

Les *tennis-elbows*, les syndromes du canal carpien... peuvent aussi résulter de ces répétitions. Les tendinites des adducteurs sont fréquentes chez les footballeurs, tout comme les douleurs du tendon d'Achille chez les ex-champions de saut en hauteur. Lesquelles peuvent se compliquer de sciatiques... qui persistent tant que les rétractions consécutives aux microtraumatismes n'auront pas été déprogrammées ! Depuis longtemps les sportifs ont compris la nécessité d'une surveillance attentive par des praticiens aux mains entraînées.

LES PETITES BÊTES AUSSI

Les huîtres, qui pourtant sont habituées aux chocs répétés des vagues, ne supportent pas d'être secouées et 75 % d'entre elles meurent alors prématurément. Elles génèrent aussi d'importantes hormones de stress et deviennent alors considérablement plus sensibles aux infections, ainsi que l'ont montré les travaux des chercheurs du CNRS de la station biologique de Roscoff.

Il est donc important de ne pas empiler sournoisement, jour après jour, les tensions perturbatrices. Pensons aux flocons de neige qui semblent ne rien peser mais qui, en s'accumulant sur le toit d'une maison, peuvent compromettre la solidité de la charpente. Rendre nos mouvements les plus symétriques possibles constitue une première précaution. La pratique régulière d'une activité physique bien conduite efface la fatigue. Des automassages, de bonnes douches bien chaudes, suivies d'étirements doux des régions contractées complètent cette action bienfaisante et apportent une sensation euphorisante de bien-être, de plaisir de vivre.

Si ces soins élémentaires sont négligés, les séquelles de ces diverses causes traumatisantes s'accumuleront dans le corps. Elles s'amplifieront progressivement au fil des années et déséquilibreront notre organisme, localement, en profondeur ou à distance. Leurs conséquences peuvent affecter tous les systèmes du corps : postural, articulaire, vasculaire, viscéral, nerveux ou psychique. Des kyrielles de troubles pourront en résulter, susceptibles de gâcher notre vie familiale, l'évolution de la scolarité de nos enfants ou notre carrière professionnelle.

De nombreux facteurs influent sur les risques de traumatismes et leurs répercussions sur notre santé :

• L'âge. Les jeunes enfants et les personnes de plus de 65 ans sont les plus vulnérables.

• L'état de santé. Les personnes dont la santé est déficiente sont plus gravement atteintes.

• La fatigue, l'absorption d'alcool, de médicaments, de drogues ainsi que d'autres causes que nous verrons plus loin.

• Le comportement. Les statistiques montrent que les accidents ont très souvent pour origine la précipitation, la négligence, l'imprudence, voire l'inconscience. Mais aussi le manque de vigilance.

Entretenir la forme

Se préparer à recevoir un choc permet d'éviter tout ou partie de ses répercussions, dès lors que l'intensité de celui-ci ne dépasse pas un certain seuil. Et ceci d'autant mieux que le corps est entraîné. C'est ainsi que les pratiquants de sports de combat et les cascadeurs peuvent encaisser sans dommage des coups parfois très violents.

Pour éviter autant que possible les traumatismes ou en minimiser les conséquences, une bonne forme, un bon équilibre physique et mental, conditions indispensables à une meilleure vigilance, sont donc nécessaires. Nous verrons comment optimiser cette vitalité de manière très simple et efficace. Mais la première étape consiste à éviter de l'altérer inconsciemment.

En effet d'autres invisibles ennemis peuvent aussi perturber notre corps et s'inscrire insidieusement dans nos tissus comme dans les pages d'un livre d'histoire…

CHAPITRE 2

ÉMOTIONNELLEMENT VÔTRE

Le chagrin qui peut s'exprimer
par des pleurs est vite oublié,
tandis que la peine muette
qui sans cesse ronge le cœur,
à la fin le brise.
MAUDSLEY, *The Physiology of Mind*

Qui n'a pas été un jour ou l'autre stressé ? L'inquiétude pour les siens, les soucis du lendemain ainsi que d'inévitables coups durs font partie de l'existence. Sur le moment, nous en souffrons, puis le temps passe et ces misères disparaissent peu à peu de notre souvenir. Mais s'effacent-elles complètement de notre corps ?

HAUTE TENSION

Mélinda, une toute petite femme qui ne semble pas avoir encore atteint la soixantaine, se plaint de souffrir constamment du dos : « Je crois que je suis née avec une colonne vertébrale enraidie et les muscles contractés en permanence. D'ailleurs, je me suis toujours sentie tendue, crispée ! » susurre-t-elle d'une petite voix à peine audible. Des radios récentes montrent une importante arthrose, sur une colonne bien voûtée aux disques tassés.

Ses premières sensations douloureuses vertébrales, elle les date de l'âge de 7 ou 8 ans. Connaissant la nature plaintive de leur fille, ses parents n'y avaient tout d'abord guère attaché d'importance. Toutefois, le temps passant, Mélinda se tenait de plus en plus mal, et ce malgré leurs injonctions répétées. Cette attitude affaissée ayant été également notée par la médecine scolaire, des séances de gymnastique médicale avaient alors été préconisées. Durant toute la période où elle avait suivi ces soins, la jeune adolescente se plaignit beaucoup moins. Le sport, pratiqué à l'école puis au lycée, lui avait apporté un mieux-être général certain, quoiqu'elle dût toujours se forcer pour bouger. En effet, particulièrement frileuse, elle n'aimait guère sortir.

Ses douleurs ne réapparurent de manière intense que lorsqu'elle commença à gagner sa vie. C'est également vers la même époque que son anxiété s'aggrava, par suite, pensa-t-elle, des soucis du travail et de sa vie familiale. Par manque de temps, et surtout parce qu'elle n'en avait plus le courage, elle avait abandonné toute activité physique. « En fin de journée les muscles de mon dos devenaient si raides qu'ils me brûlaient. Tellement fort certains soirs que j'éprouvais beaucoup de mal pour arriver à m'endormir ! » murmure cette toute petite femme. « Mais on m'a toujours dit que c'était surtout psychique ! »

Mélinda avoue ne s'être jamais sentie bien. Éternelle angoissée, tout l'inquiète et lui fait craindre le pire. Sa vie a été constamment influencée par cette attitude tendue et craintive qui augmente encore dès qu'elle doit entrer dans un véhicule. Ainsi, prendre les transports en commun l'oppresse à un tel point qu'elle préfère souvent aller à pied. Cette curieuse claustrophobie transforme le moindre de ses déplacements en un véritable cauchemar : « Il m'est difficile de dire ce que je ressens, c'est comme si j'allais mourir ! » commente-t-elle, de son filet vocal sans force.

Durant toute sa vie, cette femme essaya différentes thérapies complémentaires pour essayer de se décontracter et moins souffrir du dos. « En dehors des remèdes, ce qui m'a toujours réussi le mieux, ce sont les massages. Mais, malgré les efforts de tous les kinés que j'ai vus, aucun n'a réussi à m'assouplir mes muscles !» regrette-t-elle avec un gentil sourire. Mélinda suivit également pendant quelque temps une psychothérapie. Mais l'évocation d'une possible origine de ses angoisses dans une relative désaffection de ses parents l'avait tellement perturbée qu'elle avait préféré tout interrompre.

« Aujourd'hui, si je me maintiens, c'est grâce aux médicaments. Et pourtant, j'aimerais bien m'en passer ! » explique-t-elle de sa toute petite voix, en citant une longue liste d'antalgiques, myorelaxants et divers psychotropes. En complément, afin de lutter contre une fatigue omniprésente, Mélinda se gave de vitamines.

Elle ne se rappelle d'aucune chute ou choc dont elle aurait pu être victime. «D'ailleurs, étant enfant, je n'ai jamais eu un comportement turbulent. Bien au contraire on devait me houspiller pour que je sorte jouer, ma mère me reprochant d'être constamment dans ses jupes !» évoque-t-elle tout doucement. « Mes parents, qui n'étaient pas habitués à s'écouter, n'ont jamais compris pourquoi j'ai toujours été si fragile ! »

Son regard inquiet confirme son angoisse qui se manifeste aussi dans son intonation. Ses épaules sont tirées vers l'avant et sa respiration est si courte qu'elle semble inexistante. Elle semble éprouver la plus grande gêne pour éloigner ses membres du corps et leur repli est très rapide. Cette petite femme apparaît comme recroquevillée autour de son épigastre, comme si elle avait reçu un violent coup de poing dans le ventre. En résumé, son attitude transpire la peur.

Lorsqu'on lui demande si elle se rappelle à ce sujet un événement marquant, Mélinda agite négativement la tête : « Je crois avoir toujours eu peur de tout, c'est sans doute dans ma nature !» et de hausser doucement les épaules, comme si elle voulait s'en excuser.

Ce n'est que bien plus tard, après plusieurs plongées en elle-même pour déprogrammer ses tensions, qu'elle se remémora un fait survenu dans son enfance et apparemment jusqu'alors oublié : « Il me revient en tête une mésaventure vécue quand j'étais toute petite. Mais je ne crois pas que cela ait quelque chose à voir avec mon dos... »

Ses parents étant décédés, c'est auprès de sa tante que Mélinda put reconstituer son passé...

Un stress particulièrement violent

« C'était pendant la guerre, je devais avoir entre 2 et 3 ans. Mes parents fuyaient la zone de combats. Leur train s'était arrêté à l'aube dans une petite gare. Pendant que mon père était parti chercher quelque chose à manger, ma mère avait profité de mon sommeil pour aller faire un brin de toilette, me confiant aux autres voyageurs du compartiment. C'est alors que les avions ont attaqué ! »

Souffrant apparemment de son dos, Mélinda grimace en changeant doucement de position sur sa chaise avant de poursuivre : « Dans le hurlement des sirènes, des explosions de bombes et des cris d'épouvante, réussissant à remonter la foule qui s'écrasait dans les couloirs du train pour tenter de s'enfuir, ma mère parvint néanmoins, au bout de longues minutes, à revenir me chercher. Elle m'a retrouvée terrorisée, seule dans le compartiment, hoquetant son nom. Sous l'effet de la panique, je ne parvenais plus à bouger, j'étais paraît-il comme tétanisée. Me saisissant à bras le corps, elle m'a aussitôt entraînée en dehors de cet enfer, en évitant les bâtiments qui flambaient. Elle fut bientôt rejointe par mon père, qui s'était précipité à notre secours. »

Reprenant son souffle, Mélinda ajoute de sa faible voix : «Sur le moment j'avais sans doute eu très peur car, d'après ma tante, après cet incident, je n'arrêtais pas de pleurnicher. Ayant d'autres soucis que de m'écouter geindre, ma mère devait souvent me gourmander. Mais, de tout cela, je ne garde personnellement presque aucun souvenir, si ce n'est de vagues images, j'étais si petite ! »

Nouvelle pose avant de reprendre : « Ma tante m'a également appris que ce n'était pas la seule fois où j'avais failli quitter ma petite vie. Tout d'abord, lorsque ma mère était enceinte, elle avait cru me perdre à la suite d'une hémorragie utérine. Ensuite, à ma naissance, le cordon ombilical, entouré autour de mon cou, a manqué de m'étouffer. Je suis, paraît-il, restée ainsi assez longtemps bloquée dans le passage avant qu'on m'en sorte ! » raconte Mélinda avec son petit sourire. « Toutefois je n'ai jamais entendu dire que j'étais tombée, ni que j'avais reçu quelque objet sur le dos qui aurait pu me faire mal ! »

Ces avatars pourraient-ils néanmoins être, des années après, à l'origine des ennuis de santé de Mélinda ?

Un petit voyage dans nos circuits nerveux permettra de saisir quelques relations entre le mental ou *psyché* et le corps ou *soma*.

Mobilisation générale !

Face à un choc émotionnel, notre corps entier se mobilise de manière à pouvoir y faire face. Le système nerveux joue alors un rôle de premier plan. Cette mise en défense de l'organisme a été baptisée *la phase d'alarme* par le professeur H. Selye, endocrinologue à l'université Mac-Guill de Montréal.

L'ALARME OU LA PHASE 1 DU STRESS

Recueilli par des capteurs sensoriels, visuels et auditifs principalement, puis transformé en signal électrique, le stimulus émotionnel est aussitôt conduit, tout en étant filtré, vers des cellules grises spécialisées (les *aires préfrontales*) où se réalise la perception consciente.

De là, le point sur la situation est synthétisé et transmis au centre émotionnel intégrateur (*le corps amygdaloïde*) de notre ordinateur cérébral. Dans cette unité centrale, tandis qu'une copie du message est envoyée dans les cellules mémoires (*système limbique*) pour y être archivée, l'émotion est analysée et comparée aux événements similaires préalablement traités.

En fonction de notre connaissance des différents paramètres qui interviennent, aussi variables que le type de stress, son intensité ou simplement le temps dont nous disposons, les diverses possibilités de réactions seront envisagées. De très nombreux facteurs seront ou non pris en compte, notre conception morale par exemple. Une fois la stratégie anti-stress adoptée, c'est la direction des opérations (*l'hypothalamus)* qui prendra en charge les modalités de son exécution.

À ce moment, notre « ordinateur » intérieur, tout en montant instantanément sa puissance au maximum, communique aussitôt le branle-bas de combat à tous les centres cérébraux de commandement ou de renseignement. Ceci par des influx nerveux qui libèrent une substance (la *dopamine*) facilitant les transmissions. Ainsi dopée, notre vigilance augmente et nos sens se mettent sur le qui-vive…

En fin de cette phase d'alarme, toutes les unités combattantes dont notre corps pourrait avoir besoin pour réagir sont mobilisées en urgence, principalement par la voie ultra-rapide du système *sympathique*.

Stimulée, en l'attente de savoir s'il faut bondir, se replier ou dans quelle direction aller, la tension nerveuse augmente simultanément dans tous les muscles et provoque un léger tremblement. Les glandes sudoripares et les reins se vident pour se préparer à une éventuelle élimination importante de déchets. Au niveau du visage, l'expression trahit les émotions qui traversent le psychisme tandis que les pupilles se dilatent pour augmenter nos capacités de perception.

Ainsi mobilisé, le corps est prêt à réagir face à l'émotion. Un peu comme un boxeur qui se met en garde.

À certaines conditions...

De la même manière qu'en combat, pour ne pas être mis K.-O. dès le premier petit coup de poing, il faut s'être préalablement entraîné, notre système de défense antistress doit aussi avoir été longuement préparé. Bousculé trop rapidement ou par des agressions émotionnelles trop fortes, il peut ne pas être en mesure de faire face. Le choc psychologique peut alors blesser profondément. Et laisser de profondes empreintes...

Dès les premières semaines, le fœtus, dans son univers liquidien, se montre sensible à son environnement. De nombreux facteurs vont influencer sa vie ultérieure : la musique ou le bruit, le tabac et les molécules chimiques respirées, ingérées ou manipulées par la maman, mais aussi les émotions qu'elle émet ou ressent. Le professeur M. Tubiana, membre des Académies de Médecine et des Sciences de France, le rappelle : « L'expérience montre que les perceptions qu'a l'embryon avant la naissance influent sur le reste de son développement... Si les derniers mois avant la naissance demeurent les plus importants, il est toutefois certain que des traumatismes pendant la vie embryonnaire peuvent entraîner des retentissements sur le développement psychique de l'enfant à venir» (1).

Plus encore, selon une étude danoise, certaines malformations congénitales pourraient être dues à un stress violent survenu durant la grossesse (2). Les retards parfois très importants et les angoisses dont souffrent certains enfants ont été attribués à des chocs psychologiques intenses subis par la maman durant les premiers mois de la gestation. Par exemple, la brutale colère du conjoint et le rejet de sa compagne lorsqu'il apprend que celle-ci est enceinte.

La peur de perdre son enfant, éprouvée par la future mère de Mélinda après une hémorragie utérine, avait sans doute laissé cette première marque d'angoisse dans l'ébauche des circuits nerveux de son futur bébé.

L'exposition de la future maman à des émotions intenses provoque chez le fœtus des variations enzymatiques et hormonales (de *testostérone* notamment). Trop fortes dans un premier temps, elles s'épuisent ensuite si les stress perdurent. Ce qui, par la suite, peut induire certains troubles.

Les stress que subissent les femmes enceintes s'impriment aussi physiquement dans le corps des bébés, tout particulièrement au niveau du crâne : « La compression du frontal témoigne souvent d'un état de stress pendant la grossesse. Dans ce cas l'enfant arrive au monde très nerveux », explique P. Hammond, D.O., enseignant en ostéopathie. Heureusement, l'intervention de mains expertes, en effaçant cette information, change le comportement du bébé : « L'enfant, qui jusque-là bouge dans tous les sens sur la table, se calme et s'endort, les bras étendus et les mains ouvertes vers le ciel, tant l'état de relaxation est fort », poursuit-il en évoquant ces « moments bouleversants dans la vie du thérapeute comme dans celle des petits patients, qui faisaient écho à l'émotion de la maman, souvent en larmes parce qu'elle savait, intuitivement, que sa grossesse avait eu une résonance sur son enfant » (3).

Les conditions de la naissance laissent également leurs empreintes (4). Les accouchements difficiles (forceps...) sont mis en cause par plusieurs études dans les modifications du comportement : agressivité, hyperactivité...

Des recherches menées par l'Institut national des Maladies neurologiques et de la Cécité du Canada au cours des années 1970, ont mis en évidence que des singes nés par césarienne devenaient moins actifs, moins réceptifs, apprenaient plus difficilement que ceux nés par les voies naturelles. Une étude portant sur les enfants d'Indianapolis a montré que les naissances par siège entraînaient davantage de difficultés d'apprentissage. Les traumatismes physiques confirment ainsi qu'ils s'accompagnent également de répercussions psychologiques…

L'angoisse intense provoquée par la sensation de rester bloquée dans un passage étroit, étranglée par le cordon ombilical, avait probablement été aussi enregistrée dans les neurones de Mélinda.

À la naissance le cerveau humain pèse environ 350 grammes. Dans les 6 premiers mois il double son volume. Pour cette croissance, deux éléments sont nécessaires : le lait, de préférence maternel, et la tendresse.

L'amour dispensé par les parents est donné comme le meilleur facteur d'épanouissement du futur bébé. Aux paroles douces et apaisantes, le contact manuel ajoutera le bien-être sécurisant de l'indispensable lien physique : « Le toucher est le support de vie du nouveau-né. Si le bébé n'est pas caressé, bercé tendrement, si on ne lui parle pas, il ne vivra pas. Il souffrira de dépression, il pourra tomber malade et mourir simplement faute de caresses et de soins affectueux », écrit le professeur R.B. Linvingston, spécialiste en neurosciences, université de Californie à San Diego (5).

Pourquoi ne pas leur consacrer quelques minutes par jour…

MINIMASSAGES POUR BÉBÉS

Ces massages doivent toujours s'effectuer dans une pièce assez chaude dont l'éclairage sera si possible tamisé. La diffusion d'une musique relaxante ajoutera à la détente.

Allongez-vous confortablement dans un canapé ou en position semi-assise dans un lit et prenez le bébé contre vous, sa tête reposant sur votre épaule.

Avec la main libre caressez tout doucement sa nuque, d'un mouvement le plus léger possible depuis la base du crâne jusqu'aux épaules. Après avoir détendu les dorsales et les omoplates, malaxez légèrement sa région lombaire, en passant la main sous ses vêtements. Le contact avec la peau est infiniment préférable. Avec l'extrémité de l'index et du majeur descendez un petit trait de chaque côté de la colonne vertébrale jusqu'au sacrum. N'oubliez pas de pétrir doucement les fesses.

Passez ensuite aux épaules que vous pressez doucement. Retournez alors le bébé et massez les bras jusqu'aux mains. Effleurez ensuite chacun des doigts que vous étirerez avec une grande douceur.
Continuez en vous occupant des cuisses et des jambes jusqu'aux orteils comme pour les bras et les doigts.
Posez votre main sur son ventre et laissez-la fusionner avec les tissus dont vous essaierez de suivre les petits mouvements spontanés. Terminez par de petites caresses sur le front, les tempes, les joues et le menton ainsi que sur l'arrière de la tête.

Ces massages peuvent être effectués dès les premiers jours de la venue au monde. Sur les nourrissons prématurés qui doivent être placés sous incubateur « nous avons observé que des massages quotidiens réduisent leur temps d'hospitalisation d'environ 6 jours sur une période moyenne de 20 jours. De plus, ces enfants présentent une meilleure coordination motrice et une attention plus soutenue », explique Tiffany Field, directrice du Touch Research Institute de l'université de Miami (6).

Tout au long de l'enfance nos liaisons neuronales se perfectionnent par l'éveil et l'éducation qui établiront peu à peu des connexions privilégiées. Comme pour les bébés, la tendre affection permettra une croissance harmonieuse de ces circuits. Puis les petits chagrins, peines ou contrariétés, les premiers émois vont concourir à la mise en place progressive de ses capacités de résistance et des réflexes d'autodéfense.

Mais cette phase, si elle intervient trop prématurément, pourrait entraîner un durcissement du comportement. Les enfants élevés en crèche se révéleraient par la suite plus agressifs, « bagarreurs », « cruels », désobéissants, ayant tendance à « tenir tête » selon une étude américaine menée pendant 10 années (7). Si elle venait à être confirmée, comment en expliquer les résultats ? Confrontation précoce à la promiscuité qui tisse déjà en eux une « loi de la jungle » ? Éducation collective où les petits recentrages ne peuvent pas être personnalisés, facteurs d'inévitables sentiments de frustration ?

Bien évidemment le sujet dérange. Ceux qui souhaitent le développement de ces institutions, s'ils ne peuvent que reconnaître le nombre élevé de pathologies qui s'y répandent, répliquent que la promiscuité « *renforce les défenses immunitaires et apprend à se socialiser* » (8).

Si, dans ces établissements, les enfants ont tout ce qu'il faut sur le plan matériel, bénéficient-ils d'autant d'amour qu'une maman peut – ou devrait – en donner ? Les vociférations et torgnoles de certaines mères vis-à-vis de leur progéniture laissent à penser que la crèche, avec ses imperfections, serait parfois nettement préférable... « L'amour joue un rôle essentiel dans la formation du système nerveux, le développement des structures cérébrales et de la biochimie du cerveau au cours de la vie fœtale et de la petite enfance », explique le célèbre psychologue Arthur Janov : « Priver d'amour un nourrisson après sa naissance, au moment où il a besoin de sentir le contact de caresses affectueuses, peut être aussi préjudiciable pour le développement de son intelligence et de sa personnalité que le priver de nourriture» (9).

Analysés comme des informations, les stimuli émotionnels que reçoivent nos cellules s'avèrent ainsi capables soit de contribuer à leur épanouissement, soit d'entraîner des phénomènes de repli, de rétraction, telle la constitution d'un blindage affectif.

Il apparaît donc préférable que l'apprentissage de la résolution de petits conflits ne se fasse pas trop brutalement afin de bien préparer vis-à-vis des situations plus stressantes.

Comme un coup dans l'estomac !

Le signal émis par la réception d'un stress violent, inattendu, peut être comparé à un courant électrique de forte fréquence qui traverse brutalement nos circuits. Chez le bébé ou le jeune enfant dont les filtres ne sont pas formés par l'expérience, cette décharge arrive, non atténuée, à l'ordinateur émotionnel cérébral. Sous le choc, celui-ci, encore bien immature, est pris au dépourvu. La mémoire ne fournissant aucun modèle antérieur, l'analyse de l'événement ne peut s'effectuer et des messages exacerbés, incohérents, parcourent les voies nerveuses de communication.

Mais ce phénomène peut également se produire chez l'adulte. Sous l'effet d'un psychisme décontenancé par un choc émotionnel brutal, le système nerveux moteur transmet un tel influx dans tous les muscles, agonistes comme antagonistes, que l'organisme reste alors tétanisé, incapable de réagir, « cloué sur place ».

Cette tension brutale qui parcourt le corps peut, chez des personnes à la santé précaire, altérer le fonctionnement des organes récepteurs. De nombreux cas d'accidents cardiaques ont ainsi été attribués à des stress violents. Ce fut, semble-t-il, le cas du Président Lyndon Johnson lorsqu'il apprit que Richard Nixon, son successeur à la Maison-Blanche, avait décidé de démanteler le programme social que lui et son équipe avaient eu tant de mal à mettre en place. Dans son étude de ce type d'atteintes, G. L. Engel, professeur à l'université de Californie, notait : « Les victimes sont confrontées à des événements marquants par leur caractère soudain, inattendu ou spectaculaire... » (10).

Comme dans les traumatismes physiques, les chocs émotionnels violents sont donc capables de mettre en déroute notre remarquable système de défense.

Pour Mélinda ce fut une grande peur, pour d'autres ce sera un accident dramatique, la brusque découverte d'une horreur, la disparition brutale d'un être cher, une séparation sans préavis, le diagnostic d'une maladie grave, l'annonce de la perte d'un bien important, un danger imminent, une épreuve insurmontable, un licenciement inattendu...

Quelles en sont les conséquences ?

Outre des infarctus, de nombreuses études ont montré que les perturbations hormonales ou nerveuses consécutives à des stress importants peuvent provoquer, suivant l'âge ou la fragilité de la personne : troubles du rythme, douleurs cardiaques, maux de tête et de multiples autres affections dont des douleurs articulaires et du dos en particulier. Mais aussi être à l'origine d'angoisses durables et de dépressions nerveuses sévères.

Sous la décharge intense de certains neurotransmetteurs, les synapses entre les neurones des cartes à mémoire (de *l'hippocampe*, cette partie du système limbique chargée de la conservation des émotions) peuvent aussi se trouver interrompues. Le corps semble ainsi mettre en place un système automatique d'effacement des informations trop perturbantes... C'est alors la perte partielle ou totale du souvenir de l'événement, comme chez Mélinda, qui était normalement en âge de conserver un souvenir plus précis de cet événement exceptionnel.

La relaxation profonde, la sophrologie ou l'hypnose peuvent faire resurgir du passé des éléments que l'on croyait effacés. Toutefois, il faut savoir que cette mémoire n'est pas toujours infaillible. La suggestion et l'imagination peuvent aussi créer des souvenirs d'événements qui ne se sont jamais produits, rappelle E. Loftus, professeur de psychologie à l'université de Washington (11). Les souvenirs de toutes nos petites misères d'enfance s'enjolivent aussi avec le temps, ainsi que l'a montré l'étude de D. Offer, spécialiste en psychiatrie à l'université de Chicago.

En ce qui concerne les chocs émotionnels importants, même si la mémoire ne nous en donne qu'une image infidèle ou déformée, les séquelles persistent souvent. Plus on est jeune et plus l'impact du stress reçu laissera des traces. Et l'intensité, la brutalité, le caractère totalement inattendu sont aussi des facteurs aggravants indéniables. Dans *L'Automatisme psychologique*, P. Janet, professeur à la Sorbonne, développa le premier la théorie admise à présent par beaucoup, ainsi que le rapportait récemment *l'American Journal of Psychiatry* : « Plus le traumatisme est violent, moins l'esprit s'y adapte. »

Il n'est donc pas surprenant que la peur extrême éprouvée par Mélinda dans ce train ait laissé une forte empreinte dans son psychisme. Peur qui s'était ensuite étendue aux circonstances et lieux similaires : voitures et transports en commun.

Réminiscences

Si notre attention visuelle se trouve polarisée ou détournée par la vision de quelque alléchant ou surprenant spectacle, une information qui arrive par l'audition peut franchir plus facilement la barrière filtrante établie par notre conscient. Elle pénétrera alors au plus profond de nous-mêmes. De cette manière, de simples phrases, une image forte ou inhabituelle peuvent laisser des impressions persistantes dans nos cellules, surtout si elles sont répétées.

L'information émotionnelle, qu'elle soit unique et violente, subliminale et insidieusement répétée ou encore provenant de la mère pendant la grossesse, peut alors ultérieurement resurgir sous la forme de rêves ou de cauchemars.

Rien n'indique extérieurement qu'un individu puisse avoir conservé les traces d'une émotion éprouvante. Pour ses proches, il aura remarquablement « encaissé » l'épreuve. Puis, des années plus tard, on apprend avec étonnement que la même personne a curieusement manifesté, à l'occasion d'un fait apparemment anodin, un comportement incompréhensible.

En effet, lors de chocs émotionnels importants, l'environnement visuel et sonore de l'événement a également été associé à celui-ci. Si, avec le temps, seule une vague image globale subsiste, la vision ultérieure d'un des éléments photographiés ou une circonstance similaire ravivera alors de manière souvent exacerbée l'émotion autrefois ressentie.

Influencés par leur passé

Bien que grand et robuste gaillard, Louis tombait en syncope à la vue de la moindre petite blessure. Tout petit, il avait assisté à un accident particulièrement sanglant…

De plus en plus anorexique, Éva, lors de la prise de conscience de ses tensions internes, remit au jour un fait de sa petite enfance. Confiée en garde à une personne âgée quand ses parents s'absentaient, elle avait, lors d'un repas, mis dans sa bouche une limace dissimulée sous une feuille de laitue mal lavée. Le dégoût, primitivement associé à la vue de la salade, s'était peu à peu étendu à toute forme de verdure, puis aux aliments en général…

La vie de Boris était triste, il ne s'était jamais senti bien, souffrant toujours de mille petits maux. Lorsqu'il était petit enfant, sa sœur était gravement malade et sa mère passait tout son temps près d'elle. Les seuls moments où il pouvait bénéficier de son attention et de petits câlins, c'était lorsque lui aussi devenait souffrant. Pour lui, l'état de mal-être était devenu une sorte de reconnaissance existentielle...

Superbe femme d'une trentaine d'années, Nelly, dont les formes sculpturales attiraient immanquablement les hommages visuels masculins, y compris des plus blasés, ne pouvait hélas en profiter plus avant, tout contact physique lui provoquant une intense répulsion. Pourvue très tôt d'une poitrine généreuse, elle s'était fait, alors qu'elle n'était qu'une très jeune adolescente, palper en règle par plusieurs garçons, sans possibilité aucune de s'échapper... Curieusement, la mastose chronique dont elle souffrait disparut progressivement lorsqu'elle réussit à se débarrasser de cette empreinte émotionnelle...

Souffrant depuis quelques jours de ses lombaires, Claudia se faisait masser le dos. Bien qu'un fond musical soit distillé pour aider à la relaxation, la jeune femme ne pouvait se détendre. Pire, en dépit du savoir-faire du praticien, elle se contractait de plus en plus. À un tel point que, se retrouvant complètement bloquée, une ambulance dut être appelée pour la reconduire chez elle. Quelques jours plus tard, ayant retrouvé sa mobilité antérieure, elle révéla la clé de l'énigme : la musique diffusée ce jour-là lui avait rappelé un difficile épisode de sa vie. Par discrétion, elle n'avait pas osé demander que soit changé ce morceau particulièrement pénible pour elle, mais avait beaucoup souffert mentalement à son écoute...

Retentissements corporels

L'attitude de personnes qui ont été soumises à des émotions négatives brutales montre à l'évidence qu'elles en ont aussi gardé des traces physiques. On comprend ainsi tout le sens du mot *stress* (du latin *strictus : qui serre*). De véritables carapaces de tensions tissulaires s'organisent parfois, ainsi que l'ont rapporté W. Reich, A. Lowen (12) ou J. Pierrakos (13).

Sidérée lors de la panique qu'elle avait éprouvée, Mélinda avait gardé la mémoire de cette tétanisation sous la forme d'un resserrement de ses tissus. Cette « haute tension » persistante avait affecté le développement de sa colonne vertébrale et très tôt tassé celle-ci. Ses muscles, contractés en permanence depuis ce jour, ne pouvaient apparemment se libérer de la surproduction des déchets produits et généraient de constantes douleurs. La sensation permanente de froid pouvait être due au ralentissement secondaire de la micro-circulation.

S'ajoutant à la peur des explosions des bombes, le sentiment de se retrouver abandonnée, d'avoir perdu ses parents, avait entraîné un violent repli en elle-même, plus particulièrement marqué autour de la zone émotionnelle affective du cœur. Par le relais des aponévroses locales, cette densification avait aussi pour effet de brider l'amplitude pulmonaire. La moindre oxygénation du sang qu'elle entraînait, jointe à la surtension musculaire, concourait à la fatigue chronique ressentie par cette femme.

À l'époque, après cette grande angoisse, l'attitude de Mélinda, par ses pleurs continuels et son besoin d'être constamment près de sa mère, montrait à l'évidence combien son corps réclamait qu'on lui apporte un bien-être compensateur. Mais cet appel, ce cri du cœur n'avait apparemment pas été entendu par ses parents pour qui « il ne fallait pas s'écouter ». Ceux-ci n'avaient pas conscience des influences possibles de leur comportement : « Si leur attitude exprime l'abandon ou le rejet, elle peut éveiller en l'enfant des sentiments douloureux... Ceux-ci s'exprimeront physiquement en un schéma musculaire qui peut s'installer durablement... » explique le docteur H. Prestera, spécialiste des thérapies corporelles à l'Institut d'Esalen de Bing Sur en Californie (14).

Si la maman de Mélinda avait serré très fort sa petite fille dans ses bras et l'avait câlinée, au lieu de la secouer, elle aurait sans doute pu donner à son enfant le remède souverain pour la guérir. En effet la tendresse, prodiguée jour après jour, aurait probablement permis d'effacer peu à peu cette grande peur. Cet amour, qui pourtant ne coûte rien à donner, aurait peut être changé la douloureuse existence de Mélinda.

Heureusement le hasard, qui quelquefois fait bien les choses, a permis à cette femme d'apprendre à agir sur son corps. Même tardive, cette libération reste toujours possible.

En effet, les stress violents ne conditionnent pas toujours inéluctablement le devenir de ceux qui les ont subis. Après en avoir pris conscience, ils s'en servent parfois comme d'un appui pour réagir : « Certaines jeunes victimes incroyablement fracassées, brisées par l'inceste, la guerre ou la mort de leurs parents parviennent à mener une vie normale », a souvent constaté Boris Cyrulnik, pédopsychiatre (15). Pour favoriser cette guérison, il conseille de laisser les enfants s'exprimer par la parole, le dessin ou l'humour afin qu'ils réussissent à transformer la cacophonie du désespoir en un hymne à la joie.

Même lorsque nos schémas de fonctionnement proviennent d'influences héréditaires, il est également possible de s'en libérer : « Nous avons la possibilité de reconquérir notre liberté et de sortir du destin répétitif de notre histoire, en comprenant les liens complexes qui se sont tissés dans notre famille », enseigne A. Ancelin Schützenberger, psychothérapeute, professeur à l'université de Nice (16).

Éviter les marques des stress

Après tout choc émotionnel violent, véritable coup de poing psychique au creux de l'estomac, il faut tout d'abord récupérer. La consultation d'un professionnel est souvent nécessaire. En cette attente ou en complément, pour ceux qui souhaitent participer activement à leur devenir, deux amies situées aux extrémités de nos bras peuvent aider : nos mains !

AUTOMASSAGES APAISANTS

Installez-vous confortablement au calme, assis ou étendu, dans une pièce chaude et suffisamment aérée. Un éclairage tamisé ainsi qu'une musique reposante favoriseront la détente.
Placez vos mains à la jonction entre le thorax et l'abdomen, de part et d'autre de la terminaison du sternum, et accompagnez le mouvement de vos côtes en l'amplifiant peu à peu à chaque respiration, jusqu'à la sensation d'une meilleure aisance pulmonaire. Inspirez à fond puis expirez de même plusieurs fois.
Ensuite massez vos trapèzes (voir chapitre 1) jusqu'à leur relâchement. Continuez en laissant la tête bouger et flotter agréablement dans l'espace comme les branches d'une anémone de mer qui se laisse bercer par les mouvements de la marée.

Puis frottez assez fortement le dessus de chacun de vos pouces, depuis le poignet jusqu'à l'ongle. Ceci du côté palmaire du tendon qui apparaît lorsque vous les redressez. Poursuivez durant quelques minutes jusqu'à l'obtention d'un ou deux grands soupirs ou d'un changement respiratoire.
Après cette manœuvre, secouez vos mains, assez doucement au début, puis plus vigoureusement mais sans brutalité.
Pour terminer, posez l'extrémité de vos doigts au milieu de votre front et glissez doucement de chaque côté jusqu'aux tempes. Là, effectuez un petit mouvement circulaire. Reprenez plusieurs fois de suite depuis la racine des cheveux jusqu'à la base du nez.
Le massage de zones réflexes des pieds est également particulièrement apaisant.

Les indications des massages ne se limitent pas aux petits états de stress. Dans de nombreuses perturbations du système nerveux, parfois très lourdes comme la maladie d'Alzheimer, ils peuvent aussi s'avérer fort utiles : « Après 6 semaines de massages, les malades présentent une amélioration de leurs souvenirs visuels et plus généralement de leur mémoire à long terme », a constaté Erik Scherder, psychologue à l'université d'Amsterdam. Le contact de mains apaisantes, sorte de communication non verbale vieille comme le monde, est à redécouvrir. Et à consommer sans modération…

Épilogue

Dans une première étape, Mélinda réalisa que l'attitude de ses parents traduisait leur manière d'aimer. L'encourager à ne pas se plaindre comme ils le faisaient, c'était aussi pour favoriser son développement. Dans les tensions de cette femme, un premier relâchement s'opéra : « Retrouver l'amour peut, dans certains cas, inverser les effets du passé et libérer les tensions psychologiques sous-jacentes qui nous handicapent depuis l'enfance », explique A. Janov.

Ensuite, elle apprit à ne pas se convaincre en permanence que rien n'allait jamais bien. Elle s'attacha à constater les petits bien-être quotidiens. Et à les multiplier. À l'extérieur d'elle-même tout d'abord, en appréciant la vue d'un beau paysage, l'éclosion d'une fleur, la saveur d'un mets, l'odeur d'un fruit ou en se laissant emporter par la rêverie à laquelle invite un beau morceau de musique.

Puis Mélinda les rechercha dans la profondeur de son corps, au cours de plongées en elle-même. Comme on souffle sur une braise presque éteinte pour ranimer une flamme, elle s'entraîna à s'insuffler du bien-être. En relâchant chaque jour davantage tout ce qui voulait bien se détendre. Un peu de la même manière que pour chasser l'ombre dans une pièce, on ne peut le faire qu'en y mettant plus de lumière. Effectués biquotidiennement, ces petits voyages intérieurs lui montrèrent qu'elle pouvait agir sur ses tensions et ne plus seulement en être l'éternelle victime.

Dès qu'elle commença à se sentir moins figée, d'autres exercices de prise de conscience respiratoire et posturale, comme la *libération somato-émotionnelle*, équivalents des techniques de déroulement des *fascias* vues lors des traumatismes, permirent à Mélinda de se dégager peu à peu de son schéma.

Au fil du temps, son dos perdit progressivement de sa raideur. Peu à peu son angoisse régressa et sa claustrophobie devint beaucoup plus acceptable. Sa fatigue fit place à une meilleure énergie et Mélinda reprit goût à la vie.

Ce résultat ne s'obtint pas en quelques jours, de nombreux mois furent nécessaires avant qu'un mieux-être stable ne soit perçu. Et deux années pour qu'elle se rendît compte du changement de son attitude. Mais la constance et la persévérance, comme de petites graines qu'on arrose chaque jour, finissent toujours par porter leurs fruits.

En complément des soins médicaux et psychologiques, divers autres moyens peuvent aussi contribuer à aller mieux : relaxation, bains de lumière, homéopathie, alimentation, yoga, gymnastiques chinoises et les indispensables plantes…

> DES PLANTES POUR LE MENTAL
>
> Anémone, aspérule odorante, aubépine, ballote, chardon-marie, laitue, lotier, marjolaine, mélisse, menthe poivrée, millepertuis, oranger, passiflore, sauge, serpolet, schisandra, valériane procurent calme et apaisement. L'éleuthérocoque, la cannelle, le ginseng, le kola, le romarin, le maté, le quinquina, le thym, le zinnia sont d'excellents stimulants du système nerveux et aident à passer les petits à-coups de la vie. On les trouve en gélules, tisanes ou en gouttes dans les magasins de santé naturelle ou en mélanges et préparations adaptés à toutes les situations, dans les pharmacies.
> Légumes, condiments et fruits apportent aussi leurs effets bénéfiques : ail, artichaut, carotte, chou, fenouil, fraise, oignon, laitue, raisin, thym… (17)

Heureusement, les stress violents, capables de nous perturber pendant des années, s'avèrent assez rares. Mais d'autres émotions, moins fortes, peuvent néanmoins entraîner des réactions fort désagréables…

Un homme très sympathique

La dernière fibroscopie n'avait rien révélé d'anormal. Et les précédentes coloscopies et échographies s'étaient également montrées muettes. Pourtant le ventre particulièrement tendu de Jörg montre que ses douleurs épigastriques et abdominales ne sont pas imaginaires et correspondent à un dysfonctionnement bien réel.

Ses difficultés digestives datent de plusieurs mois. Au début, cet homme d'une cinquantaine passée, grand et au physique sportif, n'y avait pas prêté attention. Puis les douleurs après les repas l'avaient peu à peu dérangé au point qu'il avait dû s'acheter des pilules dans une pharmacie. Pour lui, qui ne prenait jamais de médicaments, le fait était d'importance. Cependant l'amélioration apportée n'avait pas été très significative. Certains jours, Jordan se sentait vraiment très gêné. Heureusement, les crises ne duraient pas très longtemps, au bout d'une heure ou deux il retrouvait généralement son tonus normal.

Une constipation était ensuite apparue, résistante, elle aussi, aux remèdes de confort conseillés par le pharmacien. Avec l'aide de sa femme, ce dynamique quinquagénaire avait essayé d'éliminer les aliments qui majoraient ses spasmes ainsi que tous ceux qui donnaient de l'aérophagie et pouvaient ralentir le transit. Toutefois cela ne s'était pas avéré suffisant pour endiguer les brûlures qui parfois le rongeaient durant de longs moments. C'est lorsqu'il fut contraint de s'allonger tellement les douleurs devenaient violentes que Jordan se résolut enfin à consulter.

Outre les dysfonctionnements digestifs, l'examen médical mit en évidence une tension un peu trop élevée et une légère perte de poids. Quelques difficultés de sommeil et de mémorisation furent également notées ainsi qu'une fatigue anormale. Différentes molécules furent prescrites. La présence d'une bactérie, l'*helicobacter pylori*, ayant été soupçonnée, par mesure de sécurité des antibiotiques spécifiques furent ajoutés aux précédents remèdes. « Grâce aux médicaments les douleurs sont nettement moins vives, mais j'ai l'impression que le mal s'étend car les moments d'accalmie deviennent de plus en plus rares dans la journée. Cette gêne constante agit sur mon humeur et je deviens désagréable !» commente Jordan en s'efforçant de sourire.

La silhouette de cet homme est particulière. Son abdomen est le siège d'une rétraction évidente qui entraîne presque une inversion de courbure de sa colonne lombaire. De toute évidence il souffre du ventre. Mais, malgré ce repli abdominal, ses épaules sont tirées en arrière et son cou est très érigé, comme s'il ne voulait pas perdre un millimètre de sa taille. Jordan montre ainsi les caractéristiques d'un homme fier. Sa tête, au front large et haut, est projetée en avant, ses mâchoires sont légèrement crispées et de petites rides verticales divisent son front au-dessus de son nez. De plus, sa respiration est courte et rapide. En résumé, ce cadre supérieur d'entreprise donne l'impression d'être tendu, en proie à d'internes tensions. Ses douleurs en sont-elles la seule cause ? Ne seraient-elles pas plutôt les conséquences d'importantes préoccupations ?

Mais Jordan refuse net d'évoquer ce qui, selon lui, n'a rien à voir avec ses ennuis digestifs. Le « psy », il laisse cela « aux intellos en mal d'existence », et il prévient qu'il ne faut pas l'ennuyer plus avant avec ces fariboles. Il s'entend bien avec sa femme et n'a pas de soucis d'argent puisqu'il vient d'être mis en préretraite avec un substantiel dédommagement. Ceci par suite de la fusion de son entreprise avec une autre. Lors de la restructuration de l'encadrement, il avait dû abandonner la direction de « son » bureau d'étude. « Mon homologue était légèrement plus jeune… et peut-être aussi plus facile à manier, bien que je sois plus expérimenté ! Mais ça, c'est de la politique interne, c'est autre chose ! » glisse-t-il en passant, recentrant ensuite le débat sur ses brûlures digestives.

Néanmoins Jordan estimait donc, dans son for intérieur, avoir été victime d'une injustice…

Un petit tour supplémentaire dans les circuits de nos neurones permettra de mieux comprendre les dysfonctionnements de cet ex-directeur, et comment il put retrouver un fonctionnement viscéral satisfaisant.

Après le choc…

Confrontés à un choc émotionnel, nous avons vu que le corps était en mesure de se mettre en état de défense d'une manière quasi immédiate par le biais du système sympathique. C'était la phase d'alarme.

Que se passe-t-il ensuite ?

STRESS PHASE 2

Le système sympathique décharge alors directement, dans les organes nécessaires à la résolution du conflit, une substance énergisante : la *noradrénaline.*

Si le stress est important, et selon le type d'émotion ressentie, ce sympathique système active ensuite deux centrales d'énergie situées au-dessus des reins : les *surrénales*. Celles-ci vont alors déverser directement dans le sang un renfort à la noradrénaline : c'est la « poussée d'*adrénaline* » bien connue.

Stimulées par ces molécules (qu'on regroupe sous le nom de *catécholamines*), les voies aériennes s'ouvrent au maximum pour laisser passer davantage d'air et faciliter l'évacuation du gaz carbonique tandis que la respiration devient courte et rapide. Parallèlement le cœur accélère son rythme et les vaisseaux se dilatent de manière à privilégier l'alimentation en sang des muscles et organes indispensables au combat. Ceci au détriment d'éléments moins concernés tels la rate, les intestins, les muscles lisses ou encore les glandes salivaires, ce qui nous rend la bouche sèche.
Dans un organisme sain, grâce à la production de divers *neuromodulateurs*, notre corps s'avère capable de maintenir son équilibre intérieur, tout en réagissant et en s'adaptant aux événements extérieurs. Ce processus complexe de régulation a été baptisé : « *homéostasie* » (Du grec *homoïos* : semblable, et *stasis* : qui demeure) par le physiologiste américain W. B. Cannon.

Lorsque la seule solution réside dans une action immédiate, notre corps, grâce à cette mobilisation, peut mettre à la disposition de nos muscles une énergie considérable. Dans des situations périlleuses, un incendie par exemple, des femmes aux corps frêles se sont ainsi montrées capables, tout en portant leurs enfants, de transporter sacs ou valises sur des distances importantes. Bagages qu'elles n'auraient pu soulever qu'avec de grandes difficultés en temps normal. Le tout en un temps record, sous le seul effet du psychisme.

Une fois le moment de stress passé, l'organisme, grâce à l'homéostasie, retrouve normalement son métabolisme habituel. Plus aucune trace ne persiste dans le corps, si ce n'est le souvenir, enregistré dans ses cartes mémoires.

Mais si une solution satisfaisante n'a pu être trouvée, notamment pour *l'ego*, en d'autres termes si l'on n'a pu honorablement « sauver la face », qu'arrive-t-il ?

Décisions

La réaction peut être une volonté de domination de l'événement, plus ou moins contrôlée. C'est ainsi le cas de la colère qui décuple les forces, mais qui parfois fait perdre tout « sang-froid ». Dans d'autres cas, la première impulsion sera de partir pour échapper au stress. Dans les pays de langue anglaise, on résume cette alternative par la formule : « *Fight or flight* », le combat ou la fuite.

En fait tout dépend des circonstances et du tempérament de chacun. Ainsi en cas de licenciement brutal ou de mise à la retraite prématurée, certains baisseront pavillon sans demander leur reste. D'autres encore, comme Jordan, n'acceptent pas d'être mis prématurément « au rencard », alors qu'ils s'estiment parfaitement capables de tenir leur poste. Intérieurement, ils essaieront de réagir à la situation qui leur occasionne un déplaisir ou les perturbe dans leurs habitudes de vie : « Le temps de la retraite plonge certaines personnes dans une sorte de prostration, de repliement sur soi… On se retrouve soudain en dehors, chassé de tout un monde…Le retraité se retrouve souvent seul, même en présence d'un conjoint… La perte de son environnement le laisse désemparé, comme dans un vide… Dans une vie où rien de particulier ne se passe, où chaque jour est identique, l'homme a vite fait de trouver l'existence insipide. Il s'installe dans la morosité », explique le docteur S. Bensabat, élève de H. Selye (18).

Certains hommes, jusque-là très occupés par l'encadrement de multiples activités, se retrouvent à la maison, que leurs épouses sont depuis longtemps habituées à diriger. La présence simultanée de deux personnes ayant l'habitude de commander et de se faire obéir engendre parfois des situations conflictuelles difficiles.

Toutefois, les mises « au rencard » prématurées ne sont pas les seules circonstances susceptibles d'entraîner ce type d'exaspération. Les menaces de licenciement, les mutations non désirées, la mauvaise foi, les réprimandes injustifiées, les dépossessions, spoliations, saisies, amendes, procès-verbaux, impositions, taxations abusives, majorations, pénalités, privations de jouissance ainsi que toutes formes d'injustices déclenchent, chez la plupart des individus normalement constitués, des réactions plus ou moins intenses.

Devant ces situations, ressenties comme des agressions qu'on ne peut que subir, certains vont alors bouillir intérieurement et accumuler rancœur et colère. Et ceci d'autant plus que, comme Jordan, par honte ou fierté, ils ne parleront de leur stress à personne. Seul leur comportement, devenant plus acide, plus maussade, trahira leur amertume profonde.

Sous pression...

La colère, bien qu'intériorisée, va entraîner la stimulation continue du système sympathique. La libération prolongée de *catécholamines* qui en résultera aura pour effets d'augmenter la fréquence cardiaque et d'élever la tension sanguine. Des états de stress persistants sont accusés d'entraîner de l'hypertension, principalement lorsque la réactivité du sujet est importante.

Lorsqu'elle se prolonge, l'alimentation sanguine favorisée du cœur, du cerveau et des muscles au détriment de la digestion, entraîne la privation en sang, donc un dysfonctionnement, des viscères abdominaux. Par ailleurs, le système sympathique contracte les fibres lisses du tube digestif, d'où les sensations de spasmes de l'œsophage ou de l'estomac. Il diminue la contraction de la vésicule biliaire et ralentit le transit intestinal, source de constipation.

Le pancréas peine à essayer de maintenir le taux de sucre sanguin nécessaire à la suractivation cérébrale. En effet le cerveau est extrêmement gourmand en énergie. Chez un adulte, il brûle à lui seul dix fois plus d'oxygène que le reste du corps. Normalement, les cellules grises se reposent la nuit, mais les ruminations, le petit vélo mental qui n'arrête pas de tourner, nuisent à la qualité du sommeil. D'autant plus que la *noradrénaline* sécrétée maintient le corps en éveil. La fatigue, puis l'épuisement cérébral, entraînent alors celui du pancréas. La souffrance muette de cet organe provoque l'installation d'une rétraction tissulaire réflexe.

Le stress est souvent mis en cause dans les apparitions d'ulcères gastro-intestinaux. Il serait également à l'origine du fréquent *syndrome du côlon irritable*. D'autres maladies digestives comme la *maladie de Crohn* ou autres recto-coliques hémorragiques peuvent également en découler, même chez les jeunes.

Les troubles ressentis par Jordan semblent donc bien provenir de ce que, psychologiquement, il n'avait pas « digéré ». Comme si l'amertume et l'acidité, qu'il sécrétait à l'insu de tous, lui rongeaient l'intérieur. « Les colériques sont généralement des personnes volontaires, résistantes, stoïques, qui souffrent sans se plaindre et qui ne vont chez le médecin que lorsqu'ils ne peuvent faire autrement. Leurs manifestations pathologiques les plus fréquentes sont l'hypertension et l'ulcère d'estomac, mais ils ne sont aucunement à l'abri d'autres maladies psychosomatiques comme l'eczéma, l'asthme, l'infarctus, etc. » résume le docteur R. Abrezol, professeur *honoris causa* de la faculté de Bogota (19).

Rage lointaine

Un ingénieur, Rudolf, confiait un jour que le simple fait d'apercevoir un homme en uniforme le mettait hors de lui, sans qu'il comprenne pourquoi, n'ayant jamais eu de démêlés avec aucun d'entre eux. Il disait, en souriant, avoir adopté la célèbre phrase d'A. Einstein : « Je méprise celui qui peut, avec plaisir, marcher au pas cadencé... Ce ne peut être par erreur qu'il a reçu un cerveau, une moelle épinière lui suffirait amplement » (20). La vue des représentants de la maréchaussée, tout particulièrement, le mettait dans une rage interne telle que, malgré sa bonne éducation, il redoutait de commettre à leur encontre un acte répréhensible s'il devait simplement être arrêté pour un contrôle de routine...

Lors d'une plongée mentale dans les profondeurs de ses cellules, il lui revint en mémoire que lorsqu'il était tout petit, un gendarme était venu apprendre à sa mère le décès accidentel de son mari. Ayant assisté à l'entretien, dans son esprit, la mort de son père s'était associée à l'image des gendarmes, puis à tout porteur d'uniforme...

Pour bien des personnes, la colère apparaît comme un exutoire qui leur permet d'évacuer le stress. Si elle procure un soulagement certain à celui qui l'exprime, en général, ceux qui doivent en subir les éclats n'en tirent pas le même bien-être. Aussi, des entreprises japonaises ont-elles estimé préférable de mettre des mannequins que l'on peut frapper à la disposition de ceux qui souhaitent se défouler de cette manière.

Toutefois, des accès de colère fréquents ont des effets particulièrement nocifs. Selon des chercheurs de l'université de Harvard, la colère est l'émotion la plus fréquente avant un accident cardiaque grave. Chez les personnes atteintes d'une fragilité du cœur, le risque serait 2 à 3 fois plus élevé pour les colériques, d'où une espérance de vie raccourcie.

Aussi est-il préférable d'apprendre à contrôler ses réactions.

Les 5 principes de la sérénité

Comme pour les accidents physiques, les mêmes règles s'appliquent. La voie publique permet quelques analogies…

Premier principe : anticiper.

Ne pas se placer dans des situations où le risque est important. Lors des départs en vacances, pour éviter un accident, on évite de prendre la route aux moments de circulation dense. De manière identique, il est préférable d'éviter les sujets propres à déclencher des conflits. Et, si l'on ne peut faire autrement, mieux vaut préparer favorablement la personne qu'on doit affronter.

Deuxième principe : se comporter le plus souplement possible.

Autrement dit ne pas démarrer au quart de tour. Éviter autant les coups d'accélérateur que les freinages brutaux.

Savoir prendre des décisions rapides est quelquefois fort utile. Ne pas s'emballer l'est tout autant, afin de prendre du recul pour rassembler toutes les données du problème.

Troisième principe : dominer ses émotions.

Petit exemple : Un homme, les pensées dans ses échéances du lendemain, vient d'avoir un accrochage en voiture. L'incident est sans gravité, mais en disant à sa femme : « J'ai eu un accident, "mon" avant gauche est enfoncé », il s'identifie à son véhicule… et en souffre. Cette attitude néfaste à la santé se nomme *l'association.*

L'attention détournée par la vue d'un splendide spécimen de la race masculine qui déambulait sur le trottoir, une femme ne voit pas le coup de frein du véhicule qui la précède et l'emboutit assez fortement. En rentrant chez elle, elle dira à son mari : « Chéri, la voiture qui me précédait a freiné si brusquement que je n'ai pu l'éviter tout à fait. Rassure-toi, je n'ai rien, mais le capot de l'auto ne ferme plus aussi bien. Il faudrait peut-être la conduire chez le carrossier. Peux-tu t'en charger ? » Cette femme, considérant son véhicule comme un objet différent de son corps, n'est donc pas atteinte. Cette *dissociation* n'affectera pas son état de bien-être. Certains savent très bien cultiver ce flegme, inné chez les Britishs, n'est-il pas ?

Quatrième principe : éviter les mauvais coups.

Pour cela il est préférable de ne pas soi-même préalablement en porter et de ne pas afficher un comportement agressif. L'indifférence feinte vis-à-vis de l'élément conflictuel constitue aussi une des meilleures techniques d'esquive.

Supposons un automobiliste hargneux qui, pour provoquer, montre un majeur dressé en l'air. Regarder ostensiblement ailleurs ou afficher le plus beau des sourires provoque une frustration intense chez l'agresseur. Un peu comme un coup de poing qui, suite à une esquive, ne trouve que le vide et déséquilibre ainsi celui qui l'a envoyé.

Cinquième principe : apprendre à encaisser.

Malgré toutes les précautions, la vie nous envoie parfois des coups qui mettent nos bons principes ou notre ego à rude épreuve. Il ne faut pas pour autant se laisser abattre.

Parfois, froisser un petit morceau de tôle automobile perturbe de nombreux conducteurs au point de les empêcher de dormir. Les cascadeurs automobiles qui, quotidiennement, démolissent de nombreux véhicules ne souffrent pas des mêmes affres.

S'il n'est pas toujours aisé de se préparer mentalement aux chocs émotionnels, il est possible d'utiliser cette « technique du cascadeur » après les stress. Plutôt que de chercher à les enfouir dans les profondeurs de notre oubli ou de noyer le chagrin dans l'alcool, il est souvent préférable de revivre mentalement le choc :

– en le dédramatisant quand cela reste possible. La remémoration fréquente amène alors une accoutumance qui le rend plus acceptable ;

– en visualisant toutes les issues favorables et en recherchant les moyens d'y parvenir ;

– ou en le sublimant pour en tirer une leçon positive de vie.

Ne pas se complaire dans le malheur mais se mettre en harmonie avec la joie, le sourire et la gaieté constitue un des meilleurs moyens de reprendre pied après un drame.

Si les psychotropes peuvent, le cas échéant, nous aider à passer un mauvais cap, apprendre à percevoir comment notre organisme se comporte sous la charge émotionnelle nous donne la possibilité de mieux en contrôler les conséquences. En effet, bien qu'ils ne nous touchent pas physiquement, les coups psychiques nous atteignent et notre corps se trouve vite perturbé dans sa structure et ses fonctions.

Inscriptions dans les tissus

Une des premières manifestations physiques est la modification de la respiration. Dans un premier temps celle-ci s'amplifie, puis devient très vite plus courte et plus rapide. Si le stress persiste, le diaphragme va peu à peu se rétracter. L'amplitude pulmonaire se réduira, ce qui nuira à la bonne oxygénation du sang, d'où une fatigue accrue, laquelle amenuisera nos capacités de résistance.

En dehors de ce muscle en forme de parapluie, qui sépare le thorax de la cavité abdominale, certaines zones sont le siège préférentiel de rétractions. Ce sont les plexus nerveux, constitués de ganglions de cellules du système neurovégétatif. Leurs 100 millions de neurones ne semblent pas qu'avoir un rôle de transmission des informations en provenance du cerveau. À propos de ceux qui commandent la sphère viscérale, le professeur M. Gershon de l'université de Columbia (New York) commente : « S'il n'y a pas de preuve que le système nerveux entérique éprouve des émotions, il est évident qu'il en provoque » (22). Les expressions du langage courant traduisent ces tensions universellement perçues :

Plexus cervical : « Ça, il n'a pas réussi à me le faire avaler ! » ou bien « Ce qu'il m'a dit m'est resté en travers de la gorge ! »

Plexus cardiaque : « J'en ai gros sur le cœur. »

Plexus solaire : « Ce qu'il m'a reproché m'est resté sur l'estomac ! »

Plexus hypogastrique, comme Jordan : « Je ne l'ai pas digéré ! » Comme si le stress, ne pouvant s'évacuer mentalement, restreignait également l'élimination intestinale.

Des densifications pourront aussi se constituer à l'intérieur du bassin à la suite de dysfonctionnements sexuels. La déambulation des rétractés du plexus pelvien est tout à fait évocatrice, notamment lors de footings.

On verra aussi des rétractions frontales apparaître chez ceux qui, à l'instar de Jordan, doivent « affronter, faire front». Les personnes ayant subi des chagrins affichent aussi un faciès bien caractéristique. La hargne, l'amertume se lisent également sur le visage et déforment les traits.

Chaque émotion se traduit physiquement par un modelé particulier qui affecte les muscles de l'expression, le corps aussi bien que le timbre de la voix. Qui ne sait, dès le premier « Allô ! » au téléphone, discerner l'état psychique de celui qui répond ? Chaque partie de nous-même semble bien avoir son expression émotionnelle. Notre corps parle et crie parfois sa souffrance, même si ce n'est que la bouche qui émet des sons. Nous n'attribuons généralement qu'à nos seules cellules grises la possibilité de ressentir des émotions. Est-on certain de l'insensibilité des autres ? Ne sont-elles que de la chair ?

Si quelqu'un se tord brutalement la cheville, ce sont certes ses cordes vocales qui poussent le cri de douleur, information transmise par le système nerveux depuis les capteurs ligamentaires. Mais qui a souffert sinon les cellules violemment étirées ?

Traditionnellement, on ne considérait les transmissions neuronales que comme de simples conductions électriques ou chimiques. Actuellement, une autre approche se fait jour, dérivée des sciences psycho-comportementales. Les médiateurs chimiques agiraient comme des messages intercellulaires : « Le cerveau parle aux glandes et à l'immunité, et vice versa », affirme le professeur R. Dantzer, du CNRS de Bordeaux (22). Les opinions des scientifiques et philosophes semblent ainsi se rapprocher : « Mieux on connaîtra les fonctions psychologiques dans le détail, meilleure sera la mise en correspondance avec l'approche neurobiologique », répondait J.-P. Changeux, professeur au Collège de France et membre de l'Académie des Sciences, à P. Ricœur, professeur aux universités de Paris et Chicago (23).

L'observation d'un organisme unicellulaire muni de cils vibratiles ou de flagelles montre qu'il peut se diriger pour s'approcher de la proie qu'il a repérée. Dérangé par un intrus, il peut éventuellement s'en éloigner, preuve de sa sensibilité. Ainsi que le note F.J. Varela, spécialiste en biologie de l'université de Harvard et professeur de neurosciences à la Fondation de France : « Ceux qui ont étudié les bactéries n'hésitent pas à utiliser les termes de comportement, de perception et d'instinct » (24). Si l'on admet que des organismes aussi simples sont des êtres sensibles, les cellules humaines ne le seraient-elles pas tout autant ? Dotées de mémoire, ne pourraient-elles pas garder la trace des émotions?

On comprendrait mieux les expressions : « En avoir plein le dos ! C'est lourd à supporter ! » Ou la baisse d'audition de ceux qui « ne veulent rien entendre ». Et si les aléas de la vie s'inscrivent dans le sein de chacune de ses cellules, ces marques pourraient donc en modifier l'évolution.

Selon les praticiens de médecine chinoise, chaque type de stress pourrait affecter tel ou tel organe. Les soucis blesseraient la rate, la tristesse affecterait les poumons, la peur entraverait le fonctionnement des reins... Et, à l'inverse, la perturbation de chaque organe engendrerait un état émotionnel particulier. Ainsi le dysfonctionnement du foie provoquerait un état anxieux et la mauvaise vidange de la vésicule biliaire une tendance colérique (curieusement le mot colère provient du latin *cholera* qui désigne l'excès de bile...).

Ces assertions, jusqu'alors considérées par beaucoup comme d'aimables ésotérismes, pourraient bien s'avérer un immense champ de recherches. Plus d'une vingtaine de médiateurs chimiques qu'on pensait n'être sécrétés que par le cerveau – telle la *sérotonine* qui intervient dans nos états d'âme – seraient produits aussi par les viscères.

Se libérer des empreintes émotionnelles

La respiration étant une des premières fonctions modifiées, maintenir la possibilité d'aérer convenablement nos cellules s'avère primordial.

QUELQUES INSTANTS D'APAISEMENT

Dans une atmosphère calme, commencez par fermer les yeux. Puis observez la respiration, sa localisation… son rythme… son amplitude, sa régularité. Elle vous indiquera la manière dont vous utilisez l'énergie de ce comburant qu'est l'oxygène. Prenez conscience des endroits où l'inspiration est aisée et de ceux qui apparaissent comme bridés. Afin de libérer ces freins, ces entraves à votre vitalité, utilisez les phases d'expiration.

Puis, tout doucement, laissez s'étendre le relâchement depuis les zones les plus libres vers celles qui semblent plus rétractées. Continuez en gagnant peu à peu du terrain et observez le changement au fur et à mesure qu'il s'opère.

Suivez intérieurement la décontraction, en l'aidant avec votre respiration. Elle vous conduira spontanément vers les endroits de tension.

Certaines zones vous sembleront de véritables nœuds que vous aurez parfois du mal à défaire. Avec un peu d'entraînement, vous ressentirez vite ce qui se cache dans ces densifications tissulaires. Un chagrin enfoui, une colère remonteront alors parfois à la surface.

Une fois ces sentiments évacués, peu à peu vous percevrez le calme vous envelopper. Le corps donne alors l'impression d'être une unité, que toutes ses parties sont liées. La respiration devient plus ample et plus profonde. Une très douce sensation de bien-être envahit l'organisme.

On peut alors reprendre lentement le tonus habituel en bougeant un peu les mains, les pieds et en ouvrant les yeux.

Jordan prit conscience des empreintes laissées dans son corps par le « dégraissage professionnel » qu'il avait subi. Mais surtout qu'il sécrétait lui-même – par ses ruminations envers son ex-entreprise et celui qui lui avait pris « sa » place – l'acide qui lui rongeait l'estomac et perturbait son fonctionnement viscéral.

Pratiqués 2 fois par jour, les quelques instants d'apaisement entraînèrent rapidement un premier relâchement des tensions physiques. Le retour à la normale de sa respiration lui apporta, par une meilleure oxygénation, un plus grand contrôle du mental. Libérer son esprit de la colère qui l'obnubilait lui permit de voir plus clair.

Plutôt que de se heurter à chaque moment de la journée à ce qui était désormais inéluctable, il décida de relativiser l'obstacle. Notamment en dissociant son existence de celle de son ex-entreprise. « Après tout, qu'ils se débrouillent, c'était désormais leur problème, plus le mien ! » De petites plongées intérieures au plus profond de lui-même vers ses zones de somatisations lui permirent d'accélérer leur déprogrammation. Le conflit interne qu'il entretenait jusqu'alors commençant à s'éliminer, ses viscères se remirent à fonctionner plus correctement.

Se sentant légèrement mieux, il intégra une équipe de passionnés de vélo. Une, deux puis trois randonnées par semaine, au fur et à mesure de ses possibilités physiques, dans une ambiance de copains, lui vidèrent la tête de ses préoccupations. Et lui donnèrent l'occasion de parler. Les ruminations firent place aux échanges amicaux où les problèmes prenaient toujours une coloration humoristique. Ses dernières crispations internes vis-à-vis de ceux qui l'avaient licencié s'atténuèrent, il n'y attachait plus autant d'importance. Dans les mois qui suivirent, sa tension revint à des chiffres meilleurs.

Un petit programme de restructuration de sa posture lui apporta l'opportunité d'effacer les stigmates laissés par son stress. Et l'exercice physique lui permit d'éliminer son embonpoint. Il retrouva non seulement son poids antérieur, mais une meilleure forme, des muscles toniques. Ses abdominaux se resculptèrent. L'image qu'il avait de lui-même redevenant positive, il s'engagea désormais dans le plaisir de découvrir et de pratiquer de nouvelles activités.

Bien que d'esprit résolument cartésien et plus que sceptique quant à l'homéopathie, Jordan fait preuve d'ouverture d'esprit en souhaitant l'essayer « pour voir ! ». Sans que nous puissions encore clairement comprendre de quelle manière elles agissent, les petits granules semblent en effet parfois aider. Que risquons-nous à les essayer ?

Attention toutefois, chaque moyen d'aide proposé ne doit intervenir qu'après élimination, par un diagnostic médical, de toute pathologie.

HOMÉOPRATIQUE

A toujours raison : Abiès pectinata
Agitation perpétuelle : Aucuba japonica
Agressivité fréquente, animosité : Xanthinum
Angoisse occasionnelle, avec oppression : Aconit
Anxiété d'anticipation : Gelsémium
Amertume, ressentiment : Zirconium oxydatum
Après choc émotionnel violent : Viburnum lantana, Arnica
Bougonne sans cesse : Aspergillus flavus
Chagrin : Artémisia cina
Colère avec douleur abdominale : Colocynthis
Critique tout : Viscum pruni
État de spleen : Zicum oxalicum
Hyperémotivité : Ignatia
Hypersensibilité : Chamomilla
Idéation incessante : Phosphorus
Impatience : Vénus mercenaria
Incertitude, indécision, instabilité : Aurum
Libido insuffisante : Armoracia rusticana
Manque de concentration : Ascophyllum nodosum
Obsession : Orchis maculata
Passe du rire aux larmes : Tyrosinum
Préparation aux épreuves difficiles : Zincum phosphoricum
Pressions trop importantes : Zirconium nitricum
Rage interne, non exprimée : Vanilla planifolia
Recherche d'apaisement : Tillia tomentosa
Rigidité mentale : Asimina triloba
Ruminations incessantes. Sans joie : Zizia auréa
Tempérament emporté : Nux vomica
Toujours craintif, peur de tout : Winter
Violence fréquente : Hordéum germinatum

Les dilutions recommandées sont généralement de 30 CH à raison de 5 granules 2 à 3 fois par jour. Ce type de trouble peut survenir après un traumatisme, sur la tête par exemple ou après l'inhalation, l'ingestion ou la manipulation d'un toxique.

Dans tous ces cas il convient d'abord d'éliminer la cause. La consultation d'un praticien qualifié en psychothérapie et formé à la pratique homéopathique holistique permettra de mieux cibler le ou les remèdes qui conviennent.

Si des réactions émotionnelles un peu trop vives peuvent nous perturber, d'autres types de stress, beaucoup plus fréquents, s'inscrivent aussi dans l'histoire de notre corps. Nous paraissant anodins par leur banalité, ils sont d'autant plus perfides et destructeurs…

À PROPOS D'HENRY

Les douleurs cervicales dont Henry se plaignait depuis des années devenaient apparemment de plus en plus pénibles à endurer. « Auparavant chaque mouvement occasionnait des craquements, mais à présent, quand je tourne la tête, j'éprouve par moments des élancements violents, aigus comme des décharges électriques ! Comme je n'ai que 48 ans, que vais-je devenir si mon arthrose continue à progresser ?» s'inquiète cet homme d'apparence frêle, tout en s'efforçant de sourire.

Toujours penché sur ses dossiers, soumis à une importante pression de travail, Henry devait s'étirer souvent les muscles du cou pour diminuer les contractures. Mais, au fil du temps, malgré ces mouvements, ses tensions s'étaient peu à peu transformées en brûlures et il avait dû consulter.

Les antalgiques et anti-inflammatoires alors préconisés étaient facilement venus à bout de ces désagréables symptômes. Malheureusement, des douleurs à l'estomac étant survenues peu après, il s'était avéré nécessaire d'envisager une solution complémentaire. « Comme j'avais déjà tendance à me voûter, des massages et de la rééducation me furent alors prescrits. Durant quelques années, grâce à un entretien régulier et une prise modérée de médicaments, j'ai pu supporter mes misères ! » commente-t-il en se passant la main sur la nuque, et toujours en souriant.

Puis, lors d'un examen de routine, des analyses mirent en évidence un excès de cholestérol. Il dut alors ajouter d'autres molécules pour en réduire le taux. Des difficultés de sommeil apparurent également, attribuées à un état de stress important. Bien qu'atténuées par l'augmentation des anxiolytiques, elles aggravèrent l'état de fatigue.

Affaibli, Henry devint plus sensible à chaque microbe ou virus qui passait près de lui, bien qu'il mît un point d'honneur à ne s'arrêter qu'à la dernière extrémité. Vaccins antigrippe et antibiotiques fréquents devinrent nécessaires.

Sa vitalité diminuant, peu à peu ses douleurs se firent à nouveau trop présentes malgré une reprise plus soutenue des séances de kinésithérapie. Il essaya la chiropractique, puis la mésothérapie, mais sans résultat durable.

À présent, souffrant en permanence, n'arrivant plus guère à trouver de soulagement malgré les médicaments, ayant fait le tour des pratiques officielles ou non, et surtout constatant que son mal ne fait qu'empirer, Henry est manifestement, et malgré son sourire, en proie à un désarroi profond.

Les mouvements cervicaux mettent en évidence des amplitudes nettement limitées et les radios confirment une importante arthrose, sans qu'un niveau particulier soit plus touché qu'un autre. Ses clichés, tout comme son apparence générale, laissent croire à un âge beaucoup plus avancé que ce qu'il annonce.

Son teint est terne, ses yeux sont entourés de ridules, qui parsèment aussi son visage dont les traits sont creusés. Son cou semble complètement disparaître entre des épaules enroulées vers l'avant, avec un dos arrondi, comme s'il voulait se protéger de quelque menace, éviter que le ciel lui tombe sur la tête.

Pourtant son regard est clair, son sourire affable et ses pieds légèrement tournés vers l'extérieur. Son repli en lui-même ne correspond donc pas à sa propension naturelle d'ouverture vers le monde extérieur. Qu'est-il donc arrivé à cet homme pour qu'il se rentre autant la tête dans les épaules ? À quelle pression constante a-t-il pu être soumis ?

Avant de lever le voile sur le passé d'Henry, un autre petit tour à l'intérieur du corps nous permettra de mieux comprendre ensuite l'origine de ses ennuis.

Le troisième souffle

Lorsque nous sommes soumis à un stress persistant, et plus particulièrement quand celui-ci engendre la peur ou la crainte, d'autres préparatifs s'organisent dans notre cerveau pour nous permettre de résister.

STRESS PHASE 3

La direction opérationnelle des émotions, *l'hypothalamus,* envoie des messagers chimiques (*tels le CRF ou Cortico-Releasing-Factor)* activer la partie antérieure de notre centrale énergétique, *l'hypophyse.* Protégée dans une sorte de bunker osseux, à quelques centimètres derrière le nez, celle-ci va alors déverser dans la voie sanguine des *hormones* (du grec *hormaô* : exciter) qui vont stimuler tout un ensemble de glandes endocrines. Ceci de manière extrêmement variable selon le tempérament de chacun, sa vitalité, le type de stress et de multiples facteurs que le corps intègre automatiquement ; comme la température ambiante par exemple. L'objectif étant de faciliter la meilleure réaction possible de l'organisme vis-à-vis de l'agression.

Ainsi, stimulée par l'hormone hypophysaire, la partie externe (ou *corticale*) des glandes surrénales va sécréter différents *corticoïdes.* Certains, comme *la cortisone*, dans le but d'éteindre les inflammations pouvant résulter du conflit et d'atténuer d'éventuelles douleurs. D'autres auront pour but de constituer une réserve d'énergie disponible pour nos muscles. Pour cela ils vont rendre possible une synthèse du glucose à partir des protéines et son stockage dans le foie,

Le pancréas augmentera sa production de *glucagon* et réduira *l'insuline.* Ce qui permettra la libération progressive et contrôlée du glucose dans le sang en fonction des besoins, mais aussi sa reconstitution à partir du sucre provenant de l'alimentation ou des réserves adipeuses.

En réalité, l'adaptation physiologique au stress est considérablement plus complexe et fait intervenir simultanément de nombreux médiateurs. Néanmoins l'emploi de ces simplifications schématiques permet d'aborder plus commodément la manière dont notre organisme réagit.

Face à cette pression émotionnelle constante, l'individu va rechercher à retrouver son confort antérieur...

Confrontés à l'adversité

Certains, sortant de la situation défavorable où ils se trouvaient, arrivent à rebondir et se lancent avec succès dans de nouvelles occupations, nettement plus agréables. L'adaptabilité, la souplesse sont des facteurs de réussite.

Réussir à franchir ces épreuves amène toujours une grande satisfaction. Et plus le combat est difficile, plus le bonheur procuré est grand. On sait que ce sentiment de bien-être correspond à la production de médiateurs chimiques euphorisants comme les *endorphines*.

Dans tous ces cas heureux, la physiologie revient alors, peu à peu, à la normale. La sécrétion de cortisol diminue, la stimulation du système sympathique fait place au parasympathique et le calme revient. Le corps s'est enrichi d'une nouvelle expérience.

À l'inverse, si l'épreuve n'offre, *a priori*, que peu de chances d'être maîtrisée avec succès, la fuite représente alors souvent une réaction quasi instinctive. Elle peut survenir avant même toute confrontation. Ce peut être l'expression d'une peur ou l'aboutissement d'une stratégie réfléchie, l'adoption de ce qui paraît être le meilleur choix. Par exemple, devant une menace de guerre ou de misère, il en est qui préfèrent changer de pays pour éviter d'avoir à souffrir physiquement ou moralement. Devant une situation difficile, certains « tourneront casaque » et préféreront d'emblée la démission, le divorce, le départ, l'abandon.

Mais il est des cas où l'on ne peut ni dominer le problème, ni fuir sans dommages. Par exemple, lorsque les épreuves quotidiennes se multiplient et que l'on est obligé de les subir...

Sous les coups répétés

De nombreuses situations peuvent engendrer des états de tensions internes. Les responsabilités trop difficiles à assumer, les changements fréquents de poste de travail, les mauvais résultats scolaires des enfants, les ennuis de santé des proches, des charges financières trop lourdes, la pression fiscale, les multiples imprimés à remplir, les délais à respecter, des travaux mal effectués… et de nombreux conflits du travail ou du couple.

Confrontée à des injonctions, taxations, amendes, charges, reproches insidieux, récriminations, mesures vexatoires ou déconsidérations, chaque personne en situation de harcelée va subir, jour après jour, semaine après semaine, mois après mois, la pression incessante du stress.

Vue de l'extérieur, en dehors de son contexte, chaque contrainte ou contrariété semble quantité négligeable, bien insuffisante pour altérer la santé. Pourtant, analogues à des coups d'aiguilles ou de canifs qui s'additionnent sans laisser le temps de cicatriser, ces multiples petites plaies émotionnelles peuvent, à la longue, blesser l'âme et faire mal, de plus en plus mal.

Le comportement va alors se modifier et ceci d'autant plus que, sous l'addition de ces blessures, la personne stressée s'affaiblit et devient de plus en plus vulnérable. Comme sous les coups d'un boxeur, il faudrait pouvoir alors souffler, reprendre un peu de repos pour se ressourcer. Mais ce n'est pas toujours possible. Ainsi, au travail, devant la baisse de rendement et la moindre combativité du stressé, certains cadres croiront les stimuler en augmentant davantage la pression psychologique : c'est le *pressing,* dont évidemment beaucoup ressortent complètement lessivés. D'autres supérieurs, percevant l'épuisement moral de leur souffre-douleur, multiplieront les phrases blessantes, sauf en public où ils présenteront alors le plus policé des visages. Dans son best-seller, M.-F. Hirigoyen, spécialiste en psychothérapie, a dressé le portrait-robot de ces tortionnaires du mental (25).

Fatiguée, exténuée sous les invectives, la personne harcelée est tentée de se débarrasser de cette pression constante en réagissant violemment. Cela la soulagerait, certes, mais après ? Au bureau ou dans l'entreprise, le harceleur se vengera, ce qui aggravera immanquablement la situation. Et ceci d'autant plus que ces bourreaux des temps modernes – eux-mêmes parfois contraints à ce rôle par leurs supérieurs – profitent de leur supériorité hiérarchique.

Comment fuir alors le stress, sans « perdre la face » ?

Pour certains, tomber malade représente alors un double avantage :

– ce n'est pas une lâcheté, puisque la maladie est considérée dans notre société comme un impondérable. Ainsi, pendant la Seconde Guerre mondiale, des pilotes soumis à un important risque de mort auraient développé des affections qui les empêchaient de voler ;

– attirant la pitié, la maladie permet de retourner la situation. On ne peut décemment continuer à enfoncer celui qui souffre, ni lui refuser de l'aide.

Ces apparitions de dysfonctionnements du corps sous l'influence de la perturbation psychique constituent des *somatisations*. Le déroulement de la vie d'Henry va nous permettre d'en aborder un des mécanismes…

Début de carrière

Au sortir de ses études supérieures, le jeune homme se retrouva dans un bureau, à un poste de responsabilité, devant satisfaire à la fois le public et les résultats exigés par ses supérieurs. Après avoir été confronté à de nombreuses difficultés, inhérentes selon lui à une organisation obsolète, Henry avait proposé une réorganisation du service qui lui avait été confié.

Venant de la part d'un jeune, ces changements, qui bouleversaient des habitudes depuis longtemps établies, n'avaient pas été acceptés par ses subordonnés. « Pour bien me montrer qui commandait dans le service, tous les dossiers furent désormais retardés. Un ou deux points de détail – imparfaits, il est vrai – de ma nouvelle organisation servirent de prétexte aux récalcitrants pour prendre les usagers à témoin. Les plaintes du public affluèrent auprès de mes supérieurs et s'ajoutèrent aux protestations des employés », commente Henry.

Aussi sa hiérarchie avait-elle aussitôt désavoué le jeune cadre. À peine commencée, sa carrière, qu'il s'était imaginée brillante et justement récompensée par l'imagination et les efforts qu'il était prêt à poursuivre, s'était brisée net. Dans un service subalterne où il s'était vu relégué, ses nouveaux subordonnés, vite informés de sa disgrâce, ne lui rendaient pas la vie facile. Tout était discuté ou effectué en traînant les pieds et avec des sourires moqueurs. Il devait batailler pour faire appliquer chaque directive de ses supérieurs et encaisser ensuite les reproches de ceux-ci. Le stress était permanent.

Henry aurait pu démissionner et retrouver un autre emploi où sa bonne volonté eût été plus appréciée. Mais des circonstances parallèles rendaient cette éventuelle réorientation impossible…

Peu après son entrée dans la vie active, le jeune homme avait appris qu'il serait bientôt papa, suite à une inattendue panne de contraception de son amie. Bien que la pilule eût été difficile à avaler, Henry s'était cru obligé d'accepter l'officialisation de leur union. À vrai dire, il n'avait su comment se sortir autrement de cette situation, sa compagne ne lui ayant guère laissé le choix…

Pour héberger convenablement le bébé, son épouse décida aussitôt d'acheter une maison. Certes les mensualités seraient lourdes, mais Henry n'était-il pas au début d'une carrière prometteuse ? Et comment résister à une femme aussi énergique, qui savait si bien prendre les choses en main ?

L'effet domino

Lorsqu'il fut déplacé de son poste, le jeune homme espéra longtemps qu'un supérieur étudierait avec objectivité le dossier qu'il avait rédigé pour se justifier, et le rétablirait dans sa fonction. Aussi, dans cet espoir et ne voulant pas occasionner de déplaisir à sa femme, il s'était abstenu de lui parler de sa mise à l'écart. D'autant que celle-ci n'aimait pas être ennuyée avec les problèmes de bureau. En maîtresse de maison, seuls les aménagements de leur cadre de vie comptaient. Et pour cela il fallait de l'argent. Très vite, elle s'aperçut que celui-ci n'arrivait pas conformément au plan de carrière espéré.

Les premiers reproches fusèrent. Mise au courant par des femmes de collègues bien intentionnées, son comportement changea. Les griefs prirent le pas sur les petits câlins. Tout devenait prétexte à critiques acerbes. Les avantages de ses amies étaient soulignés, commentés, les changements de garde-robe ou de décoration intérieure des uns, le voyage des autres, la nouvelle voiture des troisièmes… Et, pour bien marquer sa déconsidération envers son mari, elle le contredisait en tout.

Au début, Henry essaya de discuter gentiment, mais aussitôt sa femme élevait la voix ou fondait en larmes. Chaque soir, il avait le choix entre deux spectacles : « La soupe à la grimace » ou « Cris et hurlements ». Ayant suffisamment de problèmes à régler au bureau, recherchant avant tout la paix, et comme de toute façon son épouse aurait toujours raison, il préféra vite fuir toute source de conflit supplémentaire. Pendant des années il encaissa, s'abstenant bien de répliquer. Bien que blessé, il n'en disait mot à personne et essayait d'afficher l'image de l'optimisme. Sa souffrance était interne.

Comme la chute d'un domino entraîne en cascade celle de tous les autres, le déséquilibre de son emploi avait provoqué la dégradation de leur climat familial, puis l'écroulement de son bien-être intérieur. Il allait aussi se répercuter sur son état de santé.

Sous la pression du malaise quotidien

Lorsqu'il put se libérer de ses émotions enfouies, la succession des symptômes ressentis par Henry fut aisée à reconstituer :

À force de courber l'échine, en quelques années, du beau jeune homme élancé qu'il était lors de son mariage, Henry se voûta peu à peu. Comme une tortue rentre la tête dans sa carapace, pour éviter les coups de griffes de son épouse aussi bien que les reproches sur son lieu de travail, il recroquevilla instinctivement la tête dans les épaules. Sa respiration perdit de son amplitude. Le diaphragme se rétracta, projetant son ventre en avant, distendant les muscles abdominaux. Son sang étant moins oxygéné, Henry devint plus fatigable.

Son éducation, son intégrité morale l'empêchaient de fuir en prenant des arrêts de travail. Coûte que coûte, il tint bon. Son cou devint alors le lieu d'expression du conflit entre la charge émotionnelle permanente qui lui faisait ployer la colonne dorsale et le désir de redresser la tête malgré l'adversité. Le tout majoré par l'effet du repli en lui-même.

Soumis à ces contraintes, les cartilages articulaires cervicaux d'Henry se dégradèrent rapidement, d'où l'installation d'une rétraction tissulaire ayant pour objet la mise au repos de la région douloureuse. Cette demande du corps ne pouvant être accordée, le spasme réflexe augmentait la compression, d'où une souffrance plus grande encore.

La spirale infernale s'amplifiait inexorablement, d'autant plus que le stress chronique, épuisant la sécrétion d'hormones, engendre une exacerbation des phénomènes douloureux. En diminuant l'absorption intestinale du calcium, il contribue à la déminéralisation osseuse, ce qui renforce la douleur.

Parmi toutes les pathologies qui peuvent découler des pressions mentales, les douleurs du dos et des articulations viennent en première ligne : « On assiste à des épidémies de troubles musculo-squelettiques (TMS). Celles-ci révèlent un malaise dont personne ne parle, une injustice, des rivalités… », explique P. Davezies, professeur de médecine du travail à Lyon (26).

Les stress répétés entraînent une accélération du vieillissement, par la formation accrue de radicaux libres. En affaiblissant l'immunité, ils favorisent aussi l'apparition de maladies infectieuses. De plus, ils peuvent aussi « faire monter la tension et le taux de cholestérol », rappelle le docteur L. Jaisson, récapitulant les différentes études à ce sujet (27).

Ainsi, les ennuis de santé d'Henry reflétaient son histoire, laquelle était évoquée par son attitude. « Le corps ne ment jamais. Le teint d'une personne, la nature de sa peau, les positions qu'elle prend, les mouvements et les tensions de son corps révèlent sa nature », confirme F. Padrini, psychosociologue du Centre d'Études thérapeutiques de Milan (28).

Autres conséquences

Le film *Mon oncle d'Amérique,* d'A. Resnais, mettait en scène plusieurs situations où l'être humain ne peut ni lutter, ni s'enfuir, dénommées *inhibitions de l'action* par le neurophysiologue H. Laborit.

Les réactions individuelles à ce type de stress sont infinies. Elles commencent bien avant la vie adulte. Si le laxisme éducatif, très à la mode dans un certain milieu, s'est avéré particulièrement déplorable pour la vie sociale, le « garde-à-vous » mental auquel sont soumis les enfants de parents hyperrigides ou la morale culpabilisante d'éducations militaires ou religieuses ultradogmatiques laissent de sérieuses empreintes. Devenus adultes, les corps pourront exprimer cette contrainte psychologique permanente sous forme de douleurs rachidiennes.

Dans l'impossibilité d'agir physiquement, des individus développent une raideur douloureuse du bras ou de l'épaule, qui curieusement disparaît aussitôt que le stress cesse où qu'ils apprennent à en diminuer les effets. Certains, complètement inhibés par leurs conjoints, deviennent impuissants ou frigides. D'autres semblent perdre l'audition pour ne plus les entendre râler. Il n'est pas rare que, sous la pression de la crainte, des personnes s'étiolent et deviennent cachectiques. Ou, au contraire, s'enveloppent de graisse, comme si elles voulaient s'abriter derrière un matelas protecteur. Peut-être aussi parce qu'elles trouvent dans les sucreries une douceur compensatoire à l'amertume qu'elles doivent endurer.

Certaines fuient la réalité et s'inventent une existence imaginaire. Il en est qui, complètement épuisés et ne trouvant aucune échappatoire possible, en arrivent au suicide. En effet, l'influence du stress permanent est fortement soupçonnée dans certaines dépressions et de nombreuses maladies de système comme la polyarthrite et même certaines formes de cancer d'après différents spécialistes comme Le Shan (29) ou C. Simonton, cancérologue à Forth Worth, Texas (30).

Outre les répercussions sur la santé et sur le bien-être de chacun, l'accumulation quotidienne de stress représente une charge sociale et financière supplémentaire non négligeable.

LE COÛT DU STRESS

Une enquête de la Fondation européenne, réalisée en 1998, évalue le nombre de victimes du stress au travail à 9 % de la population active et place la France en troisième position derrière le Royaume-Uni et la Suède. Les moins stressés seraient les Grecs et les Italiens. Plus d'1 million de Français actifs subiraient un harcèlement mental. De toutes les catégories sociales, les personnes qui se plaignent le plus de conditions de travail difficiles seraient surtout les agents de l'État.
Une étude du Club européen de la Santé avec la participation de l'INSERM, réalisée en 1992, a mis en évidence que le tiers des employés des entreprises souffraient de pathologies consécutives aux conditions de travail (31). Du fait de

l'absentéisme et de la baisse de la productivité engendrée, l'OMS prévoit une augmentation d'au moins 15 % des charges pour les 20 prochaines années.
En l'attente de chiffres précis sur le coût du stress en France (arrêts de travail, traitements médicaux, pertes de gains, diminution de l'état de santé...), on peut rappeler qu'aux États-Unis, le seul manque à gagner a été estimé à 200 milliards par an, chiffre équivalent au bénéfice des 500 plus grandes entreprises américaines. En Grande-Bretagne, le coût du stress représenterait environ 8 % du PNB.
En termes de mortalité, 10 à 15 % des suicides seraient consécutifs à des persécutions psychologiques, selon une étude suédoise. Dans ce même pays, entre 1996 et 1998, les assurances ont enregistré une progression des maladies liées au harcèlement de près de 100 % en moyenne.

Ces conditions pénibles qui détruisent notre bien-être et ruinent notre santé dépendent essentiellement du comportement de l'être humain. Nous devons donc tout faire pour éviter de provoquer, même involontairement, ce qui rend si malheureux. Un sourire, un mot gentil, demander des nouvelles, s'intéresser à l'autre, essayer de l'aider quand on le sent en difficulté... il y a tant de détresse cachée. Quand le travail presse, pourquoi ne pas essayer l'encouragement ? Motivé, l'être humain ne déplacerait-il pas des montagnes ?

Soumis à une pression qui nous brise et nous étouffe, il faut trouver une solution...

Sortir de l'ornière

Sous l'effet des inquiétudes et blessures mentales répétées, les capacités de résistance diminuent rapidement et avec elles les possibilités et désirs de réactions de l'individu stressé. C'est alors le troisième stade décrit par H. Selye : *l'épuisement* qui conduit aux pathologies les plus graves. Du point de vue de l'énergie vitale, les harceleurs se révèlent ainsi de véritables vampires.

Dans des conditions de vie analogues à celles d'Harry, se sortir d'affaire n'est pas chose aisée. La première attitude est d'éviter de rajouter encore plus de charges émotionnelles par notre interprétation. Ceci en gardant à l'esprit que l'affaiblissement de vitalité majore la sensibilité et rend extrêmement vulnérable. De la plus petite contrariété, on se fait une montagne et tout changement semble une épreuve insurmontable. S'imaginer être de perpétuelles victimes est un travers dans lequel il faut éviter de tomber.

Le conseil d'un psychologue qualifié est souvent indispensable pour tenter de dénouer les situations conflictuelles qui persistent. Par une approche dite cognitive (du latin *cognosco,* je connais) on peut mieux comprendre les mécanismes mentaux. Et apprendre à réduire le stress : quels sont les faits précis, quelle interprétation en donne-t-on, ne peut-on expliquer différemment la situation, a-t-on évalué les conséquences possibles et envisagé toutes les solutions ?...

La prise de conscience, par les harceleurs, du mal involontaire qu'ils peuvent provoquer, est un idéal qui n'est pas impossible à atteindre. La conception que le bonheur, c'est de savoir se satisfaire de ce que l'on a est souvent plus difficile à faire admettre. Surtout à une époque où, à longueur de journée, la société de consommation tente de nous persuader du contraire. Comprendre et pardonner les petits travers de l'autre n'est pas toujours facile. Certains y arrivent et améliorent ainsi leurs propres qualités de vie.

Renforcer ses capacités de résistance

Veiller à conserver un bon sommeil est essentiel. Il est absolument nécessaire de ne pas se laisser entraîner vers le film intérieur sans cesse repassé de toutes les possibilités dramatiques. Au contraire, le mental doit être dirigé vers des spectacles agréables et cela aussi souvent que possible. Soumises à une pression négative permanente, que celle-ci provienne de l'extérieur ou soit sécrétée intérieurement, nos cellules, comme tous travailleurs d'une entreprise, ont besoin non seulement de repos mais aussi d'un bien-être compensateur.

Partez avec le meilleur moyen pour voyager à l'intérieur de vous-mêmes : la respiration.
Laissez-vous entraîner par son amplitude, bercer par sa régularité, suivez son rythme... Et observez les tensions corporelles, ces freins élastiques qui l'empêchent d'être aussi libre qu'elle pourrait l'être. Pour les faire fondre, inondez-les d'hormones de bien-être. Exactement comme on peut chasser l'ombre d'une pièce mal éclairée avec de la lumière.
Évadez-vous mentalement vers une situation idéale. Dans ce monde parfait, les paysages, d'une infinie variété, ravissent vos yeux à chaque détour. Levers et couchers de soleil vous emplissent de calme et sérénité. Dans une végétation luxuriante, cascades et sources chantantes vous offrent une eau agréablement rafraîchissante. Des grappes de fruits à la chair juteuse pendent des arbres et des baies parfumées poussent naturellement dans les arbustes. De ravissants petits oiseaux colorés vous charment de leurs gazouillis.
Et des êtres humains, beaux comme des dieux, vous entourent. Leur seul but est de vous aider et vous ne demandez également qu'à leur rendre service. Certains vous proposent d'agréables massages...
Si vous pouviez vivre dans un tel lieu, ressentez de quelle manière vous respireriez, comment les tensions de vos tissus s'effaceraient, le sentiment d'intense liberté qui envahirait votre corps et votre esprit. Goûtez et savourez ce bien-être autant que vous le voudrez.
De la même manière que nous sécrétons parfois des hormones perturbantes par notre seule imagination, en croyant que le pire va nous arriver, nous pouvons aussi, par notre seule volonté, générer des molécules euphorisantes. Lesquelles pourront ainsi contrebalancer l'effet destructeur des premières. Et compenser ainsi les nombreuses embûches que la société ne manque pas de placer en travers de notre chemin.
Petites oasis de bien-être dans un monde de brutes, ces vacances intérieures permettent de décompresser les cellules

sans cesse sous pression. Et éviter que l'accumulation de petits stress quotidiens ne programme négativement notre devenir. Souvent, elles procurent une détente suffisante pour voir plus clair et trouver la bonne solution. En mathématique aussi, on suppose parfois le problème résolu… Et est-ce illusoire que de s'offrir un peu du plaisir que pourrait nous procurer l'existence, non pas sur une utopique planète, mais simplement sur la Terre ?

Un exercice physique régulier constitue également un bon moyen de se débarrasser du poids quotidien des contraintes psychologiques. La détente procurée libère des rétractions qui brident l'amplitude des muscles respiratoires. Et l'oxygène constitue un euphorisant naturel. Le mouvement provoque aussi la sécrétion de molécules du bien-être : les endorphines par exemple.

Retrouver une bonne respiration et des tissus exempts de toute rétraction permet donc d'améliorer sa vitalité. Des étirements doux permettront d'alléger les rétractions laissées par les empreintes de stress.

PETITS MOUVEMENTS POUR SE DÉTENDRE

1/ Debout, les bras le long du corps, étirez l'axe vertébral, comme si vous vouliez toucher le plafond avec le sommet du crâne.
2/ Placez une jambe en fente avant. Puis, élevez doucement les bras devant vous, de manière que les mains se rejoignent à la verticale du corps, paumes vers l'avant. Maintenir la position en inspirant profondément et en poussant le buste en avant. Cet exercice permet de redresser l'enroulement dorsal.
3/ Dans la même position de jambes, redescendez les bras de chaque côté du tronc en expirant fortement. Puis remontez en effectuant des cercles les plus amples possibles.
4/ Ramenez les jambes sur le même plan en les écartant. Effectuez une rotation du buste en élevant le bras du même

côté et en inspirant. Laissez lentement s'allonger les muscles avant de revenir au centre en soufflant profondément. Reprenez de l'autre côté.
5/ Dans la même position de départ, inclinez latéralement le tronc, tout en élevant le bras du côté opposé. Étirez ainsi lentement toute la chaîne musculaire latérale en inspirant avant de revenir. Idem de l'autre côté.
6/ Revenez pieds joints. Enroulez très lentement le cou en fléchissant la tête, puis le tronc, enfin les lombes, les bras pendant en avant. Expirez le plus profondément possible avant de remonter lentement.
Attention : Aucun mouvement ne doit déclencher de douleurs. Si vous souffrez d'une région quelconque de la colonne, d'autres mouvements adaptés à votre cas vous seront enseignés par votre kiné.

L'automassage pratiqué quotidiennement permet d'éviter l'accumulation d'acide lactique, donc de la fatigue. Un voyage intérieur régulier aide aussi à remonter dans le temps et l'espace du corps pour se libérer des multiples tensions laissées par les émotions enfouies. Cette relaxation devra être la plus fréquente possible. Spécialiste du stress, le docteur E. Albert, psychiatre et consultant en entreprise, recommande : « La technique compte moins que la pratique. Ce qui est essentiel, c'est un entraînement quotidien, voire pluriquotidien » (32).

Parler est également indispensable. C'est normalement un rôle dévolu à ses proches, mais quand l'ambiance maison ne le permet pas et le bureau non plus, il faut trouver une autre oreille. Les coiffeuses, esthéticiennes ou simples voisines compatissantes jouent souvent ce rôle de décharge affective des petits fardeaux quotidiens.

Pour atténuer d'éventuels conflits, il n'est pas toujours possible de faire intervenir un conseiller extérieur. La personne stressée pourra néanmoins tenter d'améliorer la situation par la modification de son comportement. Ceux qui se complaisent à agresser le font parce qu'ils sentent la vulnérabilité de leur victime. Il est donc primordial de ne pas afficher son déplaisir ou toute forme de faiblesse, ce qui réjouit trop le harceleur. On n'attaque pas quelqu'un dont on sent la force interne, fût-il son inférieur hiérarchique.

Même lorsqu'on n'a plus envie de rire tellement on se sent mal, s'entraîner à devenir plus fort peut devenir un exercice amusant. L'attitude physique sera étudiée, le maintien, le placement des épaules et le port de tête notamment. Les mains, le débit de parole ne devront révéler aucune nervosité. Le regard exprimera l'impassibilité, la plus grande neutralité possible. Rien n'est plus désarmant qu'un petit sourire. Si le tyran perçoit que son « charme » n'opère plus, il essaiera vraisemblablement de trouver un autre souffre-douleur plus tendre.

Le tonus revenant, les situations peuvent souvent être abordées différemment. Le quotidien n'apparaît plus alors à travers un filtre gris. Une pratique très agréable peut alors apporter l'épice qui rend à l'existence sa saveur.

Le plus efficace des antistress

Jules César préconisait : « Faites attention aux hommes qui ne rient pas, ils sont dangereux ! » Peut-être aurait-il dû engager Brutus à prendre la vie moins au sérieux ! De bons amis qui savent vous écouter, mais aussi vous entraîner dans d'inextinguibles fou rires, voire dans de doux délires, constituent une médication souveraine. « Des moments d'enfance, de liberté, de folie, sont essentiels à notre bien-être ! Ils assurent l'élimination émotionnelle dont nous avons tant besoin ! » rappelle le docteur T. Schaller (33). Si des émotions négatives sont capables d'altérer notre santé, s'offrir le plus souvent possible une détente totale par le rire peut tout autant contribuer à remonter notre vitalité. Pour cela, il faut cultiver l'humour. Auteur du *Harcèlement psychologique*, K. Rhodes le confirme : « L'humour nous libère d'un poids et nous aide à envisager une situation avec réalisme. Il constitue une excellente façon de composer avec des interactions destructrices ou épuisantes. Il déstabilise le vampire psychoaffectif potentiel » (34).

Henry apprit à respirer, à se détendre, à relâcher ses tensions, à modifier son maintien. Pour s'oxygéner, il s'inscrivit à un club de randonnée pédestre et il réussit à convaincre sa femme de l'accompagner. Cela lui donna l'opportunité, durant les balades, de renouer un meilleur dialogue avec elle et de dissiper certains malentendus. Le hasard voulut ensuite – mais le hasard existe-t-il ? – qu'il se retrouve aussi à marcher avec un des employés parmi les plus vindicatifs de son bureau. Ces contacts extra-professionnels améliorèrent leurs relations. Lors de leurs conversations, chacun put prendre conscience des difficultés de l'autre. Par le biais du nouvel état d'esprit de ce collaborateur, l'ambiance de travail se modifia. Des pots furent organisés pour les anniversaires ou les petits événements de la vie. Amener sa blague, son histoire drôle, devint un jeu qui dynamisa l'esprit du service. Prenant en considération ce changement, un jeune directeur donna un nouvel élan à la carrière d'Henry.

Une telle transformation n'a pu se réaliser que par une meilleure communication. La sympathie, la compréhension, l'humour ont joué un rôle essentiel. Doit-on ajouter que, peu à peu, ses douleurs cervicales et divers autres symptômes disparurent également ?

Lorsqu'il rentrait chez lui, si sa femme n'aimait toujours pas entendre les problèmes du bureau, elle adorait en contrepartie écouter la dernière anecdote, surtout quand celle-ci était racontée avec esprit. Chacun s'attacha à l'amélioration du bien-être de l'autre. De nouvelles couleurs dans la maison, une musique enjouée ou douce, quelques plantes vertes ou l'offrande d'un petit bouquet furent autant de petits riens qui contribuèrent à rendre leur vie plus agréable.

À propos de parfums de fleurs, un médecin anglais fit une étonnante découverte…

Les élixirs du docteur Bach

Après une brillante carrière de bactériologiste, ce praticien s'aperçut que l'apparition de pathologies était, la plupart du temps, fortement influencée par ce qu'il appelait « l'état d'être » de chacun. Et qu'en agissant simplement sur cette humeur on pouvait modifier parfois très favorablement l'évolution des troubles. Vers 1930, cette hypothèse constituait une telle révolution qu'elle laissa sceptique nombre de ses collègues du General Medical Council. L'on sait à présent que des substances anxiolytiques ou tout autre moyen procurant une détente peuvent faire disparaître des douleurs et divers autres symptômes engendrés par le stress.

Amoureux des splendides jardins anglais et particulièrement intuitif, le docteur Bach s'aperçut que la proximité de certaines plantes en fleurs suffisait pour faire disparaître les sentiments négatifs qu'il éprouvait parfois, comme la crainte, la peur, l'incertitude, le découragement ou l'impatience. En affinant ses recherches il constata qu'il n'obtenait pas le même résultat avec les extraits obtenus en broyant les sommités fleuries, mais que la rosée du matin déposée sur chaque pétale était capable de communiquer ces changements d'état d'être aux personnes qui pouvaient en avoir besoin.

Pendant des années il chercha, expérimenta et finalement publia le résultat de ses travaux. À maintes reprises il fut étonné de constater l'étonnant pouvoir de ce qu'il avait baptisé : *élixirs floraux*. En quelques mois, à la suite du changement d'état d'être procuré, de nombreuses personnes virent leurs perturbations de santé s'améliorer, voire disparaître. Placebo ? Peut-être, mais l'essentiel est le résultat, n'est-il pas ?

Après sa disparition, les recherches du docteur Bach ont été poursuivies dans plusieurs pays. À présent, plus d'une centaine d'élixirs de fleurs sont de petits moyens à la disposition de ceux et celles qui veulent améliorer leur « état d'être ». Dénués de toute toxicité, ils aident à éviter l'accumulation insidieuse de tensions émotionnelles. Par ce biais, ils apportent leurs modestes contributions au maintien de la vitalité.

Voici résumées quelques propriétés des élixirs de fleurs, d'après les livres de deux élèves du docteur Bach (35).

QUELQUES GOUTTES D'ÉLIXIRS

Rock Rose / Hélianthème : Grande frayeur, panique.
Mimulus / Muscade : Peur de choses précises, trac.
Cherry Plum / Prunus : Désespoir, peur de perdre le contrôle de son esprit.
Aspen / Tremble : Appréhension, crainte sans véritable fondement.
Red Chesnut / Marronnier rouge : Inquiétude pour les autres.
Cerato / Plumbago : Manque de confiance en soi.
Scleranthus / Alène : Indécision.
Gentian / Gentiane : Découragement, doute.

Gorse / Ajonc : Besoin d'être stimulé.
Horbeam / Charme : Perte d'intérêt.
Wild Oat / Folle avoine : Incertitude, insatisfaction, découragement.
Clématis / Clématite : Manque de concentration.
Honeysuckle / Chèvrefeuille : Nostalgie.
Wild Rose / Églantine : Apathie.
Olive : Épuisement, fatigue mentale.
White Chesnut / Marronnier blanc : Ruminations.
Mustard / Moutarde : Accès brusques de mélancolie.
Water Violet / Violette d'eau : Attitude réservée, manque de communication.
Impatiens / Impatience : Irritabilité, impatience.
Heather / Bruyère : Égocentrisme.
Agrimony / Agrimoine : Se torture mentalement sous une apparence gaie.
Centaury / Centaurée : Soumission.
Walnut / Noyer : Hypersensibilité aux influences extérieures.
Holly / Houx : Mauvais caractère.
Larch / Mélèze : Manque de confiance.
Pine / Pin sylvestre : Sentiment de culpabilité.
Elm / Orne : Sensation d'inefficacité, découragement.
Sweet Chesnut / Châtaignier : Angoisse.
Star of Bethlehem / Étoile de Bethléem : Séquelles de chocs.
Willow / Saule : Amertume.
Oak / Chêne : Opiniâtreté.
Crab Apple / Pomme sauvage : Abattement, dégoût de soi.
Chicory / Chicorée : Possessivité, apitoiement sur soi-même.
Vervain / Verveine : Tension nerveuse, intransigeance.
Vine / Vigne : Autoritarisme.
Beech / Hêtre : Esprit critique.
Rock Water / Eau de roche : Rigorisme excessif.

Ces élixirs permettent aussi aux enfants et adolescents de mieux traverser les turbulences de leurs vies sans avoir recours aux psychotropes (36). Comme l'homéopathie, ces petits remèdes harmonisants de l'humeur n'ont pas la prétention de rivaliser avec les puissants médicaments chimiques. Aussi devant toute angoisse sérieuse ou profonde, dépression, trouble psychologique grave ou simplement persistant, il serait illusoire et dangereux d'espérer régler uniquement par soi-même ce qui est devenu une pathologie. En ce qui concerne les suites de chocs émotionnels, les mêmes règles s'appliquent qu'après les traumatismes : l'apparition de tout symptôme anormal nécessite la consultation d'un médecin.

Ce n'est qu'ensuite que chacun peut et doit essayer de contribuer à rétablir et entretenir sa vitalité. Ainsi que l'écrivait le docteur Bach : « Un traitement complet exige l'emploi des meilleures méthodes connues en médecine, mais nous devons aussi nous efforcer d'éliminer nos défauts car en définitive la guérison finale vient de l'intérieur » (37).

Renforcer l'énergie

Depuis la simple fatigue, l'anxiété, l'insomnie jusqu'aux maladies les plus graves, en passant par le mal de dos, de nombreux symptômes ou maladies peuvent résulter du stress ou être majorés par les émotions.

Tout au long de notre existence nous accumulons de nombreuses empreintes émotionnelles. Notre corps ressemble ainsi à un terrain où traumatismes et émotions représentent autant de couches sédimentaires. Pour conserver ou retrouver notre vitalité il est donc nécessaire de ne pas laisser s'accumuler trop de couches. Si certaines émotions se délitent et disparaissent peu à peu au fil du temps, un peu comme certains déchets déposés dans les terrains vagues qui se transforment naturellement en terreau, nous enfouissons aussi parfois au plus profond de nous-mêmes de véritables « monstres » : rancœur, jalousie, désir de vengeance, envies de nuire… Analogues à des fûts d'acide, ils nous feront sécréter des hormones de mal-être qui peuvent générer des maladies graves. Avant que celles-ci n'apparaissent, si la pratique médicale et la psychologie s'avèrent parfois indispensables, un changement de comportement, de l'exercice et de nombreux petits moyens peuvent aussi nous aider à améliorer notre terrain.

La sensibilité aux émotions varie selon les individus. Certains supportent allègrement les problèmes quotidiens, d'autres s'en moquent, d'autres encore se font un monde de la moindre contrariété. Si l'hérédité joue un rôle non négligeable, les chocs physiques ainsi que certaines influences, comme nous le verrons, nous y rendent plus vulnérables.

Mais, à l'inverse, d'autres facteurs peuvent nous rendre plus résistants. Ainsi que l'écrit le professeur M. Massol de l'université de Toulouse : « Dans la balance de l'inné et de l'acquis, la nutrition et l'hygiène générale constituent des facteurs de protection... trop longtemps sous-estimés ! » (38).

Effectivement, notre résistance psychique dépend aussi de notre forme physique. Pour l'entretenir et la valoriser, l'alimentation est essentielle...

CHAPITRE 3

MISE EN BOUCHE

Dis-moi ce que tu manges, je te dirai ce que tu seras.
R. J. COURTINE

La nourriture ? Certains se régalent de grenouilles ou d'escargots, il en est même qui ingurgitent des insectes. Que ce qu'on avale soit végétal ou animal, cru ou cuit, assaisonné ou non, quelle importance ? Ne sommes-nous pas capables de tout digérer ?

UNE FEMME BIEN-PORTANTE

« C'est bien simple, rien ne va plus ! » annonce d'emblée Éléonore : « Mes genoux sont tellement douloureux que j'ai bien des difficultés pour descendre les escaliers ! C'est de l'arthrose paraît-il ! J'en ai aussi dans le bas du dos, le cou, les épaules, les chevilles, les pouces, bref, je souffre de partout ! »

Affalée dans le fond de son fauteuil, cette corpulente sexagénaire commente ses traitements : « Pourtant, j'en avale des comprimés, des cachets, des pilules et des gélules ! Contre les douleurs, la constipation, le cholestérol, l'hypertension, le diabète, l'anxiété, l'insomnie… ! » Visiblement oppressée, Éléonore reprend son souffle pour vitupérer les descendants d'Hippocrate : « On me fait aussi des piqûres, mais, malgré tout ça, *ils* n'arrivent même pas à me remettre mes analyses *comme il faudrait…* Et je ne marche toujours pas mieux ! » Nouvelle pause respiratoire avant d'exprimer sa philosophie sur la vie : « Voulez-vous que je vous dise, c'est bien triste de vieillir ! Enfin, il faut se faire une raison, c'est ça où mourir jeune ! Mais j'aimerais quand même moins souffrir ! »

Ses joues replètes et son double menton retombent sur le thorax sans qu'on puisse apercevoir si elle possède un cou. Vient ensuite son opulente poitrine, dont la générosité est largement dépassée par le volume imposant d'un ventre qui évoque fortement une barrique. Quant à son tour de biceps, il ferait sûrement pâlir d'envie Sylvester Stallone, si la presque disparition de ses bagues dans les boudinures de ses doigts ne venait rappeler que le contenu de cette masse de chair ne doit pas être que du muscle.

À voir la difficulté qu'éprouve Éléonore pour se relever, son dandinement à la marche lorsqu'elle déporte pesamment son poids d'une jambe sur l'autre, il apparaît que la seule partie de son corps qui semble encore bien agile soit sa langue. Étant donné son imposante corpulence, cet appendice buccal doit également bien fonctionner pour l'aider à avaler. De toute évidence, son régime ne doit pas être très maigre et l'on est curieux de savoir ce qu'elle peut bien engloutir.

Mais, avec ce genre de personne, si d'emblée on aborde la question de l'alimentation, c'est l'échec assuré. Invariablement elle vous répondra, avec la plus grande sincérité, qu'elle s'alimente « normalement ». Ce qu'il faut traduire par : « selon mon habitude ». Elle mange de la même manière qu'elle a toujours mangé, ainsi que sa mère l'a nourrie, et comme elle-même a alimenté ses enfants.

Comme pour tous ceux que le langage populaire désigne comme des « bien-portants », la nourriture est un tabou. Et si Éléonore sent qu'on veut la cuisiner à ce sujet, et mettre un tant soit peu sur le grill son principal plaisir dans la vie, elle ne vous dévoilera rien. Vous n'aurez droit qu'à quelques légumes à l'eau, deux ou trois feuilles de salade et quelques biscottes. Bref, selon ses dires, elle mangerait à peine de quoi assurer la subsistance d'un affamé squelettique.

Son poids excédentaire est-il seulement le fait de la malchance ? Son métabolisme est-il à ce point perturbé qu'il lui fait transformer l'air qu'elle respire en cette abondante masse de graisse ?

Pour en savoir un peu plus, il faut aborder le problème d'Éléonore d'une manière détournée, poser d'autres questions. Sur ses pertes de capacités à marcher, à récupérer, à respirer… et à digérer, ce qui permet de s'apitoyer, en passant, sur la question clé : « Et question appétit, ça va comment ? » d'un air détaché mais néanmoins compatissant. Comme si, nous aussi, nous regrettions de ne pouvoir participer aux agapes. Alors là, avec beaucoup de doigté, un peu comme on ferre un poisson, on aura peut-être droit à un échantillonnage de l'étonnant contenu des repas et autres grignotages qui parsèment ses journées et parfois aussi ses nuits. Car, dans notre société, avouer ses bâfreries, goinfreries et irrésistibles envies d'engloutir n'importe quoi, c'est comme reconnaître la pire des turpitudes.

Aussi, le plus souvent, par Éléonore elle-même, on n'apprendra rien sur ses habitudes alimentaires. La mèche ne sera alors vendue que par un proche, souvent la meilleure amie : « Éléonore ? Ne rien manger ? Vous voulez rire ! Vous verriez ce qu'elle peut avaler, c'est fou ! Le moins qu'on puisse dire c'est qu'elle possède un bon coup de fourchette ! Il vaut mieux prévoir très large quand on l'invite ! »

Cette malheureuse femme ne pouvait-elle plus tenir à force de n'ingurgiter que des légumes cuits à l'eau ainsi qu'elle le prétend ? Son mari, qui voudrait bien manger moins gras, dissipe toute illusion…

Exemples :

Petit déjeuner dont Éléonore déclare se contenter : Du pain grillé et une tasse de café au lait.

Mais, d'après le conjoint : Ses tartines sont largement beurrées et débordantes de confiture. Deux ou trois fois par semaine, elle s'offre des croissants au beurre, qu'elle retourne afin de pouvoir les enduire de la même matière grasse. « Pourquoi y a-t-il un côté plat si ce n'est pour les tartiner ? » rétorque-t-elle à son mari qui proteste contre cette habitude. S'y ajoute souvent une faisselle de fromage blanc. Qu'elle sucre cependant beaucoup moins, semble-t-il, depuis qu'on lui a découvert un début de diabète.

À dix heures : Lors de ses courses, une petite pose chez le pâtissier lui permet de se détendre un peu les jambes. Après un petit gâteau, les forces lui reviennent. « Mais que faut-il faire quand on a faim ? Il faut bien se sustenter ! »

DÉJEUNER. Ce dont Éléonore dit se contenter : Crudités, viande ou poisson, laitage et fruit. Selon la version de son époux, les crudités baignent dans la crème ou dans l'huile ; ou encore, comme les radis ou carottes râpées, servent d'accompagnement à des tartines de beurre. S'il s'agit de melon, elle l'aime bien salé et le déguste avec du jambon de Parme. Il est rare qu'il n'y ait pas sur la table un plateau de cochonnailles à discrétion.

Viennent ensuite de bons petits plats cuisinés. Lorsqu'il s'agit de poisson, il nage dans le beurre blanc. Ou noir s'il s'agit de raies. Suivent toujours quelques morceaux de fromage dégustés avec pain et beurre ou un yaourt sucré. Les petits-suisses ne disparaissent plus totalement sous une pyramide de sucre depuis la découverte du diabète.

Le dessert est fréquemment composé de fruits... mais le plus souvent au sirop. À moins qu'il ne s'agisse de poires nappées de chocolat, de pommes au caramel ou de framboises recouvertes de coulis, quand ce n'est pas d'une délicieuse chantilly...

Passons sur les petits creux de l'après-midi, comblés à l'aide de quelques petits gâteaux, pour arriver au repas du soir constitué d'une platée de spaghettis carbonara ou de plats mijotés. Lesquels succéderont à une entrée de rillettes ou de jambon-beurre et précéderont de bonnes portions de gorgonzola et autres fromages, escortés de pain beurré. Ce qui suscite certaines réflexions de la part de son mari, du genre : « Avec toutes les matières grasses que tu t'envoies, on se demande comment tu peux te plaindre d'avoir des articulations qui grincent ! » Ensuite, une succulente crème dessert maison terminera le repas, à moins qu'il ne s'agisse d'un tiramisu au mascarpone ou autre délicieuse gâterie. « Il faut quand même se faire un peu plaisir dans la vie ! »

Enfin, en regardant la télé, les douceurs de quelques bonbons apaiseront les angoisses provoquées par les actualités ou le film du soir.

Les quantités ou la ration alimentaire

Selon le milieu scientifique, la femme trouverait son équilibre avec 1 800 à 2 000 calories par jour. Chez l'homme, dont le poids et l'activité sont considérés comme étant généralement plus importants, le besoin en calories se situerait entre 2 400 et 2 700 par jour. Ces moyennes varient en fonction de nombreux paramètres comme le type de travail accompli, la constitution et le métabolisme de chacun, la température extérieure, l'altitude, l'environnement ou l'âge…

L'enquête épidémiologique SU.VI.MAX., considérée comme la plus grande du monde, lancée en France en 1994 et cordonnée par le docteur S. Hercberg, directeur de recherche à l'INSERM, devrait nous en apprendre beaucoup plus encore sur le comportement alimentaire. Le Français moyen, tel que les autres habitants de la planète l'imaginent, coiffé d'un béret et une baguette sous le bras, grand amateur de fromage et un verre de bon vin à la main, étant une référence mondiale en matière de gastronomie.

Si chaque individu a des besoins extrêmement variables, ces quelques chiffres permettent néanmoins de constater qu'Éléonore s'alimente de manière trop importante par rapport à son activité ou plutôt son inactivité, puisqu'elle profite déjà « pleinement » de sa retraite.

Conséquences d'une nourriture trop abondante

« La suralimentation est particulièrement nocive pour la santé », rappelle le professeur J. Lederer, directeur du laboratoire d'hygiène alimentaire de l'université de Louvain et membre de l'Académie de Médecine de France, qui ajoute : « Quelle que soit l'apparente sincérité de leurs protestations, les obèses se livrent toujours à des abus alimentaires. » Il rapporte l'étude de Strang qui a montré que les personnes prétendant ne pas pouvoir perdre de poids, malgré une apparente restriction calorique, se livraient en fait à des excès. Lorsqu'on ne leur donne, sans possibilité de tricher, que ce dont elles disent se nourrir, elles perdraient en moyenne 250 g par jour ! (1)

Éléonore n'est donc pas la seule à ne plus se souvenir de ce qu'elle absorbe. Et il n'est pas besoin de manger autant qu'elle pour grossir. En effet, on sait à présent qu'il suffit d'un petit supplément quotidien de 300 calories environ pour provoquer une augmentation très conséquente du poids… au bout de quelques années.

Les 7 familles alimentaires

Les aliments les plus habituels peuvent être classés en :

– Sucres et ce qui en contient : friandises, desserts…

– Graisses ou corps gras : huiles, crème, beurre, margarine…

– Chairs animales : viandes, poissons, œufs…

– Produits laitiers et dérivés : fromages, yaourts…

– Céréales (blé, riz, semoule…), légumineuses et légumes secs (pommes de terre, soja, lentilles, pois, haricots blancs…), ainsi que les produits fabriqués qui en dérivent : pain, pâtes, chips…

– Légumes verts et fruits.

– Boissons.

Auxquels s'ajoutent les épices, aromates et condiments.

Chacune de ces familles d'aliments apporte à notre corps une partie des nombreux éléments indispensables : eau, protéines, lipides, glucides, minéraux, vitamines… À la manière des notes de musique, leur combinaison peut réaliser une symphonie de bien-être ou, parfois, une véritable cacophonie, génératrice de nombreux dysfonctionnements.

S'il est recommandé de manger un peu de tout, encore faut-il ne pas se nourrir de manière excessive…

Souvent caché : le sucre

Les surcharges pondérales peuvent découler de la surconsommation de produits sucrés : « Quand des sucres sont absorbés en excès par rapport aux besoins, l'organisme humain stocke cette énergie supplémentaire sous la forme la plus rentable pour lui, les graisses », explique le docteur J.-M. Bourre, nutritionniste et directeur de recherche de l'U 26 à l'INSERM (2). Ces sucreries se trouvent dans les confiseries, bonbons, barres chocolatées, friandises, crèmes glacées, jus de fruits, nectars, sodas et multiples autres douceurs ou gâteries concoctés par les très imaginatifs spécialistes de la séduction alimentaire. Si pour Éléonore les gâteaux représentaient le point faible, d'autres succombent devant le chocolat…

Les surplus d'aliments sucrés entraînent des fermentations intestinales qui, outre les gaz, provoquent la formation d'alcool et perturbent le métabolisme du foie. Les excès de sucre dits rapides induisent l'hyperglycémie et un taux de triglycérides plus élevé, favorisant l'apparition d'infarctus du myocarde. Ils seraient également responsables de baisses d'immunité. L'attirance pour les saveurs sucrées pourrait être déjà communiquée au fœtus par la consommation excessive de sucreries de la mère.

Tout aussi dissimulées : les graisses

Beurre, crème, œufs, fromages, viandes et charcuteries sont les sources les plus apparentes de matières grasses. Mais de nombreux autres aliments contiennent aussi des graisses cachées : chips, mayonnaise, conserves, surgelés, sauces en boîtes, viennoiseries, biscuits et petits gâteaux, cacahuètes, amuse-gueule, crèmes glacées, confiseries, chocolats… et même les yaourts.

Les préparations industrielles en contiennent presque systématiquement car elles améliorent l'onctuosité et l'agrément de la mise en bouche (la *palatabilité*), ce qui conduit à en acheter plus. Sans qu'on en prenne conscience, les matières grasses accompagnent très souvent les plats : radis, nouilles, fromages, cuissons… sont « au beurre », les sardines « à l'huile », les concombres, asperges, pommes de terre ou desserts « à la crème »…

Comme les graisses ne donnent que très peu le sentiment de satiété, beaucoup en consomment plus qu'il ne faudrait. Ainsi les Français en absorbent 44 % dans leur ration alimentaire moyenne au lieu des 30 % recommandés. Ce qui, à terme, peut induire des perturbations de santé dans des proportions beaucoup plus importantes encore, telles des obturations de vaisseaux, tant au niveau cardiaque que cérébral. À ce niveau, les premières manifestations peuvent être des pertes de mémoire. Ce qui fait probablement que les Éléonore oublient leurs grasses cuisines et ne se rappellent que des légumes… Et qu'elles s'étonnent ensuite de voir leur taux de cholestérol et de triglycérides battre tous les records, quand elles ne reprochent pas à leur médecin de ne pas arriver à rétablir leurs analyses !

Une mauvaise vidange de la vésicule biliaire résulte aussi fréquemment de cet apport trop important de graisses. Outre la formation de calculs, à l'origine de douloureuses crises de coliques hépato-biliaires, un ralentissement du transit intestinal, source de constipation opiniâtre et de digestion laborieuse, est classiquement constaté, comme pour Éléonore…

Les maladies dégénératives du côlon se trouveraient aussi facilitées par l'absorption trop fréquente de graisses d'origine animale. Les cancers du rectum, de la prostate et même du sein semblent aussi être favorisés.

Les protéines aussi

Éléonore mangeait de la viande midi et soir. Ces excédents d'apports en protéines peuvent également être mis en réserve sous forme de graisses. Et ceci dès le plus jeune âge : « Dans l'ensemble des pays industrialisés on observe une importante augmentation de la prévalence de l'obésité qui apparaît dès l'enfance… Nos travaux confirment les résultats d'études précédentes ayant relevé un apport protéique plus élevé chez les enfants obèses », rapportent M.-F. Rolland Cachera et M. Deheeger de l'U 290 de l'INSERM (3).

D'autres petits ennuis peuvent aussi découler de l'excès de protéines animales. Selon les statistiques établies pour l'ensemble des pays occidentaux depuis la fin de la Seconde Guerre mondiale, la progression des maladies dites de civilisation comme l'arthrose et autres rhumatismes suivrait la même courbe ascendante que celle de la consommation de viande. Probablement par l'excès de métabolites (comme *l'urée* ou les *acides uriques* ou *arachinodiques*) qu'elle engendre. La goutte, les *lithiases* rénales (calculs) et leurs coliques néphrétiques en découlent aussi directement. Des pertes de calcium ont également été constatées chez les gros mangeurs de viande.

Par ailleurs, la décomposition d'un excédent de protéines animales dans l'intestin amène une perturbation durable de la flore ainsi que des putréfactions, sources de ballonnements et d'émissions de gaz.

Enfin, les pays où l'association de consommations de sucres et de viandes par habitant est la plus forte sont aussi ceux où l'incidence des accidents vasculaires, maladies dégénératives et cancers est la plus élevée.

Et trop de tout

Saler systématiquement les mets était un réflexe chez Éléonore. Si le sel est indispensable, son excès durcit les parois artérielles, entraîne de l'hypertension et majore la décalcification des personnes âgées. Mis en cause dans le déclenchement de migraines et de crises d'asthme, cet excès favoriserait également les processus cancéreux au niveau de l'estomac ou de l'intestin. Les travaux du professeur Jiang He de l'université de Tulane, à La Nouvelle-Orléans (Louisiane), ont montré qu'en dépassant de 6 g par jour l'apport quotidien recommandé (10 g), on majore de 90 % environ le risque d'accident vasculaire cérébral.

Par ailleurs, si Éléonore ne buvait jamais guère plus d'un verre de vin à chaque repas, elle absorbait fréquemment en fin de repas un petit verre d'élixir à base de plantes « pour l'aider à digérer », oubliant que cette décoction apportait aussi sa dose d'alcool. Lequel, en dehors de sa transformation en graisses, induit aussi une cohorte de désagréments : fatigue, cirrhoses, diabète, troubles psychiques, infarctus et cancers.

Chez la femme enceinte, ce qui, malgré les apparences, n'était pas le cas d'Éléonore, ce risque lié à l'alcool est majoré. Une étude dirigée par le professeur Olnay de l'université de Saint Louis, États-Unis, a montré qu'une seule forte ivresse conduit à la destruction de neurones de l'enfant qu'elle porte. Ce qui pourra se manifester ultérieurement par des troubles allant de l'hyperactivité jusqu'à la psychose. Bien évidemment, la consommation régulièrement excessive de vin rouge ou de whisky par la future mère induit aussi les mêmes inconvénients.

Surcharge articulaire

Notre squelette est la première victime du poids excédentaire qu'il doit supporter. Si l'on obligeait les personnes qui s'estiment « fortes » à porter en permanence un sac à dos d'une dizaine de kilos sur leurs épaules, elles se plaindraient vite haut et fort. Et pourtant ce poids n'est rien en comparaison des masses dont certaines se chargent à longueur d'années.

Ainsi que nous l'avons vu dans « Retours de chocs », le tissu cartilagineux est constitué d'une multitude de cellules aux propriétés élastiques, analogues à de microscopiques ressorts, les *protéoglycanes*. Soumises à une surcharge pondérale, ces cellules, comprimées en permanence, se détériorent prématurément. En conséquence, le cartilage se fissure peu à peu. La rétracion réflexe majore la dégradation, d'où des douleurs de plus en plus importantes. Selon les experts, le risque d'arthrose est 9 fois plus élevé chez les obèses.

Si les disques lombaires sont le plus souvent atteints, ils ne sont pas les seuls à subir la charge. À chaque pas, c'est près de 4,5 fois le poids du corps qui écrase les articulations des membres inférieurs. L'excédent de poids, en pesant sur les genoux, limite les possibilités de marche. Ne pouvant plus déambuler qu'avec peine, combien de personnes comme Éléonore se rabattent sur le seul plaisir qui semble leur rester : manger, ce qui amplifie cette spirale infernale : arthrose, invalidité, douleurs, diabète, hypertension, artériosclérose, insuffisance cardiaque, respiratoire et rénale... ne sont que quelques-uns des ennuis les plus fréquents qui découlent directement et quasi inexorablement des petits excès de table.

Une large enquête épidémiologique, conduite aux États-Unis auprès de 50 000 femmes durant plusieurs années, a montré que celles qui se plaignent davantage de douleurs et de baisse de vitalité sont celles qui ont grossi le plus. À l'inverse, les femmes dont le poids est resté stable se sont avérées très nettement en meilleure forme. Ce qui signifie que des petits plaisirs alimentaires trop fréquemment répétés n'aboutissent en fait qu'à un état de mal-être général. Sans compter les nombreuses prises de médicaments qui deviennent nécessaires pour tenter d'endiguer les conséquences de ces excès, comme dans le cas d'Éléonore...

LE COÛT DU POIDS

Aux États-Unis, la moitié de la population dépasserait le poids normal, dont 18 % d'obèses. Dans les îles Britanniques, les résultats sont identiques. En France, selon l'INSERM, cette proportion d'obésité est atteinte chez les plus de 50 ans. Un enfant sur 10 est obèse.

Le coût de l'obésité et de ses conséquences est estimé entre 2 et 7 % du budget de la santé selon le docteur J.-M. Oppert, maître de conférence en nutrition à l'hôpital de l'Hôtel-Dieu de Paris, soit environ 1,83 milliard d'euros (12 milliards de francs). L'arthrose qui en découle souvent est à l'origine de plus de 12 millions de consultations, ainsi que de la pose de 50 000 prothèses de hanche et 20 000 de genoux (4).

Toutefois, les obèses ne sont pas les seules victimes des surcharges en nourriture…

Petits bourrelets

Si l'excédent de poids s'observe à l'œil nu et se confirme sur la balance, on peut aussi observer d'inopportunes réserves graisseuses chez des personnes minces. Ce stockage s'évalue à l'épaisseur du pli cutané. Il suffit pour cela de pincer, entre le pouce et l'index, les bourrelets de la taille, du ventre ou de la face postérieure du bras. C'est le *pinch-test*.

Les « durillons de comptoir » des messieurs ou autres petites bedaines ne sont pas anodins. De très nombreuses études ont montré un lien entre ces dépôts graisseux sur l'abdomen et un taux plus élevé de cholestérol, l'hypertension ou le diabète. Outre les infarctus, le risque d'apparition d'adénome de la prostate y serait relié. Mais les rondeurs des dames, qui font heureusement le bonheur de certains, ne seraient pas sans provoquer aussi quelques inconvénients. Des études américaines et suédoises ont montré que le surpoids augmente la probabilité de cancer de l'utérus et du sein. « L'excès nutritif en calories intervient dans la fréquence de 40 % des cancers de l'homme et de 60 % de ceux de la femme parmi, bien sûr, de multiples facteurs », rapporte le professeur G. Mathé, cancérologue (5). Quoi d'étonnant si certains hommes rechignent lorsqu'on parle de favoriser l'égalité des sexes !

Pourquoi mangeons-nous trop ?

Les animaux, qu'on dit bêtes, savent parfaitement adapter leur nourriture à leurs besoins, lorsqu'ils sont en liberté. Ni obésité, ni surpoids n'existent dans le monde animal non asservi. Ils ne se nourrissent qu'en fonction de leur appétit. Lorsque la satiété survient, ils arrêtent de manger, même si leur chère est excellente. Mais ce n'est plus vrai s'ils sont enfermés. Pourquoi l'homme, pourtant doué d'intelligence supérieure, n'est-il plus capable d'un comportement alimentaire aussi pertinent ? Aurait-il perdu une certaine forme de liberté ?

L'observation des indigènes des îles du Pacifique est, à cet égard, fort instructive. Tant qu'ils vivaient à leur rythme, selon leurs coutumes ancestrales, leur attitude vis-à-vis de la nourriture était basée sur ce principe simple et efficace. Ils ne prélevaient dans la nature que ce dont ils avaient besoin pour vivre. C'est avec l'arrivée de ce qu'on appelle la civilisation que leur comportement alimentaire a changé et que l'obésité s'est développée.

Par recherche de plaisir ?

Certes, Éléonore adore manger. Cependant, si la mise en bouche lui apporte un bien-être immédiat, elle sait aussi, dans son for intérieur, que ses excès se répercutent négativement sur sa santé. Son bonheur de vivre est donc en partie gâché par sa gustative passion.

Ces passions qui nous mènent et parfois nous malmènent ont fait l'objet des recherches conduites par le professeur J.-D. Vincent, de l'Institut universitaire de France, directeur de l'unité de neurobiologie des comportements à l'INSERM. Notre psyché serait influencée par deux tendances opposées et complémentaires : « Chaque plaisir s'accompagne de son contrepoids en souffrance. Lorsqu'on se procure trop de plaisir, il se met en place des mécanismes compensateurs. » Ce qu'il nomme des *processus opposants* (6). La sensation de faim entraîne son opposant la satiété, ces deux mécanismes permettant – en principe – la régulation de l'apport alimentaire, donc de l'appétit.

Si le plaisir de se nourrir est normalement compensé, quels sont donc les facteurs qui induisent un dérèglement de notre physiologie et nous conduisent à trop manger ?

Stimuler l'envie

La publicité, en excitant les sens, induit la suralimentation. Pour nous inciter à mieux nous porter ? Non, pour nous faire acheter, et pas forcément ce qui nous conviendrait.

Si, en rentrant chez soi, on allume la télé, à peine a-t-on commencé à saliver en regardant le spot des apérichoses qu'on nous présente un savoureux plat cuisiné tout chaud. À moins que cela soit un croustillant au jambon, ruisselant d'une fine couche de fromage fondu. Lui succède la vision d'un steak, grillant délicieusement sur un barbecue de braises. Alors qu'on hume en pensée les odoriférantes senteurs des herbes aromatiques avec lesquelles on le saupoudre, apparaît alors une délicieuse mitonnée de cassoulet dont le fumet télévisuel nous titille irrésistiblement les narines. Puis, par effet de zoom, s'approche de nos papilles excitées une onctueuse bouchée de chèvre présentée sur une tartine de pain à l'ancienne. On entrouvre la bouche quand une succulente crème dessert gélifiée, en forme de doubles bols renversés sur lesquels reposent deux demi-cerises, oscille langoureusement sous nos yeux. À cette fugitive vision, se substitue ensuite une énorme pyramide de rochers au chocolat fondant, si alléchante qu'il faut vraiment se retenir pour ne pas passer le bras à travers l'écran pour les déguster.

Comparé aux professionnels de la pub, le démon tentateur qui a inventé le supplice de Tantale ne paraît qu'un enfant de chœur.

Cependant, des imperfections subsistent encore. Ainsi l'ordre habituel des plats n'est pas toujours respecté. Le saucisson, les rillettes ou autres cochonnailles suivent parfois le dessert, lequel peut précéder le carré de poisson surgelé. Mais on finit par s'habituer à tout et, sollicités, incités, stimulés, mis en appétit, on finit par dévorer. Dans les laboratoires, les rats blancs qui servent de cobayes adoptent aussi, lorsqu'on leur présente une profusion d'aliments alléchants, le même comportement que les humains : ils se gavent… et en subissent les inconvénients.

On sent bien que les annonceurs, en personnes très attentives à notre santé, sont parfaitement conscients du problème. Aussi font-ils tout leur possible pour modérer notre gloutonne envie en glissant de-ci, de-là, une pub pour une garniture périodique, une pommade contre les hémorroïdes, ou encore un nettoyant pour W.-C. Dans les spots télé aussi, les processus opposants existent. Mais, en dépit des efforts dont on leur sait gré, les films publicitaires sont tellement esthétiques que le frein sur notre appétit n'est, au final, que très modeste.

Après cela comment se contenter du potage, de la salade verte – fromage et de la pomme qu'on a imaginé croquer à belles dents dans l'après-midi ? Les images fortes ont supplanté nos besoins profonds en aliments simples.

Dans son livre (7), J. de Rosnay, docteur ès sciences, rapporte les études réalisées aux États-Unis par la North Western University. Celles-ci ont montré que la publicité incite à consommer des produits souvent considérés par les nutritionnistes comme dangereux pour la santé par leur teneur excessive en sucres, sel, graisses ou cholestérol. Il commente : « Elle met l'accent sur les aspects positifs, sans mentionner les risques. »

L'incitation à consommer toujours plus, première raison de manger trop.

Razzia sur la bouffe

Dans la grande surface, tout est fait pour nous pousser à acheter les victuailles les plus variées et les plus appétissantes, sans que nous ayons l'impression de devoir les payer. La taille de l'énorme chariot d'abord, de quoi aurions-nous l'air avec seulement un paquet de pâtes, une salade verte et deux pommes ?

Promotions, têtes de gondoles, propositions exceptionnelles, prix anniversaires, arrivages en nombre… Comment résister ? Et pourtant ce n'est rien comparé à ce qui se prépare. Après les psychologues qui initient les publicitaires et spécialistes en marketing aux rouages de nos motivations, des neuropsychologues, tels ceux du laboratoire Mind of the Market, au sein de l'université d'Harvard, tentent de mieux comprendre les états mentaux qui déclenchent les pulsions d'achat. Aidés de matériel ultra-sophistiqué, ils espèrent découvrir des méthodes plus efficaces pour communiquer l'envie d'acheter aux futurs clients (8). On en frémit d'envie à l'avance !

Déjà actuellement, traverser un grand magasin en respectant la stricte liste établie à l'avance tient de l'exploit. Une heure et demie plus tard, le coffre de la voiture est à peine assez grand pour contenir ce qu'on a acheté.

Avoir ce qu'il faut, *au cas où*... voilà ce qui rassure, l'essentiel étant surtout de ne pas manquer. Si une crise survient, pénurie de pétrole ou grève de transporteurs, les rayons se vident plus vite encore que les employés n'arrivent à les remplir à l'aide de leurs énormes palettes. Sucre, huile, beurre, pâtes, tout disparaît en un temps record. Attention toutefois, on n'achète pas n'importe quoi ! Si un mets inconnu du public est mis en rayon, il ne se vendra pas, même si sa qualité est excellente. Mais s'il passe à la télé, le magasin en sera dévalisé dans la journée.

À la maison, comme beaucoup de ces denrées sont périssables, il faudra les consommer rapidement. On ne peut pas jeter de la nourriture, ce serait indécent. Certains sont ainsi condamnés à finir tous les restes : « Tiens, mange donc ! Tu ne vas pas laisser perdre tout ça, quand même ! » Quelques années plus tard, ils se retrouvent ainsi avec une bonne bedaine, et s'étonnent de souffrir des inconvénients de santé qui en découlent.

Devoir manger tout ce qu'on a été incité à acheter, deuxième raison de bouffer trop. Petit conseil pour limiter les dégâts : Toujours faire ses courses après les repas, jamais juste avant !

Détresse et consolation

La vie sociale amène aussi sa cohorte d'insatisfactions, de déplaisirs. Il faut leur trouver une compensation. Bien sûr, un grand éclat de rire, une soirée agréable entre amis ou simplement un peu de tendresse et quelques câlins seraient nettement préférables. Mais, pour certains, c'est la solitude, la morosité qui accueille le retour à la maison. Et même parfois lorsqu'on vit à deux. Se procurer malgré tout un peu de bonheur devient une nécessité vitale.

Que reste-t-il alors de plus facile que le contact intime avec les aliments ? Subrepticement, et sans que personne ne puisse reprocher ce plaisir solitaire, les lèvres enveloppent moelleusement le morceau de choix, fusionnent avec son intimité, la langue se fond dans la texture attendrie par une voluptueuse mastication. La bouche tout entière participe à cette gloutonne et délicieuse absorption. Pour faire durer au maximum le plaisir, il suffit de continuer. Le plaisir de la table est une sorte d'orgasme qui se consume au feu doux de la passion suscitée par les mets.

Cependant, toutes les personnes en surpoids ne sont pas pour autant d'insatiables goulues. Une succession de chagrins, telle la perte d'un enfant, la maladie grave d'un proche, la perte du compagnon de vie sont tout à fait capables de modifier profondément le métabolisme, notamment celui du pancréas. D'où une augmentation insensible du besoin d'agréments alimentaires compensateurs. D'à peine 45 kg à 25 ans, certaines femmes se retrouvent ainsi dépassant le quintal... une cinquantaine d'années plus tard.

Si, sous l'effet du stress, certains s'enveloppent ainsi d'un matelas de graisses, comme s'ils voulaient s'isoler, se protéger du monde, d'autres recherchent la douceur du sucre pour compenser l'amertume de la vie, ce qui aboutit au même surpoids. « Le sucre, sous sa forme la plus concentrée, fournit une récolte sensorielle si intense qu'elle peut déséquilibrer la délicate régulation de la faim, peu adaptée à des signaux si violents », commente le docteur P. Dukan, spécialiste du comportement alimentaire, qui ajoute : « La sensation sucrée fournit un plaisir et une gratification à la portée de chacun, d'effet immédiat et opposable à tout déplaisir. Ainsi se crée et se renforce un besoin de substituer aux difficultés de l'existence et aux multiples stress du quotidien une compensation sucrée » (9).

Psychiatre et nutritionniste, B. Wayfeld, explique cette attitude : « On compense pour ne pas penser à l'obscur objet du désir. On se venge sur la nourriture pour ne pas le faire dans la réalité. On remplace le vide affectif par le plein alimentaire. On incorpore de l'aliment pour ne pas faire le deuil d'un être cher. En somme, l'aliment comble l'espace manquant, le vide affectif et parfois structurel chez les personnalités les plus fragiles » (10).

Compenser un stress, troisième raison de bouffer trop.

Convenances et habitudes

Les petites sorties, les invitations au restaurant nous font souvent manger plus que chez soi. Quand on reçoit, la règle élémentaire est d'éviter que les convives aient l'impression de ressortir avec la faim. Alors on prévoit toujours un peu plus et trop souvent beaucoup plus. Les invités, n'ayant pu échapper aux garnitures apéritives et l'estomac rempli par les multiples entrées, se sentent obligés de reprendre encore du plat principal. Comment ne pas faire plaisir à la maîtresse de maison lorsqu'elle vous susurre : « Allons, vous n'allez quand même pas me laisser ça ! Allez, encore un petit peu. C'est un cassoulet maison ! Juste cette cuisse et une petite saucisse ! » Il est vrai qu'en tassant un peu et avec l'aide de plusieurs verres de vin, tout finit généralement par rentrer, et le fromage et le gros gâteau à la crème dont la recette lui vient de sa mère.

En rentrant ensuite chez vous, si votre conduite assoupie et ondulante semble suspecte aux gendarmes, comment leur expliquer que vous n'avez pas pu refuser ? Les convenances aussi obligent à manger plus qu'il ne faudrait.

S'il est vrai qu'un bon appétit est un signe de santé, pour certaines mères de famille l'optimisation de la vitalité de leur progéniture passe par un apport supplémentaire de nourriture. Avoir un enfant « fort pour son âge » est une fierté, le signe qu'elles l'ont bien nourri. Pour qu'il devienne plus « costaud » encore, elles le gavent jusqu'à saturation. Par la suite, absorber quotidiennement une quantité importante de nourriture devient, pour ces enfants, « normal ». La tradition populaire veut que les personnes au solide coup de fourchette fassent « plaisir à regarder manger ».

L'habitude de « bien » manger est une autre raison de bouffer trop.

Pièges insidieux

De nombreux aliments fabriqués contiennent ce qu'on appelle des substances addictives (de l'anglais *addict* : esclave), qui rendent dépendantes et qui conduisent à en manger, donc à en acheter toujours plus. Le chocolat, la pâte d'amande, les cacahuètes... se comportent en addictifs. Lorsqu'on commence à en grignoter un tout petit peu, alors que l'on n'éprouve pas de faim particulière, on se retrouve à en reprendre de manière quasi irrésistible.

Le sucre des confiseries, en passant dans le sang, élève la glycémie, ce qui déclenche la production d'insuline par le pancréas.

« Le surplus d'insuline attaque ainsi le sucre du sang, provoquant une hypoglycémie… et une sensation de faim… qui pousse à la consommation ! Ce mécanisme joue même pour des doses faibles », écrit le professeur R. Nègre de la faculté des sciences de Marseille, qui conclut : « Le sucre se comporte vraiment comme une véritable drogue » (11). À présent, 1 jeune Américain sur 2 absorbe quotidiennement des boissons sucrées, et en France cette consommation a été multipliée par 6 depuis les 20 dernières années… Mais les experts en marketing des grands groupes alimentaires espèrent faire encore mieux !

Le professeur M. Massol, enseignant en nutrithérapie à l'université de Toulouse, avertit : « Le grignotage, surtout riche en glucides rapides, semble aggraver la prise alimentaire du repas suivant… Il participe, avec l'excès de consommation de graisses saturées, à l'accroissement de l'apport énergétique inutile, donc à la prise de poids » (12). Le temps passé devant l'ordinateur, les jeux vidéos ou la télé avec ses spots encourage aussi ce grignotage !

L'ajout de matières grasses, dans les aliments préparés industriellement, par l'agrément gustatif qu'il procure, induit une véritable dépendance. Ainsi, aux États-Unis, depuis 20 ans la consommation de fromages enrichis a augmenté de près de 325 %.

Et multiples autres raisons

L'ennui, le désœuvrement, le manque d'activité, de but dans la vie conduisent aussi à grignoter, histoire de passer le temps.

Le milieu social apporte aussi son influence. « Tous les hommes sont égaux », écrivait Tristan Bernard, « mais certains le sont moins que d'autres ». Dans les classes dites défavorisées, les obèses sont 8 fois plus nombreux. Recherche de compensation au mal-être existentiel ou plus grande sensibilité vis-à-vis des messages publicitaires ? (Le nombre d'heures passées devant la télé étant aussi beaucoup plus important.)

Et puis certaines personnes semblent nées avec un insatiable appétit. Les homéopathes les connaissent bien et quelques granules peuvent parfois aider à atténuer cette sensation :

LES CONSTITUTIONS GOURMANDES

Nux vomica vient en tête des champions du coup de fourchette.
Calcaréa carbonica représente le solide mangeur, grand amateur d'œufs.
Antimonium crudum est l'archétype de l'enfant gros dévoreur.
Bromium mange beaucoup pour faire plaisir à ses parents.
Spongia éprouve des faims impérieuses.
Graphite est un gros gourmand qui transpire beaucoup.
Sulfur et Causticum sont souvent des maigres à l'appétit dévorant.
Ferrum et Lycopodium ont la réputation d'être insatiables.
Kréosotum est connu pour rechercher la viande.
Sulfur et Bryonia éprouvent des besoins de douceurs.
Arnica, Médorrhinum, Lachésis marquent une préférence pour les mets acides.
Hépar aime le vinaigre.
Nitric Acid et Pulsatilla sont des amateurs de gras.
Staphysagria dévore le pain.
Mercurius adore les tartines de pain beurré.
Thuya resale tout, comme Natrum muriaticum qui lui n'aime pas le pain.
Actéa, Kali phos, Anacardium mangent pour calmer leurs maux.
Psorinum, Ignatia, Phosphorus se lèvent la nuit pour se caler l'estomac.
Ignatia, inconstante, passe de l'appétit féroce à l'inappétence totale.
En règle générale le tour de taille des carboniques trahit toujours leurs excès de table, contrairement aux phosphoriques qui, bien qu'ils dévorent parfois presque autant, gardent une silhouette mince. Mais les uns et les autres se rejoignent dans les dysfonctionnements qu'ils finissent toujours par éprouver suite à leurs débordements alimentaires.

En fait, innombrables sont les causes découlant du mode de vie actuel qui induisent une suralimentation. Étant donné l'augmentation du nombre de personnes en surcharge pondérale dans les pays occidentaux, on ne croit pas si bien dire en leur affectant le qualificatif de *développés* !

Mais tous les excès de formes et de poids doivent-ils pour autant être systématiquement réduits ?

Formes et forme

Depuis longtemps Éléonore avait fait une croix sur sa ligne, pensant avec raison que chacun de nous possède son propre charme, son style, son allure. L'agrément provient aussi de la diversité. Néanmoins conserver des formes plaisantes à regarder est un plaisir pour soi-même autant que vis-à-vis des autres.

Chaque année, l'approche de l'été fournit l'occasion de s'arrêter une seconde de plus devant son miroir et sur sa balance. Ce qu'on y voit parfois incite alors à prendre des mesures énergiques. Lorsque les jeans et leurs solides ceintures ne peuvent rattraper les débordements de l'hiver, la réduction des apports alimentaires devient le premier réflexe.

Les régimes les plus draconiens sont alors entrepris mais, souvent pénibles à suivre, se voient aussitôt abandonnés une fois la courte saison des maillots de bain passée. Comme l'ont, hélas, constaté les candidates à l'amaigrissement, plus la restriction alimentaire a été sévère et plus la reprise de poids sera importante. Certaines se réjouissent, un peu prématurément, d'avoir perdu des kilos. En réalité, elles les ont simplement égarés, car elles les retrouvent vite ! Ainsi que le disait une femme célèbre pour ses appétits en tous genres : « Les kilos, c'est comme les hommes, un de perdu, dix de retrouvés ! »

Tout se passe comme si les cellules, gardant en mémoire la privation qu'elles ont endurée, s'efforçaient, dès qu'elles en ont la possibilité, de constituer des réserves… au cas où il prendrait envie à leur propriétaire de les faire souffrir à nouveau. Même en ce qui concerne les aléas du poids, l'histoire cachée de notre corps connaît de multiples « rebondissements ».

Analogues au mouvement des yo-yo, ces effets rebonds amplifieront l'infiltration, par une graisse sournoise, du ventre, de la taille, des fesses, des cuisses et peu à peu de tout le corps…

Tout d'abord les corps s'épanouissent en courbes généreuses, ce qu'on accepte assez facilement, se disant qu'après tout, cela peut ne pas être laid. Mais parfois, au fil des années, la balance, cette perfide ennemie, continuera à s'entêter dans son inexorable montée. Et les irrévérencieux miroirs réfléchissent alors l'image d'une masse adipeuse alourdie d'innombrables bourrelets.

Sous cet envahissement de chairs, les formes paraissent de moins en moins gracieuses. Où es-tu passée, fine allure de l'adolescence ? Les difficultés vestimentaires ne sont alors plus le seul souci. Essoufflement, douleurs, analyses dans le rouge, ennuis en tous genres accompagnent vite le surpoids.

Pourquoi certains arrivent-ils néanmoins à retrouver et à maintenir la ligne qui correspond à l'image qui leur convient réellement ? Pour être efficace, et surtout stable, la correction de l'embonpoint doit suivre quelques principes élémentaires…

Le début de la faim

La seule restriction de la nourriture n'est pas toujours la meilleure méthode pour perdre du poids. Avant de se précipiter d'emblée vers une modification du mode alimentaire, il convient d'éliminer toutes les origines possibles de son éventuel dérèglement.

La recherche compulsive de nourriture peut être l'expression d'un dysfonctionnement organique. Les praticiens qui connaissent la médecine chinoise arrivent parfois à calmer le besoin impérieux de se remplir l'estomac en dissipant l'énergie perverse (*excès de chaleur*) de cet organe.

Si le stress est soupçonné, c'est la protection vis-à-vis de cette perturbation qui devra être recherchée, ainsi que la déprogrammation du schéma imprimé par les émotions. Les toxiques et particules inhalés sont également susceptibles de modifier le métabolisme et d'induire une modification du poids par leur action sur les sécrétions glandulaires ou sur les organes d'élimination. Certaines surcharges pondérales peuvent être la conséquence d'un traitement hormonal ou antidépresseur.

Des personnes ont vu leur embonpoint fondre comme neige au soleil simplement en se libérant des traces d'anciens traumatismes sur le crâne ou au niveau viscéral, pancréatique par exemple. Ceci sans aucune modification alimentaire et alors même que les tentatives d'action par la nourriture n'avaient apporté aucun résultat durable. Amélioration du fonctionnement du système neurovégétatif régulant la sécrétion digestive ? La recherche médicale fondamentale nous en dira plus dans quelques années.

Équilibrer le bilan

Dans la plupart des cas de surcharge pondérale, une insuffisance des dépenses physiques, comparativement aux apports nutritifs, est mise en évidence.

Un programme guidé et progressif de remise en forme sera alors le meilleur moyen de retrouver forme et santé. En spécialiste de médecine du sport et de la nutrition, le docteur J.-P. de Mondenard explique : « Si on se contente de faire seulement un régime, on consomme à la fois de la graisse et du muscle. Donc on fatigue l'organisme qui se venge vite sous la forme de fringales et de boulimies. Mais si on associe une prise alimentaire modérée à la pratique d'une activité physique – pas obligatoirement intense –, on pompe surtout dans la graisse et très peu dans le muscle. Au contraire celui-ci se renforce » (13). Kiné, gym, petit footing, vélo, massages... de multiples techniques, variables selon l'âge et les possibilités de chacun, compléteront utilement la petite réduction des calories absorbées. Tous ceux qui ont adopté cette formule savent par expériencc qu'une nouvelle jeunesse, un dynamisme accru en sont la récompense.

Les cessations d'activité, avec leur diminution d'efforts physiques mais également par le stress qu'elles engendrent, entraînent souvent des prises de poids. Chez les retraités au solide coup de fourchette, le déplacement depuis la table jusqu'au fauteuil de la sieste postprandiale ainsi que la vision des matchs de foot à la télé ne suffisent généralement pas pour éliminer les excès de table. Pourquoi ne pas essayer de découvrir d'agréables paysages lors de promenades à pied ou de petites balades à vélo ? Il a été démontré qu'une heure de marche quotidienne permettait d'entretenir sa forme et d'éviter le néfaste surpoids. Seul le premier pas coûte, très vite un profond bien-être lui fait place.

Tout part de la tête

Que va-t-il arriver si je perds du poids ? Ne vais-je pas tomber plus malade encore ? Et les autres, que vont-ils penser ? Si j'accepte de maigrir, c'est aussi reconnaître que je faisais erreur, que j'ai mal nourri mes enfants, « on » va bien se moquer de moi dans mon dos ! Et puis comme ça au moins, je m'impose ! Ces questions hantent souvent les esprits des couples de gros mangeurs qui commencent à souffrir de leurs excès de poids. Ainsi que le commente le docteur G. Apfeldorfer, psychiatre du service d'explorations nutritionnelles de l'hôpital Bichat de Paris : « La perte pondérale effrayant les deux conjoints, ces derniers établissent parfois une tacite conjuration afin que l'amaigrissement ne soit que de l'ordre du semblant » (14).

Il explique également que si un des conjoints veut absolument que l'autre maigrisse, celui-ci ne voudra pas donner l'impression d'être manipulé : « L'obèse se trouve alors déchiré entre deux désirs contradictoires : d'un côté, il souhaite maigrir, de l'autre maigrir représente une abdication, un abandon de son individualité. Conserver ses kilos envers et contre tout devient alors un moyen de s'affirmer et d'exister face au conjoint. »

Pour que la personne en surpoids accepte réellement de s'engager sur la voie de la décélération pondérale, il lui faut donc non seulement retrouver l'envie d'une ligne plus mince ou d'une meilleure santé, mais que ce désir devienne supérieur à tous les autres. Cette décision, qui doit provenir du plus profond de soi-même et non pour faire plaisir à un tiers, est la clé qui permet d'ouvrir la porte du bien-être.

Le reste est une question de méthode pour se libérer des différentes perturbations qui entravent le métabolisme. « Pour résoudre votre problème de poids, vous n'avez pas à changer de corps ou de mentalité. Il suffit simplement que vous retrouviez l'organisme parfait que la nature vous a donné. Et c'est plus facile que vous le pensez », explique le docteur Deepak Chopra, directeur de l'Institut du Potentiel humain de San Diego, Californie (15). Le bon poids, « c'est le poids où tu te sentiras bien », confirme le docteur P. Doyard, pédiatre, aux enfants obèses (16).

Dès que sera opérée la prise de conscience des causes possibles des excès alimentaires, et ces éventuels problèmes réglés, une très douce descente en volume et en calories pourra être amorcée.

Vers l'alimentation du mieux-être

Après avoir admis les quelques excès dont elle n'avait guère conscience, Éléonore accepta quelques conseils. Elle voulait certes moins souffrir, mais pas au prix de trop grandes privations. Lorsqu'on a des habitudes culinaires bien ancrées, il n'est guère facile de s'en débarrasser. Par chance, elle était aussi curieuse que gourmande et, paradoxalement, c'est ce qui lui permit de perdre du poids et de retrouver une meilleure santé.

Éliminant tout ce qui pouvait ressembler à un « régime », elle se laissa guider vers la découverte de petits plats savoureux, mais moins riches en calories. La perspective d'un état d'être plus agréable que celui procuré antérieurement par sa manière de s'alimenter lui convenait tout à fait. Il ne fut, évidemment, pas question de supprimer ses plats favoris, mais elle accepta de les agrémenter différemment.

Les sorties au restaurant, en prenant soin de choisir des établissements choisis et des menus adaptés, constituèrent aussi un moyen incomparable de découvrir de nouveaux petits plats délicieusement accommodés et aussi agréables pour le palais qu'excellents pour la ligne.

De nombreux livres de cuisine proposent à présent des multitudes de recettes alléchantes à dévorer du regard. Nietzsche disait que le bien-manger est un des Beaux-Arts. Pourquoi ne pas partir à la découverte de nouvelles saveurs, s'offrir un dépaysement alimentaire, succomber à des passions jusqu'alors inconnues, se pourlécher en humant des fumets délicatement parfumés, s'embraser à la dégustation de douceurs épicées, s'abandonner aux succulences voluptueuses de mets exotiques (17)... tout en libérant son corps des amas de graisse.

Le premier pas d'Éléonore consista à se diriger vers sa librairie favorite. Le deuxième fut de choisir le livre le plus attrayant, dans la cuisine minceur, celui dont les photos lui donnèrent envie d'essayer. La lecture des recettes lui fit franchir très agréablement le troisième pas. Et la mise en pratique lui permit de redescendre avec plaisir depuis son amoncellement de graisses et d'ennuis de santé vers l'agréable et si plaisante voie du mieux-être.

Manger moins mais mieux

L'adoption, de temps à autre, de céréales au petit déjeuner permit une diffusion plus douce et régulière des apports en glucose nécessaires à son organisme, ce qui fit disparaître les coups de barre, générateurs d'hypoglycémie. Par voie de conséquence, les fringales, ces irrésistibles envies de sucreries, cessèrent. « Dans un grand nombre de cas, la suppression des apports alimentaires entre les repas pourrait suffire à rééquilibrer le bilan d'énergie sans qu'une réduction de la prise alimentaire au cours des repas soit nécessaire », confirme J.-M. Oppert, maître de conférence, service de médecine et nutrition à l'Hôtel-Dieu de Paris (4).

En outre, on sait à présent que certaines céréales, comme le soja, contiennent dans leurs protéines des substances (tel le *tryptophane*, un acide aminé) qui améliorent l'état d'être. Leur apport semble très bénéfique dans certains troubles du comportement alimentaire.

Éléonore diminua le beurre et apprit à ne pas rajouter de sel. Elle réduisit aussi sensiblement sa consommation de laitages, petits-suisses et fromages. En effet : « Même totalement écrémés, les produits laitiers peuvent favoriser l'absorption des graisses et contribuer au surpoids », rappelle le docteur J.-P. Curtay, membre de l'Académie des Sciences de New York (18).

Peu à peu, les cuissons dans des bains de beurre firent place à la vapeur et aux aromates. Des recettes délicieuses, faciles à réaliser, firent son régal : caviars d'aubergines, tortillas au guacamole, saltimbocca de veau à la sauge, truite à l'ancienne, crumble aux fruits rouges… (19) La cuisine des parfums (20) remplaça celle des sucres et matières grasses : salades de calmars à la thaïlandaise, galettes au thym et au sumac… Les produits de la mer prirent aussi une place d'honneur : noix de pétoncles au curry, crevettes sautées au piment antillais, saumon mariné à l'aneth…en veillant à ne pas les mitonner dans des excès de matières grasses.

Les tristes épisodes de la vache folle, des poulets à la dioxine, des rillettes et fromages à la listeria… répercutés par les médias, l'incitèrent à réduire les charcuteries industrielles et à rechercher la qualité avant la quantité.

Gourmande devenue gourmet, Éléonore vit, tout doucement, au fil des mois, son tour de taille s'amincir. La fonte de son excédent graisseux ne fut en rien spectaculaire, mais s'étala sur plusieurs années. Cette femme favorisa aussi son élimination à l'aide de plantes :

LES PLANTES DRAINANTES

Divers fruits et légumes peuvent aider l'organisme à éliminer les excès mis en réserve : ananas, artichaut, carotte, cassis, citron, fenouil, pamplemousse, pissenlit, pomme, pruneau, radis noir, raisin...
Les épices aussi aident à la digestion et à l'élimination : ail, anis, basilic, bardane, cannelle, cardamome, carvi, coriandre, sarriette...
Tout aussi nombreuses sont les plantes aux propriétés stimulantes ou drainantes : aigremoine, alchemille, algues, bouleau, busserole, camomille, marrube blanc, vigne rouge, vergerette...

Si l'arthrose ne peut hélas s'effacer, l'inflammation qui est souvent à l'origine des phénomènes douloureux peut assez facilement disparaître, notamment lorsque les aliments carnés sont réduits au minimum, ce que fit Éléonore.

Au fur et à mesure où ses douleurs s'estompèrent et son corps devint moins pénible à remuer, elle reprit un peu d'activité physique, en veillant à ne pas trop forcer sur ses articulations encore fragiles. Sous l'effet de la diminution de sucres, sa minéralisation osseuse se renforça. Avec l'exercice, sa respiration retrouva une meilleure amplitude. Son sang redevenant mieux oxygéné, et son corps étant plus allégé, la fatigue fit place à un meilleur tonus. En quelques années, sa vie et sa santé furent transformées.

Heureusement pour cette sexagénaire, la plupart de ses problèmes articulaires étaient encore réversibles, ce qui n'eût pas été le cas si elle avait continué de s'alimenter de manière excessive quelques années encore. Plus on tarde à réagir et plus il devient difficile de retrouver le mieux-être. Passé un certain seuil, les dégâts occasionnés par la suralimentation deviennent irréversibles et les années fort pénibles à vivre. Et les plus grandes bouffes, bien qu'accompagnées de gélules, pilules, comprimés ou ampoules, n'arrivent plus à compenser la souffrance…

Grâce à son désir de s'en sortir et aux quelques changements qu'elle accepta, la table est restée un agréable moment où, désormais, Éléonore s'assoit sans mauvaise conscience : « À présent je m'aperçois que la monotonie des plats que je préparais ne me procurait qu'un plaisir limité, en dépit de leur richesse. Maintenant je me régale, je revis !… et plus seulement à table ! » Au plaisir fugace de l'ingestion de quantité d'aliments, gâché par les multiples ennuis de santé qui en découlaient, s'est effectivement substitué un mieux-être sur tous les plans.

« Il faut manger pour vivre et non vivre pour manger », disait déjà Socrate. Si une nourriture trop riche provoque insidieusement, au fil des ans, nombre de maux, d'autres déséquilibres alimentaires peuvent aussi perturber notre corps, et parfois de manière encore plus dangereuse…

La jeune fille en pleurs

Visiblement abattue, Krystell laisse libre cours à son découragement : « Je ne parviens plus à apprendre quoi que ce soit. Plus rien ne rentre. Je dors mal et me sens complètement crevée, même le matin quand je me lève. Je n'y arriverai jamais, c'est trop dur. J'ai trop présumé de mes forces ! Que vais-je faire à présent si je ne réussis pas mes examens ? Perdre trois années d'études, quelle catastrophe pour tous ceux qui m'ont fait confiance ! Pourquoi me suis-je lancée dans cette aventure ? » Voir un aussi joli minois si désespérément triste ne peut qu'inspirer la compassion. On dirait Audrey Hepburn avec les yeux bleu azur de Michele Pfeiffer tout embués de larmes.

Pourtant, grâce à son esprit vif, Krystell avait brillamment réussi ses études secondaires. Tout à fait consciente du charme qu'elle suscitait, elle s'était naturellement dirigée vers une carrière dans les métiers de la communication. L'adaptation à sa nouvelle condition d'étudiante avait été facilitée par les contacts qui, très vite, s'étaient noués autour d'elle. Si la première année s'était assez bien passée, Krystell avait néanmoins commencé à peiner au cours de la deuxième. Mais comment, alors qu'elle avait si bien réussi préalablement, peut-elle autant s'effondrer à présent ?

Alors qu'elle tamponne cette petite montée des eaux, la disparition de son maquillage laisse apparaître des cernes qui ternissent son si joli regard. Sa silhouette est grande, gracile, et ses membres longs et fins. À bien regarder, Krystell est vraiment très mince. Elle semble avoir toutes les peines du monde à ne pas s'affaisser sur elle-même tant elle paraît fatiguée lorsque son sourire n'éclaire plus son visage. La peau de ses avant-bras apparaît terne et pâle, ce qui pour une brune semble bizarre, d'autant que, curieusement, pas le moindre duvet ne les recouvre.

Krystell souffre aussi de multiples autres petits ennuis : « Mes ongles et mes cheveux sont devenus cassants. Et pourtant, je dois m'épiler très fréquemment car mon corps se couvre, depuis quelques mois, d'une pilosité excessive. » Elle reconnaît également devenir susceptible, irritable, voire maussade et, par moments, ne plus avoir envie de voir personne : « En outre, je sens bien que mon fonctionnement hormonal s'est complètement déréglé, et malgré la prise de la pilule ! »

Toutes ces perturbations s'étant accentuées au fil des deux dernières années, d'où peuvent-elles provenir ? Étant donné son étiolement, s'alimente-t-elle suffisamment ? « Je mange sûrement encore trop car je n'arrive pas à éliminer ma cellulite ! Me voir ainsi enrobée ne contribue pas à mon bien-être mental, bien au contraire ! » répond Krystell d'une voix agacée. À voir sa minceur, on se demande ce qu'elle peut encore trouver d'excédentaire dans son corps de liane…

L'histoire cachée de cette jeune fille, si attentive à sa silhouette, va nous permettre de comprendre les raisons de ses ennuis et de son curieux comportement.

Des connaissances avant tout

Par manque de temps, parce qu'il faut consacrer tous ses efforts à engranger plus de savoir que les autres, de nombreux étudiants n'accordent aucune attention à leur nourriture. Ils n'avalent que des sandwiches ou une alimentation rapide. Pour soutenir les efforts intellectuels qu'ils ont alors du mal à assumer, les confiseries constituent un appoint fréquent. Le sucre rapide qu'elles contiennent passe aussitôt à travers la paroi intestinale, apportant au cerveau son indispensable carburant : le glucose. Sur le moment, ils vont mieux, la fatigue disparaît et ils en déduisent que ces aliments les aident à mieux travailler.

Cette brutale montée de la teneur en sucre du sang, ou *hyperglycémie*, déclenche une réaction hormonale. Sous l'incitation des centres nerveux de contrôle, le pancréas sécrète un peu plus d'insuline. Grâce à lui, l'excès de glucose est transformé en *glycogène*, sorte de conglomérat de molécules glucosées, constituant une réserve d'énergie immédiatement disponible. Si l'absorption de matières sucrées se poursuit, l'excès, non éliminé par les urines, est stocké sous forme de graisses.

En fait, le pancréas se comporte un peu à la manière d'un ouvrier chargé de regrouper et de coller des pierres de sucres qui lui arriveraient sur le tapis roulant sanguin. Si l'apport de sucres rapides est occasionnel, cet organe se montre tout à fait capable de remplir son office. Mais des surcharges trop fréquentes de glucose peuvent déborder ses capacités d'opération, et ceci d'autant plus qu'il éprouve quelque fatigue.

Un exercice physique insuffisant ralentit son activité, de même que le stress, la pénétration dans le corps de molécules toxiques, des séquelles de traumatismes cervicaux, viscéraux ou crâniens ou encore d'éventuels facteurs génétiques. L'alcool, les excitants comme le café, le tabac, la pilule, certains additifs alimentaires ou médicaments sont également mis en cause.

Perturbé, le pancréas peut alors accélérer exagérément sa cadence, ce qui réduit trop le taux de sucre sanguin. C'est alors *l'hypoglycémie*. Si celle-ci est soignée à coups de sucres rapides et de manière trop répétée, cet organe régulateur peut finir par réagir de manière complètement anarchique, s'épuiser, voire tomber malade. Ce qui amplifie le cercle vicieux. D'autant plus que manquent souvent les micronutriments nécessaires à la transformation du glucose en glycogène, comme le magnésium qui n'abonde guère dans une alimentation à base de sandwiches.

L'état de fatigue devient chronique avec sa cohorte de symptômes accompagnateurs : irritabilité, manque de mémoire, mauvais sommeil, désintérêt pour le travail, absence de satisfaction, ennui, repli sur soi, perte de la joie de vivre. Et, pour de nombreux étudiants, l'échec aux examens se profile à l'horizon.

Pour ceux et celles qui souffrent de ce type de malaise, la solution est simple comme le conseille le docteur J. W. Tintera, endocrinologue : « Il est tout à fait possible d'améliorer votre tempérament, d'augmenter votre rendement et de changer votre personnalité pour le mieux. La façon de le faire est d'éviter le sucre de canne ou de betterave sous toutes ses formes et sous tous ses déguisements » (21).

Autre effet pervers de cette perturbation métabolique due aux excès de sucres : la constitution d'amas et bourrelets graisseux. S'apercevant un jour que leur tour de taille et de hanches a acquis une inesthétique ampleur, certaines jeunes filles tentent de rétablir la situation en modifiant leur alimentation. Ce qu'avait fait Krystell lorsqu'elle avait – brutalement – pris conscience de l'image qu'elle offrait aux autres par les rondeurs qui l'avaient insidieusement envahie.

Surtout pas de gras !

Les premiers aliments rendus responsables de l'enrobement de la silhouette sont bien évidemment les graisses. Aussi sont-elles les premières bannies. Pour les candidates à l'amincissement, comme Krystell, la chasse à tout ce qui, de près ou de loin, ressemble à du gras est en permanence ouverte. Beurre, huile, margarine ou autres matières grasses animales ou végétales sont systématiquement éliminés.

Ce que ces jeunes filles ignorent, c'est que les graisses ne sont pas que des matières visant à apporter du goût et de l'onctuosité aux aliments. Elles ont aussi d'autres propriétés. Les graisses ou *lipides* sont absolument nécessaires à l'élaboration et au renouvellement des membranes cellulaires, comme celles des neurones, de la rétine ou des plaquettes sanguines par exemple.

Dès les premières semaines de sa vie, le fœtus en a besoin pour la croissance de son cerveau. Une femme enceinte qui, pour des raisons de silhouette, se restreint trop en matières grasses, peut compromettre le développement intellectuel et affectif de son futur enfant. À l'âge adulte, les lipides constituent près de 60 % du système nerveux central.

Ils participent également à l'élaboration de substances que l'organisme utilise pour ses différentes fonctions : immunitaire, antiallergique, anti-inflammatoire, circulatoire... Sans eux, on ne pourrait utiliser le cholestérol qui entre dans la composition des sels biliaires, de certaines vitamines, de la gaine des nerfs ou des hormones sexuelles. Un déficit en matières grasses peut donc induire un dysfonctionnement hormonal, comme chez cette étudiante. Mais desquelles faut-il se nourrir ?

Toutes les graisses se valent-elles ?

Apportées par de nombreux aliments : beurre, saindoux, margarine, crème, lard, charcuteries, viandes, fruits oléagineux, huiles... les matières grasses sont composées d'*acides gras*. Ceux et celles qui s'intéressent à la composition de ce qu'ils achètent ont sans doute vu, sur les étiquettes des bouteilles d'huile, des abréviations bizarres : AGS, AGMI ou AGPI.

LES ACIDES GRAS

Ils sont formés d'un acide combiné à des chaînes d'atomes de carbone, eux-mêmes plus ou moins liés à de l'hydrogène.
AGS signifie *acide gras saturé*, autrement dit que toutes les liaisons des atomes de carbone sont occupées par de l'hydrogène. En gros, ce sont surtout des graisses d'origine animale. Ils ont l'avantage d'être solides à température ambiante et stables, donc de ne rancir que lentement.
Dans les AGMI ou *acides gras mono-insaturés*, il existe encore une possibilité de liaison. On les qualifie encore d'*oméga 9*. Le chef de cette famille est l'acide oléique. Ils ne s'oxydent que très peu et résistent bien à la chaleur de la cuisson.

Les AGPI ou *poly-insaturés* conservent plusieurs liaisons disponibles où l'oxygène peut se fixer, d'où l'inconvénient d'un rancissement rapide. Il faut donc veiller à les acheter par petites quantités, les protéger de la lumière (bouteilles opaques), les conserver au réfrigérateur et les consommer rapidement. Ils comprennent les *oméga 6* (dont le chef de file est l'acide linoléique) et les *oméga 3* (avec l'acide alphalinolénique).
Ces différences de constitution expliquent les propriétés particulières de chaque type de matières grasses.

Saturées

Les graisses saturées (AGS) se retrouvent dans la viande de bœuf, de porc, d'agneau, de mouton, la peau du poulet, le canard, les charcuteries, le lait entier, le fromage, la crème, le beurre, mais aussi dans les viennoiseries et pâtisseries, le chocolat et les crèmes glacées... Les margarines à base de palme ou de coprah sont aussi à base d'AGS, ainsi que celles qui sont artificiellement hydrogénées.

Ces matières grasses saturées ne doivent être consommées qu'avec modération car elles faciliteraient les dépôts sur les parois artérielles, mais aussi sur la silhouette. Aussi lorsqu'on souhaite, comme Krystell, ne pas s'enrober, mieux vaut les éviter. De plus, certains pesticides, absorbés par l'alimentation de l'animal, se fixent facilement dans ces graisses, ce qui n'est pas sans inconvénients.

Les autres acides gras sont qualifiés d'« huiles », non parce qu'ils sont des VIP (Very Important Pour la santé), mais à cause de leur fluidité. Contrairement à certaines idées reçues, les huiles possèdent toutes la même valeur calorique. Si leurs avantages respectifs ne se situent pas, apparemment, au niveau de la ligne, elles participent cependant au mieux-être.

Mono-insaturées

Les AGMI sont surtout représentées par les huiles d'olive et d'arachide. On en trouve aussi à un degré moindre dans celle de colza (*canola* aux États-Unis) et d'avocat. On leur attribue le pouvoir de réduire le taux de cholestérol et de diminuer le risque de caillots sanguins.

De nombreux nutritionnistes et gastronomes accordent leur préférence à l'huile d'olive, véritable jus de fruits porteur des ambiances méridionales, d'autant qu'on peut à présent trouver des graduations dans la saveur : depuis l'extra-douce jusqu'aux plus fruitées. Mais, bien qu'elles soient excellentes pour notre vitalité, ces huiles peuvent être utilement complétées par d'autres…

Poly-insaturées

Les AGPI sont indispensables à notre santé puisqu'ils sont les seuls à contenir les célèbres « acides gras essentiels » ou AGE, ainsi dénommés parce que le corps ne peut les synthétiser lui-même. Deux branches composent cette grande famille :

La première est celle des oméga 6 : huiles de tournesol, sésame, maïs ou pépins de raisins, germes de céréales… Grâce à sa grande teneur en vitamine E, l'huile de tournesol ne rancit que très lentement mais ne résiste pas aux hautes températures. Comme elle semblerait provoquer l'agrégation des plaquettes sanguines, les nutritionnistes ne conseillent de la consommer qu'en petites quantités. Le tournesol étant à présent abondamment traité avec des pesticides qui rendent les abeilles folles (450 000 ruches détruites en France), leur avis semble à prendre doublement en considération. De plus, vu leur instabilité, ces acides gras sont souvent manipulés, hydrogénés et chauffés pour les rendre plus stables, procédés qui altèrent leurs propriétés bénéfiques.

L'autre branche, dite des oméga 3, est présente dans les fruits oléagineux (cacahuètes, cajou, noix, noisettes…), les plantes comme le pourpier, les huiles végétales qui en sont issues, ainsi que celles de lin, soja ou colza. Les fromages de chèvre ou de brebis en contiennent également. Une autre source provient des huiles et chairs de poissons gras : anchois, sardine, hareng, maquereau, saumon, thon. Attention toutefois : « Les poissons ne les synthétisent qu'à condition de manger l'aliment adéquat, c'est-à-dire des zoo-planctons. Ainsi le saumon d'élevage en contient 20 fois moins que son homologue sauvage », rappelle le docteur J.-M. Bourre (22). Les oméga 3 diminuent l'agrégation plaquettaire, augmentent le flux coronarien, abaissent la tension artérielle, réduisent les troubles du rythme cardiaque, stimulent le système immunitaire et ont une action anti-inflammatoire. Des études récentes ont confirmé qu'un apport élevé en acide alphalinolénique réduisait de 37 % le risque d'accident cérébro-vasculaire et d'infarctus du myocarde.

Une association d'AGE est parfois dénommée sous le nom de vitamine F. Lorsque celle-ci vient à manquer, peuvent apparaître : *cholestérol, arthrite, eczéma, ongles et cheveux cassants,* rappellent les docteurs K. Bonan et Y. Cohen qui signalent en outre que se priver de ces éléments constitue une erreur fondamentale lorsqu'on veut mincir puisqu'*ils favorisent la perte de poids en brûlant les graisses saturées* (23). Un déficit peut donc engendrer des désagréments similaires à ceux ressentis par Krystell.

Cette « vitamine » conférant aussi à la peau son caractère velouté et soyeux, les AGE qui la composent participent donc à la beauté du corps. Les graines oléagineuses et les huiles qui en dérivent contiennent ce fabuleux mélange, sauf lorsqu'elles sont préparées industriellement. D'autres huiles ont également des propriétés bénéfiques pour la peau : l'onagre ou la bourrache par exemple.

Lesquelles choisir ?

L'indispensable apport de matières grasses devra être varié, limitant les graisses animales saturées (25 % au maximum) et privilégiant surtout les huiles mono-insaturées (50 %), sans oublier les poly-insaturées (25 %).

Chaque huile contient différents acides gras en proportions variables. Par exemple, si l'huile d'olive est surtout composée d'acide oléique, elle renferme aussi un peu d'acides linoléique et alphalinolénique, ce qui en fait une huile assez complète.

D'autres éléments peuvent aussi être apportés. Ainsi les huiles de sésame et de soja contiennent de la lécithine, très utile au bon développement du système nerveux des enfants ; l'huile de germe de blé est particulièrement riche en vitamines, E notamment...

Il est donc très intéressant de les mélanger. Une excellente association est représentée par l'huile d'olive, complétée très légèrement par celle de noix ou de noisette. Une autre formule est le mélange SNCB : soja, noix, colza, germe de blé ou d'avoine (ces dernières huiles ne se vendent généralement que sous forme de gélules). Ou encore olive ou colza en ajoutant un peu de tournesol ou de pépins de raisins, sésame, carthame ou avocat.

En fait, le choix est très vaste et leurs saveurs et parfums différents peuvent aussi être utilisés pour agrémenter les arômes des assaisonnements, marinades ou sauces. On peut aussi grignoter, de temps à autre, à l'apéritif, un mélange d'amandes, noix de cajou, noisettes ou autres fruits oléagineux de bonne qualité.

Vitamines à domicile

Les matières grasses, et notamment les huiles, sont également nécessaires pour apporter et véhiculer à l'intérieur du corps les vitamines dites liposolubles : A, D, E et K. Comme le comprit Krystell, leurs actions sur la vitalité et la beauté ne sont pas à négliger...

– La vitamine A, ou rétinol, intervient dans la vision, la croissance, la lutte contre les infections, la souplesse de la peau et les muqueuses. On la trouve dans les légumes feuilles, les poissons gras, le beurre, les laitages, les œufs... Elle est facilement détruite par la chaleur ou à la lumière. Son déficit d'apport ou de transport peut provoquer fatigue, douleurs, peau sèche, cheveux cassants, irritation des yeux, baisse d'acuité visuelle, déprime, insomnie ...

– La vitamine D, ou calciférol, permet la croissance osseuse en augmentant l'absorption du calcium et du phosphore. Elle est naturellement synthétisée par le corps en présence de soleil mais peut aussi être fournie par l'alimentation : poissons gras, jaune d'œuf, lait, foie... Des crises de spasmophilie ou de tétanie peuvent provenir d'une mauvaise utilisation de cette vitamine, ainsi que de la fatigue ou des troubles du sommeil.

– La vitamine E, ou tocophérol (du grec *tokos* et *phéros* qui signifient faire naître et porter un enfant), est surnommée vitamine de la fécondité. Elle intervient dans le bon fonctionnement des hormones et a également un effet bénéfique chez les personnes fatiguées, nerveuses ou dormant mal. Évitant l'oxydation des acides gras essentiels, donc leur destruction prématurée, elle fait partie des substances *anti-oxydantes* qui protègent contre le vieillissement et les dommages de la pollution due à l'ozone ou à l'oxyde d'azote. Les principaux aliments qui l'apportent sont les germes de céréales, les huiles de germe de blé, d'arachide ou d'olive, les graines oléagineuses, le persil, la salade, les épinards ou les pois. Cette vitamine est très sensible à la lumière.

– La vitamine K, du danois *koagulation*, contribue, comme son nom l'indique, à la réparation des vaisseaux sanguins lésés. Elle est présente dans de nombreux aliments : légumes verts, tomates, fraises, beurre… Mais son métabolisme peut être perturbé par l'absorption fréquente de médicaments (type antibiotiques notamment).

LES SUPPLÉMENTS VITAMINIQUES

S'ils peuvent aider à retrouver une meilleure vitalité, attention toutefois aux surdosages.

Ainsi, le bêta-carotène ayant la réputation de faciliter le bronzage, de nombreuses personnes absorbent de manière excessive cette pro-vitamine A sous forme de gélules. La peau prend alors une couleur orangée, des démangeaisons peuvent survenir ainsi que des petites fissures, au coin des lèvres tout particulièrement. Si la prise se prolonge, des chutes de cheveux apparaissent, ainsi que des douleurs musculaires. Chez les gros consommateurs, des atteintes du foie, pouvant aller jusqu'à la cirrhose, ont été relevées. Fabriquée synthétiquement, cette vitamine serait plus toxique que celle d'origine naturelle.

Outre une perte d'appétit accompagnée de soif intense, le surdosage en vitamine D peut provoquer des troubles digestifs importants ainsi que des calculs rénaux. En cas de carences soupçonnées en vitamines liposolubles, mieux vaut donc consulter un praticien qualifié.

Les apports complémentaires en autres vitamines (B, C, F…) n'ont pas les mêmes inconvénients. Lorsque l'alimentation est carencée, leur apport complémentaire est souvent conseillé. Nous les verrons plus loin.

La plupart des huiles végétales contiennent naturellement les vitamines A, D, E et K, lorsqu'elles sont issues de pression à froid. « À condition qu'elles soient d'origine “bio”, car elles ne contiennent alors que des acides gras de bonne qualité nutritive et sont vides de toute substance chimique produite ou ajoutée lors de la fabrication », précise le docteur S. Rafal de l'hôpital Tenon (24).

Dans le corps, les graisses sont stockées de manière à fournir de l'énergie en fonction des besoins. En justes proportions, elles participent aussi au modelé des stars réputées pour leurs superbes silhouettes. Si un minimum de matières grasses est indispensable, d'autres éléments aussi ne doivent pas être négligés…

Pas de viande

Beaucoup de jeunes filles, obsédées par la recherche de minceur, en viennent donc à rejeter tout ce qui de près ou de loin peut contenir de la graisse. La viande, importante source de graisses cachées, en vient aussi, parfois, à être bannie de leurs « menus » (pour employer le mot le plus adapté). Pourtant, la chair animale ne contient pas que ces indésirables AGS, elle peut apporter aussi de précieux oméga 3, mais à condition que les animaux aient brouté de l'herbe et n'aient pas été gavés d'ensilage !

Mais la viande est aussi un moyen bien connu de se procurer des protéines. Ces éléments, encore appelés *protides*, sont avec les minéraux les matériaux de construction dont notre corps a besoin pour ses cellules, leur renouvellement et leur entretien. Ils participent aussi à l'élaboration de substances telles que les enzymes, les anticorps, ainsi que des hormones.

Les protéines sont constituées de chaînes d'éléments plus petits nommés *acides aminés* dont on dénombre une vingtaine. Parmi ceux-ci, 8 (10 chez l'enfant) ne sont pas synthétisés par le corps et doivent donc être apportés par l'alimentation. Ces acides aminés entrent dans la fabrication des neuromédiateurs, ces petites molécules qui transmettent nos informations cérébrales : *acétylcholine, dopamine, noradrénaline, histamine, sérotonine, etc.* Participant également à la qualité de notre humeur, leur élaboration doit être la meilleure possible…

Seulement quelques laitages

L'absence d'un seul acide aminé étant suffisante pour restreindre la synthèse d'une hormone, une bonne complémentarité des apports est donc nécessaire. Ceci est particulièrement important pour ceux ou celles qui ne veulent pas manger ce qui provient des animaux.

Si la viande et les produits laitiers contiennent tous les acides aminés, cette réalité doit toutefois être précisée. Ainsi, le lait de vachc et ses dérivés n'ayant qu'une teneur limitée en l'un d'entre eux, la *méthionine*, il est toujours préférable de les associer avec d'autres sources de protéines.

Ce complément peut être fourni par les céréales ou les féculents, non seulement riches en protéines mais aussi en glucides lents. Si, par peur de prendre du poids, ces glucides sont également évités, comme dans le cas de Krystell, la principale source d'énergie du corps sera tarie. Coups de barre, manque de résistance, surmenage du foie et des reins, fatigue intellectuelle seront parmi les premiers signes à se manifester, le cerveau étant un gros consommateur. Véritable carburant de l'organisme, les glucides sont également nécessaires pour qu'un des acides aminés, le *tryptophane,* puisse participer à la fabrication de la *sérotonine*, ce neuromédiateur qui participe à notre état de bien-être et contrôle nos pulsions et notre agressivité.

Les produits laitiers contiennent également des minéraux, mais aussi des vitamines, A et D notamment. « Toutefois, l'écrémage en réduit la teneur, de sorte que le lait et les laitages écrémés en sont dépourvus. C'est la raison pour laquelle les régimes amaigrissants, faisant la part belle aux laitages maigres, peuvent exacerber la tendance à la spasmophilie de certains anxieux chroniques », commente le docteur P. Dukan, qui poursuit : « Le lait est quasiment dépourvu de fer. Or il arrive souvent que des femmes jeunes, pour des raisons de mode ou de ligne, remplacent les viandes par des produits laitiers et basculent ainsi très vite dans la carence en fer et son principal symptôme, la fatigue, tant physique que psychique » (9).

Outre les lipides, un apport minimum en protéines variées et en glucides lents est donc absolument indispensable pour éviter toute disgracieuse fonte musculaire conduisant à l'inesthétique maigreur. Mais aussi pour empêcher la faiblesse, l'atonie, génératrice de mauvaise attitude, souvent accompagnée de perturbations métaboliques, hormonales et psychiques.

Salades et fruits

Krystell, en réaction à sa légère prise de volume sous l'effet des sandwiches, ne se nourrissait plus que de quelques feuilles de salade arrosées de citron, complétées par quelques fruits. Chacun sait que les légumes verts contiennent du bêta-carotène qui, entre autres propriétés, donne à la peau une belle couleur. Cependant, pour permettre sa transformation en vitamine A, un petit peu d'huile est préférable, de même qu'une brève cuisson des légumes, comme cela se pratique souvent dans la cuisine méditerranéenne.

Légumes et fruits sont indispensables à notre santé. Encore faut-il ne pas manger que ces aliments qui constituent parfois l'essentiel de celles qui cherchent à perdre rapidement leurs excédents de formes. S'ils sont consommés quasi exclusivement, ils peuvent, par la grande quantité de cellulose qu'ils renferment, retenir un nutriment essentiel, le zinc, et restreindre son absorption à travers la paroi intestinale. Ceci d'autant plus que les fruits cultivés industriellement, et autres aliments raffinés, en sont pauvres. Une enquête, réalisée par l'INSEE, a montré que nombreuses sont les personnes qui présentent une insuffisance de cet élément. Problèmes de peau, cheveux ternes et cassants, ainsi qu'un manque d'appétit, ce qui, pour les jeunes filles comme Krystell, n'arrange pas la situation !

De plus, le zinc est indispensable à la fabrication des hormones, d'où la majoration de perturbations à ce niveau : psychiques mais aussi physiques, comme la cellulite. On comprend donc que la restriction alimentaire n'apporte pas de solution satisfaisante à ce dysfonctionnement.

Carences en cascades

De nombreux autres éléments peuvent aussi manquer par insuffisance d'apport ou suite d'ingestion de médicaments. Ainsi, pour maigrir, certaines personnes absorbent des diurétiques et des laxatifs qui provoquent de véritables fuites de magnésium. La pilule, que prenait Krystell, entraîne les mêmes inconvénients... Un déficit de magnésium majore la sensibilité au stress, entraîne des sensations d'engourdissement des extrémités, des douleurs musculaires, de l'anxiété et donne souvent une humeur maussade.

Le cacao, les céréales complètes, le soja, les fruits secs, noix et amandes, les féculents : haricots blancs, lentilles ainsi que le pain complet et les bananes en sont les principales sources, hélas souvent évitées par celles qui veulent mincir. De plus, ces végétaux sont presque les seuls, en dehors de certains produits animaux également rejetés (foie de veau par exemple), à contenir la vitamine B9 qui facilite la fixation du magnésium et participe aussi à la synthèse de la *sérotonine*, ce neuromédiateur essentiel à notre bien-être. D'où une accentuation en cascade des déficits... et des troubles de l'humeur !

Adieu beauté

Dans un premier temps, l'organisme arrive à compenser les déficits en nutriments qu'il puise alors dans ses réserves. Si la restriction se poursuit, un mal-être survient assez rapidement sous forme de fatigue, de perturbations de l'humeur. Puis les dysfonctionnements métaboliques apparaissent. Chez les femmes, la production d'hormones diminuant, les règles s'espacent, voire disparaissent : « Il a été démontré que le déclenchement des menstruations ne peut se réaliser que si la masse graisseuse représente au moins 22 % du poids du corps », rappelle C. Mirabel-Sarron, psychiatre et spécialiste des questions alimentaires à l'hôpital Sainte-Anne de Paris (25). Et, paradoxe de cette quête de minceur, la beauté s'en va : maigreur, peau terne, ongles et cheveux cassants, épaules qui s'enroulent et silhouette qui s'affaisse.

Un hirsutisme survient parfois pour achever le tableau : moustache, poils sur les seins, le bas-ventre, les cuisses et les bras. Si ces excès pileux permettent des débouchés dans le secteur des instituts spécialisés en épilation, ils n'arrangent généralement pas le caractère – devenu difficile – des beautés diaphanes. Spécialistes en traitements des carences hormonales, les docteurs T. Hertoghe et J.-J. Nabet confirment les circonstances de survenue de cette hyperpilosité : « Elle se développe le plus souvent lors d'un état de carence en hormones féminines... » Ils précisent que si des prescriptions d'hormones peuvent compenser, elles ne sont pas la solution chez les « petites mangeuses » et que, pour obtenir de bons résultats, « il convient de manger suffisamment et de mettre de l'ordre dans ses troubles digestifs ! (26) »

Effet de mode

De manière identique aux phénomènes de surpoids, pour que l'équilibre alimentaire puisse se rétablir, il faut que cesse ce qui l'a perturbé. Le point de départ d'une carence peut découler d'un simple déséquilibre alimentaire qui, par ignorance des principes élémentaires de nutrition, s'amplifie, comme on l'a vu avec Krystell.

La mode en influence également beaucoup. De tout temps, les artistes ont mis en valeur la beauté des courbes du corps. Plus encore aujourd'hui, le cinéma, la télévision et les revues nous montrent combien un être humain peut être splendide à regarder. Aussi chacun de nous essaie-t-il de ressembler ou de ne pas trop s'éloigner des critères en vigueur, telle que la mode les impose. Au début du XXe siècle, pas de problèmes, la vogue était aux formes bien en chair. Mais à présent, les canons de la beauté tirent à plus petits calibres.

En Grande-Bretagne, les silhouettes lianes des modèles des magazines, telles Callista Flockhart et Kate Moss, susciteraient des passions d'abstinence nutritive. Est-ce dans l'espoir de leur ressembler que près de la moitié des adolescentes d'outre-Manche avouent restreindre leur alimentation ? Aux États-Unis, une étude réalisée auprès de jeunes filles qui s'essaient aux concours de beauté ou se lancent dans la profession de modèle a montré que le rapport entre la taille et le poids (ou *indice de masse corporelle*) n'a cessé de chuté au fil des années, ce qui traduit un état de dénutrition patent.

Dans n'importe quel pays, surtout ne pas paraître plus forte que les copines de fac ou de bureau en motive également beaucoup.

« Comment ne pas être sensible à cette augmentation inquiétante de jeunes femmes obsédées de minceur, se soumettant régulièrement à des régimes sévères et déséquilibrés… C'est en amont qu'il faut chercher les vrais remèdes », conseille le docteur B. Waysfeld, nutritionniste de l'hôpital Saint-Michel de Paris (27).

Certaines jeunes filles ne veulent pas ressembler ultérieurement à la mère trop « bien-portante » ou ne pas devenir aussi grosses que la sœur aînée. Un dégoût de l'enfance transformé en phobie, tel l'exemple vu dans « Émotionnellement vôtre », peut aussi déclencher le processus. Des réflexions désagréables (« la grosse, gros tas, tas de graisse, boudin… »), de la part de petits ou petites camarades bien intentionnés, semblent suffisantes, chez certaines adolescentes – dont le volume des hanches est assez rebondi, mais dont le pouvoir d'encaisser le stress est réduit –, pour provoquer une perturbation de l'image qu'elles ont de leur corps. Et par contrecoup, une forte réaction négative envers la nourriture. Ce fut le cas de Kristell qui avait été profondément choquée en surprenant une conversation où elle était surnommée – à l'époque où elle s'était enrobée – « le veau de mer » par ceux qu'elle croyait être ses meilleurs amis.

Perte d'appétit

Un désir de s'opposer à la famille à la suite d'un conflit familial ou scolaire, dont seule la jeune fille garde le souvenir, peut également être l'origine d'un blocage alimentaire. Certaines ados, en se privant, veulent apparaître malades pour qu'on les plaigne enfin ou qu'on leur accorde un peu plus d'attention.

Une douleur constante au niveau du tube digestif ou le contact trop fréquent avec des substances toxiques peuvent également finir par provoquer ces *anorexies* (étymologiquement : absences d'appétit). Des vomissements répétés, depuis des années, peuvent aussi amener une répulsion envers l'alimentation. L'origine peut aussi provenir d'une irritation bulbaire consécutive à un choc violent sur le crâne ou à une naissance difficile.

Enfin, certaines personnes semblent être nées sans avoir reçu un gros appétit en héritage.

PETIT APPÉTIT

En homéopathie, Calcaréa phosphorica renforce les constitutions faibles. Alfafa, Avéna sativa, stimulent les asthénies passagères. Lycopodium, Causticum viennent au secours d'un appétit vite rassasié. Chélidonium, Nux vomica, Cyclamen soutiennent l'atonie gastrique consécutive aux prises d'antibiotiques. Conium, Hélionas, Sépia, conviennent en cas d'inappétence accompagnée de baisse de moral.

Certains légumes ont la réputation de stimuler l'appétit : ail, betterave, carotte, céleri, chou, chicorée sauvage, cresson, persil, pissenlit, radis, raifort, rhubarbe, tomate… et des fruits aussi : abricot, amande, coing, framboise, groseille, orange, noix, pamplemousse…

Parmi les aromates, sont souvent cités : angélique, carvi, cerfeuil, coriandre, estragon, gingembre, piment, paprika, safran, serpolet, thym…

De nombreuses plantes sont également connues pour leurs vertus apéritives ou toniques : angélique, anis, camomille, chardon béni, éleuthérocoque, fumeterre, gentiane, ginseng, lavande…

Toute perte d'appétit anormale ou persistante impose une consultation médicale.

En fait, les causes qui sont à l'origine de restrictions alimentaires sont aussi nombreuses que celles qui en poussent d'autres à se gaver.

Et, de même que plus on mange et plus on a faim, moins on s'alimente et moins on a envie de se nourrir. Le dicton populaire « L'appétit vient en mangeant » a bien résumé ce paradoxe. Mais quelle que soit la raison qui a motivé la restriction alimentaire, sa persistance amplifie les troubles physiques et psychiques : aigreur, susceptibilité, isolement, rejet de certains membres de la famille.

Sous l'effet de la privation, le cerveau semble ne plus avoir une conscience claire de la situation. Tout se passe comme si le corps était perçu à travers un filtre mental déformant. Bien que devenues parfois très maigres, certaines se perçoivent encore trop grosses, tout en niant le moindre trouble physique.

Parfois, la recherche de minceur devient leur préoccupation primordiale. Et plus les obsédées de l'amincissement se restreignent et plus l'humeur devient maussade. L'entourage prend alors conscience que quelque chose ne va plus.

Redresser la situation

Ce stade d'évolution est encore aisément réversible, si le dérèglement cesse. Ce fut le cas pour Krystell qui comprit ses involontaires erreurs et s'empressa de rééquilibrer son alimentation. Par leurs présentations colorées et variées, des sauces de sésame, taboulé aux herbes, féta et haricots noirs, falafels et salsas à la tomate, raïta au concombre, tofu, émincé de carottes et chou rouge (28)... Au lieu de les arroser exclusivement de citron, elle les parfuma aussi d'un filet de savoureuses huiles végétales : olive, noisette...

Sa préférence marquée pour les végétaux s'enrichit de saveurs nouvelles et mieux équilibrées : curry de petits pois, moussaka aux haricots, légumes sautés à la thaïlandaise, pilaf aux pistaches couronné d'épinards, koulibiac de lentilles, riz et haricots à la créole, chaussons feuilletés aux champignons, poivrons farcis (29)...

Par l'intermédiaire d'épisodiques couscous de la mer, paëllas ou riz cantonais, quelques gambas, poissons ou dés de viande complétèrent ses apports en protéines. De temps à autre, en dessert, elle s'offrit même le luxe de déguster des figues, riches en magnésium.

Très vite, son tonus remonta, ce qui lui permit de reprendre un peu d'activité physique. Celle-ci, par l'oxygénation et les mouvements, entraîna un drainage des toxines accumulées. Sous l'action conjuguée d'apports en nutriments essentiels et d'une meilleure élimination, son organisme retrouva des capacités physiques, intellectuelles et psychiques normales. Sa vision du monde et de son corps en particulier ne se fit plus à travers le filtre du pessimisme. Accessoirement, quelques automassages localisés, aidés de techniques réflexes destinées à libérer son bassin de séquelles de chocs anciens, l'aidèrent à éliminer les quelques capitons sur ses hanches qui avaient résisté au régime. En effet, la multiplication des fibres conjonctives, réactionnelle à d'anciens traumatismes, bride souvent le drainage circulatoire local et favorise la cellulite.

La fatigue envolée, l'excitation suivie de phases dépressives de Krystell fit place à un dynamisme soutenu. La joie de vivre réapparut sur son visage et la gaieté remplaça les crises de mauvaise humeur. Ses cheveux retrouvèrent soyeux, brillance et vitalité, tout comme sa peau qui recouvra son éclat. Sa reprise de forme intervint juste à temps pour lui permettre de réussir son examen.

Cependant, Krystell ne fit pas carrière dans la communication, elle rencontra un jeune ingénieur, se maria et se passionna pour la photographie.

Toutes les jeunes filles, carencées sur le plan nutritionnel, n'ont, hélas, pas cette chance…

Conduite à risque

Dans certains cas, surtout lorsque l'anorexie a une origine psychologique et que le conflit initial n'est pas réglé, tous les conseils sont rejetés. L'amaigrie, devenue une véritable « planche à pain », s'enferre alors dans l'illusion qu'elle arrivera toujours à dominer son corps et persiste dans ses carences alimentaires. Le caractère devient souvent exécrable. L'éventuel petit copain, que les parents envisageaient déjà comme leur futur gendre, après avoir tenté vainement de faire reprendre raison à sa dulcinée, s'empresse alors de s'éloigner au plus vite. Rupture qui n'arrange pas le mental de l'ex-belle et qu'elle attribue toujours à son physique devenu par « trop » disgracieux.

Les aliments deviennent alors l'ennemi, le bouc émissaire du mal existentiel. L'efflanquée en vient à les détester, les honnir, les rejeter, se contentant de quelques minuscules bouchées qu'elle mâchonne interminablement, tout en ruminant mentalement. La maigreur s'accentue et, bien évidemment, l'anorexique se refuse à toute consultation médicale. Parents ou amis sont désemparés, leur propre alimentation devenant aussi l'objet de critiques acerbes. La cuisson d'un simple steak déclenche parfois des commentaires du genre : « Comment pouvez-vous vous nourrir de charogne ? Vous me dégoûtez ! » avant de claquer la porte, quand elle ne se saisit pas du morceau de viande pour le jeter à la poubelle.

Si rien ne vient rompre cette spirale infernale, il n'est pas rare que se produisent des décompensations dépressives ou métaboliques graves. L'hospitalisation en urgence découvre alors le bilan : « L'amaigrissement est souvent impressionnant... La réduction alimentaire chronique n'est souvent reconnue qu'avec les plus extrêmes difficultés, de même que la peur pathologique d'être grosse qui la sous-tend », constatent des spécialistes en nutrition (30). Les statistiques montrent que seulement la moitié de ces anorexiques s'en sortent sans séquelles. Malheureusement, certaines en meurent.

En dehors de ces cas dramatiques, beaucoup plus nombreuses sont les restrictions nutritionnelles qui passent (presque) inaperçues...

Erreurs à éviter

Des analyses sanguines effectuées, lors d'un contrôle de routine, mettront parfois en évidence un taux de cholestérol augmenté. Ce qui peut découler de carences comme nous l'avons vu. Dépourvues de connaissances sur le sujet, certaines filiformes l'interprètent comme ne pouvant provenir que d'un excès de nourriture, ce qui aggrave leur restriction alimentaire, donc la perturbation psychique qui en découle mais aussi l'hypercholestérolémie. En spécialiste de la nutrition, le professeur M. Apfelbaum de l'hôpital Bichat, directeur à l'INSERM, conclut l'histoire de ces adolescentes qu'il nomme les gamines : « Parfois le cycle se perpétue et psychiatrise la gamine à jamais. On retrouve alors des anorexiques vieillies, hyperactives, agressives, malheureuses, et continuant à surveiller avec une obstination obsessionnelle un taux de cholestérol chargé de tous les dangers » (31).

Cependant, si une acariâtre maigrelette de vos amies vous fait part des mauvais résultats de ses dernières analyses, il faut savoir que les élévations du taux de cholestérol ne sont pas toutes dues à des carences en acides gras. Aussi, attention ! N'essayez pas de verser subrepticement un peu d'huile sur ses sempiternelles salades au citron, histoire d'atténuer l'aigreur de son caractère, de rendre sa conversation un tantinet moins grinçante ou ses formes plus appétissantes. Si cette cachectique beauté s'est habituée à ne plus ingérer la moindre once de matière grasse depuis des années, son organisme ne sait plus les digérer. Vous risquez alors quelques remontées d'huile ! Glissez-lui plutôt l'adresse d'un nutritionniste bon vivant qui saura l'amener en douceur vers une meilleure forme…

Une autre aide intéressante peut être apportée par les massages qui permettent de rétablir des relations perturbées entre corps et psychisme. En effet la peau et le système nerveux central ont la même origine embryologique. Ainsi que l'a constaté R. Manicom, neurophysiologiste du Laboratoire d'explorations fonctionnelles du système nerveux à l'hôpital Cochin : « Les techniques de massages peuvent être d'excellents moyens pour éviter une médication trop lourde » (32).

Si les carences alimentaires, tout comme les excès, perturbent inexorablement notre vitalité, d'autres déséquilibres, plus fréquents encore, peuvent aussi s'inscrire insidieusement dans l'histoire cachée de notre corps…

Service rapide

« Chaque matin, j'ai la sensation d'être encore plus fatiguée que la veille ! » gémit Myriam en s'affalant dans le fauteuil. C'est avec un effort évident qu'elle poursuit : « Je dors mal et, lorsque je me lève, je me retrouve complètement enraidie, ankylosée et j'ai mal aux reins. Je n'en peux plus, tellement je suis épuisée ! »

Après une nouvelle pose, Myriam poursuit : « Et ce n'est pas tout. Mes intestins n'arrivent plus à fonctionner sans laxatifs. D'après la dernière coloscopie, ils seraient remplis de diverticules dont je devrais me faire opérer. Par ailleurs, je me sens en permanence *sur les nerfs*. De plus, comme si ça ne suffisait pas, mes règles m'occasionnent des ennuis supplémentaires. À chaque cycle je souffre de maux de tête, mes seins me font mal, je deviens encore plus irritable et je me mets à pleurer ! » Tassée sur elle-même, les traits tirés, quoique cette femme n'ait qu'à peine la quarantaine, elle semble avoir dix ans de plus.

Sa fatigue ne date pas d'hier. Il faut dire qu'elle n'est pas du genre à se reposer sur la société pour subvenir à ses besoins. Alors qu'elle n'avait que 17 ans, son père étant décédé dans un accident de voiture, elle avait dû se contenter du premier travail qui s'était présenté.

D'étudiante aux Beaux-Arts, elle s'était retrouvée serveuse dans un petit restaurant. Ayant accepté avec philosophie ce changement d'orientation, elle s'était, par la suite, mariée avec Robert, agent commercial dans une petite société.

Un jour, croulant sous des charges trop lourdes, l'entreprise employant le jeune homme avait dû fermer. Et le licencier. Dans les mêmes moments, le petit restaurant s'était trouvé à vendre. La clientèle, composée essentiellement de représentants de commerce, était fidèle et connaissait bien Myriam. Les patrons, qui prenaient leur retraite, ne demandaient pas mieux que de céder leur affaire à cette courageuse jeune femme et à son mari. Elle continuerait son service en salle tandis que Robert, qui à ses heures ne dédaignait pas cuisiner, s'occuperait de la préparation des repas. Une fois le prêt bancaire obtenu, l'affaire avait été vite conclue.

Ce n'est que progressivement que leurs ennuis de santé étaient apparus. Quelques années plus tard, un soir, Robert avait eu un malaise cardiaque. Aussitôt hospitalisé, un double pontage s'était avéré nécessaire. Grâce à cette intervention il avait pu reprendre son poste. « Mais son cardiologue m'a prévenue qu'une récidive reste toujours possible car, malgré les médicaments, les analyses ne sont pas très bonnes », s'inquiète Myriam : « D'autant que lui aussi se plaint d'une fatigue de plus en plus importante. Ce qui me contraint à l'aider encore davantage en cuisine ! »

« Pourtant, j'ai déjà tant à faire ! Il faut nettoyer la salle, faire la vitrine, préparer les tables, ranger la vaisselle, faire les comptes. Jamais nous n'avons de week-end, le jour de fermeture est réservé aux achats, aux innombrables paperasses toujours plus nombreuses et compliquées à remplir ! Je n'arrive plus à faire face à tout ! » se lamente Myriam

En dodelinant de la tête d'un air las, elle poursuit : « J'ai souvent envie de tout bazarder et de partir. Mais pour faire quoi ? Je ne peux plus, à présent, reprendre mes études de décoratrice. Certains jours, je suis si déprimée que je me ficherais en l'air ! Je ne tiens qu'à coups de tasses de café et de médicaments ! Si seulement je pouvais retrouver un peu de mon énergie d'antan ! »

À voir l'extrémité jaunie des doigts de cette courageuse femme, et leur fébrilité, elle ne doit pas se contenter de boire café sur café, le tabac aussi doit faire partie des stimulants qu'elle utilise.

Son travail est très prenant, certes, mais pourquoi cette intense fatigue ? Et à quoi son mari doit-il ses ennuis cardio-vasculaires ? Le teint terne de Myriam, ses rides précoces, ses cernes bleuâtres sous les yeux, sa peau atone et grasse, son ventre légèrement proéminent et sa silhouette plutôt enrobée orientent vers un dysfonctionnement digestif. Bien que ces personnes soient des professionnels de la « restauration » se restaurent-elles correctement ?

« Ah ! Qu'on ne me parle pas de nourriture ! J'en sers tellement toute la journée que, parfois, j'en rêve encore la nuit ! s'insurge Myriam. Nous avons bien d'autres préoccupations que de penser à nos repas ! Avec tout notre travail, nous n'avons que rarement le temps de nous asseoir à une table ! Ce que nous mangeons ? Le plus souvent c'est un bout de steak, avalé en passant en cuisine ! De temps à autre, un carré de poisson ! Pourquoi ? Ce n'est pas bien ? »

Questionnée sur sa consommation de légumes, Myriam hausse les épaules en soufflant : « Nos clients sont des habitués, ils savent que notre spécialité, c'est la viande rouge, surtout le pavé de bœuf, l'entrecôte marchand de vin, la bavette à l'échalote ou le tournedos Rossini, 9 fois sur 10 avec des frites. À chaque fois qu'on sert des légumes en accompagnement, ils restent dans les assiettes ! Alors, mis à part une fleur de brocoli ou un peu de riz blanc pour décorer, on ne va pas se lancer dans des mitonnées d'endives ou d'épinards, personne n'en demande ! »

« Ce que l'on prend en entrée ? Quelques rondelles de saucisson ou un morceau de pâté, parfois une bouchée ou deux de carottes râpées. Fraîches ? Comme nous n'avons pas le temps de tout faire, mon mari ne va pas se lever encore plus tôt pour faire le marché ! Non, on les achète en saumure toute préparée, c'est plus pratique. Avec quelle sauce ? De la vinaigrette toute faite, en bidon, on va au plus rapide ! »

En guise de dessert, Myriam s'offre toujours un bout de fromage ou un morceau de gâteau. Des fruits ? « Parfois, mais c'est rare, on ne court pas après, mis à part quelques fraises en saison, encore qu'elles sont souvent acides à présent ! Et puis, à présent, j'ai du mal à les digérer. Aussi, nous terminons toujours par une ou deux tasses de café, sinon le coup de barre nous prend ! »

Le matin, Myriam et Robert déjeunent au bar, d'un ou deux croissants au beurre, en même temps que leurs premiers clients. Là aussi, au moins trois tasses de café leur sont nécessaires avant de pouvoir se mettre en route.

Au dîner, après l'apéritif où ils ne peuvent pas toujours éviter de trinquer avec leurs habitués, ils se contentent de peu de chose : une tranche de jambon ou quelques cochonnailles genre rillettes, un plat surgelé au micro-ondes ou des pâtes. Le tout vite avalé, service rapide oblige. Ensuite, presque toujours un yaourt, une crème dessert ou, l'été, une glace.

Leur soir de congé, pour ne pas avoir encore à cuisiner, ils ouvrent une soupe de poisson en boîte ou, plus souvent encore, se commandent une pizza, qu'ils grignotent en regardant la télé, avec quelques rondelles de saucisson et un yaourt.

En définitive, Myriam et Robert se nourrissent comme la plupart de leurs clients. L'alimentation de bon nombre d'entre nous en quelque sorte : protéines, lipides, glucides, apparemment tout y est... ou presque.

Quelques compléments d'information apparaissent donc nécessaires.

Protéines animales...

Depuis une cinquantaine d'années, les habitudes alimentaires ont changé. La nourriture carnée a pris de plus en plus de place dans nos assiettes. Les plus gros consommateurs sont les habitants de l'Australie, viennent ensuite les habitants des États-Unis, puis ceux de Nouvelle-Zélande. Les Français arrivent en quatrième position mondiale, et première d'Europe, avec près de 110 kg par an et par personne. Ce qui représente une augmentation de près de 500 % depuis moins d'un siècle ! Reflet de ce changement, on ne dit plus *gagner son pain* ni *sa croûte*, mais *son bifteck*.

Myriam et son mari étaient persuadés que manger de la viande midi et soir est absolument nécessaire pour « tenir le coup ». Cette idée reçue n'est malheureusement pas exacte puisque l'énergie nous provient principalement des glucides, véritable carburant de l'organisme. Et accessoirement des lipides mis en réserve dans le corps et qui se transforment en glucose au cours des efforts de longue durée.

Si les protéines sont indispensables, d'assez modestes quantités suffisent à nos besoins. Les produits animaux constituent le moyen le plus connu de les absorber. La viande et le poisson en contiennent de 15 à 25 %, les œufs de 12 à 15 %, le fromage de 8 à 30 % et le lait de 3 à 4 %. La marge bénéficiaire sur la viande étant importante, les lobbies nous incitent à en consommer toujours davantage.

Pourtant, les poissons constituent une manière au moins aussi intéressante d'absorber des protéines. Plusieurs études ont confirmé que les peuples qui s'en nourrissent acquièrent une santé meilleure. Ainsi, il a été constaté que consommer l'équivalent de deux plats de poisson par semaine réduisait de 50 % le risque de mortalité par accident coronarien. Le poisson maigre apportant les mêmes avantages, il semble que les acides gras ne seraient pas les seuls éléments utiles, le sélénium aussi, dont ces poissons sont riches, pourrait jouer un rôle. Toutefois, manger plus de deux plats de poisson par semaine ne semble pas augmenter les bénéfices.

De plus en plus nombreuses sont les personnes qui s'orientent vers les produits de la mer. Quelques précautions s'imposent néanmoins : « Deux choix se présentent au consommateur. Le mauvais, c'est le poisson gras, d'élevage et trempé dans une huile de friture saturée (végétaline ou huile de palme, très utilisées en restauration collective à cause de leur résistance à la chauffe et de leur faible prix). Le bon, c'est le poisson gras, sauvage et cuit, par exemple, en papillote : les acides gras poly-insaturés, donc la prévention des maladies cardio-vasculaires sont au rendez-vous. Ainsi, selon la sélection du poisson et son mode culinaire, on prévient ou on accélère l'apparition de ces pathologies », précise le docteur J.-M. Bourre (2).

Autre avantage, les futures mamans qui consomment ce type de poissons gras communiqueraient à leurs enfants une vue meilleure, selon une étude américaine.

… ou associations végétales ?

Ce qu'apparemment les clients de Myriam savaient moins, c'est que les produits animaux ne sont pas la seule source de protéines. Ainsi certaines légumineuses en contiennent jusqu'à 40 %. À titre d'exemple, les lentilles ou le soja en sont plus riches que la viande. Les céréales en renferment de 8 à 15 %, les fruits secs et les oléagineux de 13 à 26 % et les graines entre 20 et 27 %.

Cependant, dans la viande, les acides aminés sont déjà tous présents, la combinaison ayant été préélaborée par les animaux. En absorbant des végétaux, on doit effectuer le mélange par soi-même. De nombreuses coutumes ancestrales nous ont transmis ces judicieuses associations qui permettaient de réduire la chair animale, trop rare ou trop chère, sans pour autant entraîner de carences.

Ainsi, les pays du Maghreb ajoutent semoule et pois chiches aux légumes dans le couscous, le Mexique les galettes de maïs et haricots rouges dans les tortillas. Et de nombreuses autres savoureuses combinaisons existent : pâtes et haricots blancs, orge ou blé accompagnés de lentilles, riz et soja en Asie.

Toutes les protéines sont-elles identiques ?

Produits animaux et végétaux se conjuguent très bien, tant au point de vue gustatif que diététique puisque l'on sait que les seconds aident à la digestion des premiers. Ainsi le fromage et le pain complètent leurs carences respectives (le beurre n'est nullement indispensable), de même que les crudités, les œufs et les céréales.

Leurs parois cellulaires étant moins résistantes, les protéines animales s'avèrent toutefois nettement plus sensibles à la contamination bactérienne : *salmonelles, listéria, trichinose…* Des composés toxiques peuvent aussi plus facilement se former lors de leur dégradation dans le tube digestif. L'importante quantité de déchets uriques produite contribue, par la surcharge du foie et des reins, à l'apparition insidieuse de raideurs, de douleurs et ultérieurement de rhumatismes, comme chez Myriam et son mari. Une alimentation trop riche en protéines animales provoque des fuites de calcium par les urines, ce qui favorise l'ostéoporose. Cet excès serait également susceptible d'altérer la fabrication de certains neurotransmetteurs cérébraux, d'où perte de la bonne humeur et de la vivacité cérébrale.

Attaché d'enseignement à la faculté de médecine de Marseille, le docteur D. Rueff rappelle que « la viande sauvage ne contiendrait pas plus de 10 % de graisses saturées, alors que la viande d'élevage en contiendrait 30 à 40 % » (33). Directeur du programme de médecine intégrée de l'université d'Arizona à Tucson, le docteur A. Weil n'est pas tendre envers certains modes actuels de production : « La viande a plusieurs défauts à son actif. Elle accumule les substances toxiques environnementales. À moins de provenir d'élevages biologiques, elle est aussi pleine de résidus d'hormones, d'antibiotiques et autres produits chimiques... La viande blanche ne vaut pas mieux que la rouge... » (34). Quelques précautions s'imposent donc.

D'autant que l'actualité nous révèle fréquemment les effets dévastateurs de certaines pratiques. Les farines de viande, en réalité des poudres de cadavres, ont ainsi été rendues responsables, par l'intermédiaire de *prions*, de *l'encéphalopathie spongiforme bovine* (ESB). Quoique d'autres hypothèses aient été formulées, aussi les années à venir nous en diront sans doute plus...

Interrogé sur son alimentation, le professeur L. Montagnier répondait : « Je n'ai jamais mangé beaucoup de viande, pas plus de deux fois par semaine. J'en mange peu car beaucoup de maladies sont liées à un excès de sa consommation. Une viande rouge contient des graisses saturées que le foie ne peut éliminer complètement. En trop grande quantité, elles s'oxydent et deviennent toxiques. Vivre c'est être exposé à des risques continuels que l'on ne peut empêcher : il faut savoir adopter un comportement responsable pour les minimiser » (35).

Pour ces diverses raisons, viande et dérivés animaux peuvent donc être diminués. Énergie et santé ne peuvent que s'en trouver améliorées. De plus, les protéines végétales, d'un coût nettement moindre, permettent de substantielles économies. Le portefeuille aussi y trouve son compte. Et s'il est vrai que la viande contient du fer, une alimentation riche en légumes, choux et brocolis par exemple, en apporte également.

Graisses dissimulées

Croissants au beurre, saucisson et fromages gras étaient souvent présents dans l'alimentation de Myriam et son mari. Depuis le début du siècle, la consommation de matières grasses a plus que doublé. Celles qu'on utilise pour cuire ou assaisonner, en restauration collective, sont souvent, pour des raisons de coût, à base d'huile de palme, donc saturées. De surcroît, de nombreux aliments contiennent ce type de mauvaises graisses de manière cachée : œufs, fromages, pâtisseries, pizzas, biscuits, amuse-gueule… (les chips en contiennent 38 %), mais aussi les viandes et charcuteries.

Sous l'influence de la pub, les cochonnailles, dont le jambon du soir fait partie, se retrouvent de plus en plus souvent dans les assiettes ou les plateaux-télé. Leur consommation excessive induit une augmentation du taux de triglycérides dans le sang. Le docteur J. Samaille, directeur de l'Institut Pasteur et professeur de santé publique à la faculté de médecine de Lille, pose la question : « Sait-on que la viande de porc, riche en graisses de mauvaise qualité pour l'homme, est un facteur majeur d'athérosclérose, cette tueuse silencieuse, responsable de 36 % de la mortalité dans les pays développés ? » (36).

Petite histoire cochonne

Au temps où les cochons étaient bien nourris, avec de bonnes chaudronnées de pommes de terre, leur chair était savoureuse. La graisse, bien blanche et très ferme, contenait une bonne proportion d'acide oléique, mono-insaturé. Recouvertes d'un simple papier sulfurisé, les rillettes se conservaient un an, dans la simple fraîcheur d'une cave. Et c'est avec délices qu'on plongeait le couteau dans les pots de grès. Étalées sur un bon pain de campagne, elles faisaient la joie des connaisseurs.

À présent, l'élevage industriel vise à faire produire aux porcs un maximum de graisses saturées. Ceci afin d'obtenir des durées de conservation, donc de commercialisation, plus longues. Mais le résultat obtenu est curieux : après quelques jours de réfrigérateur, les bouillies de chair porcine, déjà molles et peu savoureuses, deviennent grisâtres et insipides. La nourriture des cochons y serait-elle pour quelque chose ?

Ces animaux, le plus souvent enserrés entre d'étroits barreaux métalliques, confinés dans une promiscuité bruyante, inhalant les émanations provenant de leurs déjections, n'ont d'autre horizon que des murs de béton. Faut-il s'étonner de leur piètre état de santé, lequel nécessite de multiples médicaments ? Des aiguilles de seringues auraient même été trouvées, par des consommateurs, dans les langues de porc en gelée… Leurs éleveurs auraient-ils eu la louable intention d'augmenter ainsi la teneur en fer de cette viande ?

Quant aux résidus d'antibiotiques, de vaccins ou d'hormones de stress, ne peuvent-ils occasionner des troubles pour qui se nourrit de ces véritables cochonneries ? Mais des progrès sont en cours. Nos amis les cochons sont ravis de vous informer que le Conseil des ministres européens vient, après d'âpres discussions, d'adopter de nouvelles conditions d'élevage. L'espace réservé aux truies va désormais passer de 1,50 à 2,25m^2. Et ceci dès 2003 pour les nouveaux bâtiments. Elles en frémissent d'aise. Quant aux résidentes en anciennes porcheries, peu auront le temps d'en profiter avant 2013.

À consommer avec modération

Une consommation importante de protéines animales est associée à une incidence élevée des cancers colo-rectaux selon une enquête menée par le docteur Stoneham de l'université d'Oxford.

Des infarctus mais aussi d'autres pathologies peuvent aussi découler de la quantité excessive de viandes et charcuteries toujours salées, additionnées de composés tels les nitrates et nitrites, et parfois fumées. Ainsi, l'équipe du professeur Bougnoux, du CHU de Tours, a montré la relation entre les cancers du sein et la présence d'acides gras saturés apportés par l'alimentation.

Si, pour les amateurs de bonne chère, s'offrir un petit plateau de pâtés, andouilles ou saucissons de temps à autre, accompagné d'une miche de pain au levain et d'un verre de bon vin, fait partie des plaisirs de la vie, peut-être faut-il ne pas trop en abuser, comme Myriam et son mari ! En effet, de plus en plus de maladies – vessie, prostate, poumons –, depuis les cancers jusqu'aux simples cataractes, semblent pouvoir être liées à une trop faible consommation en végétaux.

Un assortiment de tomates délicatement parsemées de persil et basilic, des carottes râpées subtilement aromatisées au vinaigre balsamique ou un délicieux velouté de légumes, oignons ou champignons peuvent aussi régaler les papilles. D'autant que les végétaux ne sont pas qu'un accessoire pour décorer les plats…

Indispensables à la santé

Parmi les substances qui les composent, on trouve d'indispensables vitamines (du latin *vita*, vie). Ainsi la célèbre vitamine C, qui n'est fournie que par le règne végétal, permet la synthèse du collagène qui constitue la trame du tissu conjonctif. Elle accroît aussi les possibilités de désintoxication de l'organisme, ses capacités d'autodéfense, y compris contre les virus, et participe à la régulation du cholestérol. Stimulant l'activité intellectuelle, son besoin est augmenté par le stress. Lorsqu'elle vient à manquer, la fatigue est permanente, le moral peu élevé et les raideurs et douleurs articulaires sont souvent présentes, comme chez Myriam. En cas de déficience accentuée, les os deviennent plus fragiles, les artérioles peuvent saigner et les infections sont plus fréquentes. De plus, selon certaines recherches, les risques de cataracte et d'hypertension seraient majorés.

Abondante dans les agrumes, la vitamine C est présente dans de nombreux légumes feuilles, tels les choux-fleurs ou les épinards. D'autres importantes sources sont les tomates, poivrons, persil, cassis, carottes ou pommes… Les jus de fruits en contiennent également, mais à condition d'être consommés rapidement. Le contact avec l'air et la lumière, le hachage des légumes ou des crudités plusieurs heures à l'avance en détruit une bonne partie, de même que la cuisson ou la salaison. La surgélation ne la préserve pas toujours. Ainsi plus de 80 % de la vitamine C des haricots verts et 60 % de celle des groseilles disparaissent après quelques mois. La consommation de tabac la neutralise à l'intérieur de l'organisme ainsi que l'absorption d'eau du robinet trop chargée en cuivre.

Mais les végétaux ne contiennent pas que cette précieuse vitamine C…

Autres vitamines

L'acide *folique* et ses dérivés, les folates (dénommés ainsi car contenus principalement dans les feuilles), encore codifiés *vitamine B9*, sont indispensables à la reproduction correcte de nos cellules, depuis les globules rouges jusqu'aux muqueuses.

Le déficit provoque, comme le ressentaient Myriam et Robert : fatigue intense, anémie, irritabilité, troubles de la mémoire, repliement sur soi, ralentissement des processus intellectuels pouvant aller jusqu'à la dépression.

Chez la femme enceinte, des risques d'avortement ou de malformation du bébé peuvent en découler. Celles qui allaitent en ont un besoin accru.

« La carence en acide folique est la plus fréquente que j'aie rencontrée… Une étude faite sur des vieillards incapables de s'occuper d'eux-mêmes révéla que 67 % d'entre eux étaient carencés en acide folique. On peut se demander combien d'entre eux, hospitalisés pour sénilité, souffrent de carences », déplore le docteur M. Lesser, spécialiste en psychiatrie nutritionnelle à Berkeley, Californie (37).

De nombreux légumes et fruits en sont riches : bananes, brocoli, châtaignes, chou vert, cresson, épinards, fenouil, oseille, persil, tomates… Parmi les aliments de provenance animale, le foie et les œufs en contiennent, ainsi que certains poissons comme le thon. Toutefois, la cuisson et le réchauffage répété des plats détruisent en bonne partie cette vitamine.

Les végétaux sont aussi une source importante de bêta-carotène ou provitamine A, qui intervient dans la vue, la peau et l'immunité. Carottes, cresson, épinards, persil, endives, melons, abricots, pêches, pissenlits, tomates, haricots verts, myrtilles…fournissent ces *caroténoïdes*. Leur déficit induit fatigue, baisse de vision, peau sèche, pellicules. Le tissu conjonctif peut aussi se trouver altéré, d'où des sensations de raideur, comme chez Myriam.

D'autres vitamines, dites du groupe B ou hydrosolubles, peuvent également être apportées par les végétaux, céréales germées notamment. Essentielles au métabolisme des lipides ou protides ainsi que dans l'utilisation des oligo-éléments, elles interviennent dans la transformation des glucides en énergie, l'immunité et l'humeur. Ainsi, les neurones sont les premières cellules affectées par un déficit en vitamine B1 ou *thiamine* : fatigue musculaire et intellectuelle, névralgies… comme pour Myriam !

Beaucoup de personnes, comme Myriam et son mari, ne consomment presque plus de fruits. La plupart du temps parce qu'elles n'y prennent plus de plaisir, leur saveur ayant disparu. Conséquences des modes de production et de distribution actuels, les variétés également disparaissent. On ne trouve plus guère que 4 sortes de pommes, parfaitement calibrées, certes sans taches et bien cirées.

Elles subissent parfois plus de 40 traitements différents : pesticides notamment. Les plantes transgéniques se profilant à l'horizon, a-t-on besoin d'induire d'autres facteurs de risque ? Ce qu'on présente comme un progrès est-il, pour nous consommateurs, vraiment utile ? En supposant qu'il soit réel, et en attendant de constater son innocuité totale à long terme, ne peut-on se contenter d'observer encore pendant quelque temps ? Que recherchent d'abord les trusts agroalimentaires ? Notre santé ou celle de leur chiffre d'affaires ? Les assureurs, en gens généralement bien informés, exigent dorénavant une augmentation des cotisations pour couvrir les risques des cultivateurs de ces plantes...

Où est le délicat arôme des prunes reines-claudes qui parfumaient si agréablement l'atmosphère de leur inégalable senteur ? Que sont devenues les pommes de reinette qui nous régalaient les papilles quand on les croquait à belles dents ? Seules les productions artisanales semblent pouvoir nous redonner le plaisir de leur dégustation.

En plus de leur rôle énergétique, les végétaux ont aussi d'autres propriétés...

Un rôle protecteur

Comme monsieur Jourdain faisait de la prose, sans le savoir, nous absorbons de savantes compositions chimiques : *flavonoïdes, anthocyanes, proanthocyaninols, glucosinolates*... Que c'est beau, la science ! Ces substances contenues dans les végétaux ont de multiples avantages : réduction du mauvais cholestérol, régulation de la fluidité sanguine, optimisation de la sécrétion hormonale...

Selon une enquête finlandaise, les personnes qui se nourrissent abondamment de fruits et légumes diminuent leur risque cardiovasculaire de 30 à 40 %. La Scottish Heart Study confirme également que ceux qui consomment beaucoup de fruits et légumes riches en vitamines C, E et bêta-carotène présentent moins de maladies coronariennes. Mais d'autres composés comme les *polyphénols* contenus dans les végétaux (pommes, oignons) ou le thé – et même le vin à petites doses – auraient aussi un rôle. Une autre étude a montré que les femmes qui consomment beaucoup de soja, lentilles, choux, céréales complètes et fruits, ont un risque de cancer du sein divisé par 3 ou 4, par rapport à celles qui en absorbent peu. Ceci grâce aux *phyto-œstrogènes* que ces végétaux contiennent.

L'ail, les échalotes et les poireaux semblent avoir également un effet protecteur contre le cancer. Les scientifiques attribuent cette protection aux *sulfites d'allyle* et autres *polyphénols.* Ces substances activeraient aussi les enzymes capables d'éliminer les toxiques entrés dans nos cellules. Ainsi, des aliments nous permettent d'aider notre système interne de détoxication. Ceci même contre les polluants les plus meurtriers : les *oncogènes*, ces promoteurs de cancers.

Pour E. Riboli, chef de service en nutrition et cancer au CIRC de Lyon : « La consommation quotidienne de fruits et légumes réduit de 50 à 60 % les risques de cancers. » Toutefois cet effet protecteur ne commence qu'à partir de 500 g de légumes par jour et de même pour les fruits : à partir de 1 ou 2 par jour. Brocolis et choux verts semblent devancer tous les autres légumes en ce qui concerne cette remarquable propriété.

Des observations menées par le professeur Troll, de l'université de New York, et le docteur A. Kennedy de l'École de santé publique de Harvard ont mis en évidence les propriétés étonnantes des *inhibiteurs de protéases*. Ces molécules auraient la faculté de réparer les dégâts causés au système génétique par des substances carcinogènes ou des virus. Pour le moment, cette constatation n'a été faite que chez les souris. Mais en attendant qu'elle soit confirmée chez l'être humain, rien n'empêche de se régaler des végétaux qui renferment ces merveilleux réparateurs : haricots rouges, pois chiches, graines de soja, noix, brocolis, épinards, radis, concombre…

Plus de fibres

Myriam souffrait de constipation chronique, laquelle peut découler d'une alimentation trop pauvre en fibres. Classées comme glucides, les fibres végétales ralentissent la vidange gastrique, régulent l'action des enzymes, abaissent le cholestérol et protègent le tube digestif. Se comportant comme de petits balais, les fibres entraînent les déchets et évitent ainsi la récurrence des diverticules et autres polypes rectaux. Elles réduiraient aussi les risques d'appendicite. Ces éléments fibreux se retrouvent dans les céréales complètes, légumes secs ou à feuilles, ainsi que les fruits : pommes, coings, pruneaux…

Depuis une trentaine d'années, la consommation de légumes secs a été divisée par 6, celle de pain par 4, celle des légumes frais a diminué de moitié. Le pain industriel, les pâtes et le riz blanc ne contiendraient presque plus de fibres. Ce déficit participe à l'éclosion de maladies digestives, perturbe l'absorption des sucres et des graisses, donc induirait indirectement les obstructions artérielles.

Cette réduction de consommation fibreuse est, de surcroît, aggravée par un choix de plus en plus restreint. Sur les 3 000 plantes alimentaires que cultivaient nos anciens, en subsisteraient à peine 150 dans les circuits de commercialisation habituels.

Minéraux et oligo-éléments

Une cause fréquente de fatigue intense, comme celle dont se plaignait Myriam, provient d'un déficit en minéraux : calcium, magnésium, potassium, sodium, fer… D'autres, bien que présents en quantités moindres, s'avèrent également indispensables : bore, brome, chlore, cuivre, fluor, manganèse, sélénium, soufre ou zinc… L'effet des éléments dont on ne trouve que des traces est encore moins connu, mais des doses minimes auraient néanmoins des actions physiologiques. Cet équilibre minéral dépend étroitement de l'apport alimentaire.

Les anciens éleveurs de bétail avaient constaté que les terres où vivaient leurs bêtes influaient sur la qualité de celles-ci. Aussi les bœufs étaient-ils tout d'abord placés dans des terres calcaires pour leur faire des os solides. Puis emmenés sur des terres plus argileuses pour leur donner de bons muscles. Enfin, on leur faisait brouter les herbages des prairies siliceuses pour entrelarder la chair et la rendre savoureuse.

En ce qui concerne les humains, on sait depuis longtemps que, dans les régions dont le sol est pauvre en iode, les goitres sont plus nombreux. La teneur en oligo-éléments des végétaux dont on se nourrit est donc essentielle. Qu'en est-il lorsque tomates et autres légumes sont cultivés dans du polystyrène ou de la laine de verre ? Lorsqu'on n'absorbe que ce type d'aliment, faut-il s'étonner de présenter les symptômes caractéristiques de carences minérales, comme notre « restauratrice » : épuisement, déprime...

Mais Myriam n'est pas la seule. Ainsi, concernant le seul magnésium, environ 70 % des Français présenteraient des déficits. Lequel induit une mauvaise fixation du calcium, car tous ces éléments interagissent entre eux. Le cadmium, introduit de manière excédentaire, soit par le tabac, soit par des légumes trop chargés en métaux lourds, entraîne une fuite de zinc, responsable de pertes de mémoire et de fatigue...

Rechercher la qualité

Lors d'une intervention au Salon professionnel de la Diététique, J.-M. Pelt, professeur de biologie végétale à l'université de Metz, déclarait : « Rendement et qualité sont incompatibles. Plus on met d'engrais et plus les produits sont carencés, en oligo-éléments notamment. Fragilisées, les plantes doivent être traitées aux pesticides. Les engrais azotés bloquent le cuivre et le bore, et par la même occasion l'assimilation du calcium. Les nitrates augmentent la sensibilité au stress. La potasse bloque les vitamines A, B, C... Aujourd'hui, les principales vitamines ont été réduites d'un dixième par rapport aux produits consommés il y a 40 ans. Par exemple, la vitamine PP a quasiment disparu des fraises... » (38). Heureusement, de plus en plus de cultivateurs ont pris conscience de ce problème et ont à cœur de proposer des légumes et fruits de qualité.

Les sauces et assaisonnements qu'utilisaient Myriam et son mari étaient livrées toutes faites. En ce qui concerne les huiles, les docteurs K. Bonan et Y. Cohen, spécialistes en nutrition, sont formels : « Les procédés industriels de stabilisation transforment la nature des acides gras essentiels (par exemple l'acide cislinoléique devient translinoléique) et les rendent inaptes à leur fonction » (23). De bonnes huiles d'olive ou de noisette, pressées à froid, apportent et respectent ces éléments vitaux, tout en régalant les palais gourmets de leurs saveurs fruitées. On les trouve partout.

La qualité de la farine, qui entre dans la composition de nombreux aliments, a également une grande importance. B. Fichaux, enseignante en nutrition, le rappelle : « La farine blanche a perdu 50 à

70 % de magnésium et de vitamine E. L'usage prolongé des antibiotiques favorise la formation de souches bactériennes résistantes et détruit la flore intestinale normale ; ceci peut causer, entre autres, une carence en vitamines B et K » (39). Là encore, des farines complètes ou semi-complètes sont à notre disposition. En conclusion, s'il est pratique de pouvoir disposer, en réserve, d'un pain blanc congelé, de pâtes en paquets ou de boîtes de conserve, cela devrait rester un dépannage. Et non constituer l'essentiel de l'alimentation du soir comme chez notre couple de restaurateurs...

Retour aux sources

Les rares végétaux que consommaient Myriam et son mari ne provenaient que de cultures industrielles. Hors, une bonne partie de ceux qui sont cultivés dans l'Hexagone dépasserait les normes admises en pesticides, selon les résultats d'une enquête réclamée par l'Union européenne et publiée en août 2001. Ce qui reflète parfaitement l'utilisation massive de ces produits par ce pays champion d'Europe toutes catégories avec près de 900 molécules utilisées.

Quant à l'autre partie, celle où les analyses ne retrouvent que peu de traces, cela ne prouve-t-il pas leur bonne valeur pour notre santé ? « Pas du tout, rétorque le docteur C. Recchia, nutritionniste du CERIN, les pesticides peuvent s'être décomposés en dérivés parfois plus toxiques encore » (40). Spécialiste en microbiologie, F. Vom Saal, de l'université du Missouri, le confirme : « Un milliardième de gramme d'un produit hormono-sensible peut endommager un fœtus, chez l'animal comme chez l'homme. Or de telles quantités se trouvent dans la nourriture » (41). Plusieurs enquêtes épidémiologiques ont confirmé que l'absorption importante de céréales raffinées entraînait un risque accru de cancers des voies digestives, du larynx, du pharynx et de la thyroïde (42).

Il est souvent vrai qu'on achète d'abord avec les yeux. Un bel emballage, une étiquette alléchante, de gros légumes, des fruits bien calibrés séduisent facilement les acheteurs qui, comme Robert et Myriam, ne s'attachent qu'à l'apparence. Ainsi que l'écrivait déjà Léon Tolstoï : « Il est étrange que soit aussi totale l'illusion que le beau est le bon. »

Mais, pour être sains, légumes et fruits doivent être également frais. Les partisans de la chimie prétendent que l'absence de pesticides pourrait laisser la place à des micro-organismes aux effets parfois redoutables chez les personnes à l'immunité affaiblie. Pour les défenseurs des cultures sans pesticides, ce danger ne serait que relatif. Les *aflatoxines* ne se développant généralement que sur les dérivés d'arachides et dans des conditions de températures assez élevées. Quant aux *patulines*, autres sortes de moisissures qui peuvent effectivement se retrouver sur des fruits avariés, pommes notamment, une sage précaution consiste à ne pas croquer ou presser de tels fruits, même après avoir enlevé la partie abîmée.

En réalité, le véritable danger de ces toxines résiderait dans leur absorption par les vaches. Les ensilages, dont elles sont gavées dans les élevages industriels, en seraient remplis. Ingérés, ces micro-organismes virulents contamineraient ensuite le lait.

LABEL BIO

L'agriculture et l'élevage biologique prennent en compte toute la chaîne de production, depuis la terre ou l'étable, jusqu'à la distribution. En France, cinq organismes de certification sont agréés par l'État : Afaq-Ascert International, Ecocert, Qualité France, Qualité Nord-Pas-de-Calais et Ulase. Le sigle A.B. (Agriculture Biologique), accordé par le ministère de l'Agriculture, garantit :

– une élaboration et une production exemptes de produits chimiques de synthèse ;
– que les ingrédients utilisés soient biologiques pour 95 % au moins ;
– une absence totale d'OGM (organismes génétiquement modifiés).
– la traçabilité complète des produits.

Deux autres organismes privés existent :

– Nature et Progrès accorde son label à des produits au moins 95 % bio ainsi qu'au vin, aux produits de la mer et au sel.

– Demeter signe les produits de culture biodynamique : production bio avec emploi de préparations naturelles, semis suivant les rythmes du soleil et de la lune…
À lire : *Les Bonnes Adresses de la Bio*. Nature et Progrès, Éd. Utovie.
Idem pour le vin bio.
Guide du consommateur bio, Rachel Frély, Éd. Josette Lyon.

Pour ne pas être dupé par la seule apparence, rien ne vaut un contact rapproché, ce que fit plus tard Robert…

Retrouver le plaisir

Faire son marché, se ravir les yeux du spectacle coloré des étals, humer les multiples senteurs qui nous titillent agréablement les narines, échanger quelques bons mots avec le crémier, retrouver la consistance craquante d'un pain à l'ancienne, cuit au feu de bois, fait de bonne farine non traitée, constituent des plaisirs à redécouvrir. De nombreux épiciers ont à cœur de proposer d'appétissantes cascades de fruits et légumes sélectionnés. Cependant, pains et produits bio peuvent être aussi trouvés dans certaines grandes surfaces.

De retour chez soi, comment ne pas préférer l'arôme des fruits et légumes frais qui emplit la cuisine à celui des plastiques qui recouvrent les barquettes surgelées ? Déversés dans des corbeilles d'osier, noix, amandes et noisettes ajoutent au décor, de même que les tresses d'oignons et boîtes d'épices.

Dans ce lieu privilégié, on peut alors concocter ce qui entretient et agrémente notre vie. Comment ne pas prendre plaisir à préparer le repas, à éplucher quelques légumes tout en écoutant frémir le filet d'huile dans le faitout ? À disposer joliment un plateau de délicieux fromages, faits de lait de vache ou chèvre élevée dans des pâturages ? Rien qu'en humant les fumets qui envahissent la maison, la narine frétillante et la papille réveillée, on se régale à l'avance du bon moment qu'on va passer à table…

N'est-ce pas autre chose que d'avaler le plus rapidement possible un morceau de bœuf qui a tourné à moitié en eau dans la poêle ou un carré de poisson surgelé passé au micro-ondes, suivi d'une portion de caoutchouc blanchâtre aussi aseptisée que dépourvue de goût, comme ce dont se nourrissaient Myriam et Robert ?

Bilan rapide

Dressons un point rapide sur les problèmes de nos deux restaurateurs : « Trop de viandes, trop de lipides entraînent le manque de fibres ainsi qu'une carence en certaines vitamines et oligo-éléments, qui provoquent des maladies cardio-vasculaires, des constipations avec leurs conséquences, la polypose et la diverticulose intestinale », résume le docteur M. Fievet-Izard, spécialiste en nutrition (43).

« Vous êtes déprimé, vous n'arrivez plus à vous concentrer, un rien vous décourage ou vous rend agressif, bref ça ne tourne pas rond dans votre tête. Vous incriminez le stress, le surmenage, les soucis. En fait, c'est peut-être votre corps qui fonctionne mal. Une vitamine qui manque, un oligo-élément présent en quantité insuffisante, des traces infimes d'un polluant, il n'en faut pas plus pour détraquer cette merveilleuse et délicate machine qu'est le corps », ajoute le docteur M. Lesser, spécialiste en psychiatrie nutritionnelle (37).

Une cohorte de symptômes peut découler du déficit en vitamines et minéraux consécutif à une alimentation trop restreinte en végétaux : perte d'entrain, fatigue intense, inhibition des capacités de détoxication vis-à-vis des polluants divers, baisse de l'immunité, déminéralisation, hypersensibilité au stress, irritabilité, repli sur soi, déprime… « Pourquoi nous plaignons-nous souvent d'être en méforme, irritables et indifférents ? La réponse est dans notre alimentation quotidienne », soulignent les nutritionnistes V. Edgson et I. Narber (44).

Myriam et Robert ne sont pas les seuls à s'alimenter insuffisamment en fruits et légumes, 60 % des Français seraient dans ce cas ! « Les aliments contenant du bêta-carotène, des vitamines A, E et D, du calcium, du magnésium, du sélénium… devraient être inscrits dans tous les menus des cafétérias et restaurants… » conseille le professeur H. Joyeux, cancérologue et nutritionniste (5).

Pour compenser sa déprime – qui découlait pour beaucoup de son alimentation déséquilibrée –, Myriam grignotait des confiseries, chocolats, gâteaux en plus des chips... Cependant, leur forte teneur en sucres rapides conduisant au diabète et au surpoids, on peut les remplacer par d'autres aliments tout aussi riches en précurseurs de la sérotonine, ce médiateur du bien-être : soja, aubergines, tomates, pain complet, bananes, dattes, noix, prunes...

Raideurs musculaires et douleurs articulaires sont aussi les conséquences de déficits. Ainsi, les personnes qui délaissent les légumes cuits augmentent de 75 % leurs risques de souffrir un jour d'arthrite. L'utilisation exclusive d'huiles et margarines saturées avait aussi son importance.

Certains aliments ont la réputation de favoriser également ces inflammations articulaires : viandes rouges et fromages fermentés, sucres rapides et café. En contrepartie, d'autres se comportent comme de véritables anti-inflammatoires naturels : les poissons gras, type hareng, maquereau, saumon ou truite, les huiles végétales pressées à froid comme celles d'olive, colza ou maïs, et enfin de nombreux légumes, graines ou fruits. À titre d'exemple, les cerises contiennent des *proanthocyanides* qui réduisent les inflammations articulaires. Des condiments comme le curcuma ou les piments possèdent également ces propriétés.

En ce qui concerne la prévention cardio-vasculaire, le remplacement de la viande par d'autres sources de protéines apporte aussi ses avantages : « Des études ont montré que le risque de décès par infarctus du myocarde est réduit de 38 à 45 % chez les hommes consommant plus de 35 g de poisson par semaine. Cette consommation n'est pas difficile à réaliser, elle correspond à 2 rations hebdomadaires », précise le docteur A. F. Creff, chef de service de nutrition à l'hôpital Saint-Michel à Paris (45). Là aussi, de nombreux épices et aromates apportent leurs effets protecteurs en piégeant les radicaux libres et en diminuant le LDL ou « mauvais » cholestérol.

Pour compenser le manque d'énergie lié à la carence en fruits, légumes et céréales, Myriam et son mari absorbaient café sur café, tout au long de la journée. À ce sujet, voici ce que rapporte le docteur John Briffa : « La consommation régulière de caféine peut être à l'origine de fatigue, de maux de tête, d'insomnies, d'états dépressifs, d'irritabilité et d'angoisses » (46). Ce qui évidemment n'arrangeait pas la situation. On accuse également cet excès de café d'élever le taux de cholestérol et, par sa dégradation en acide urique, de contribuer aux douleurs articulaires. L'ostéoporose se trouverait également favorisée.

Café, thé, chocolat, sucres rapides et alcool sont des stimulants certes très agréables, mais leur effet tonique ne se fait sentir qu'à court terme. Répétés trop fréquemment, ils se comportent en inhibiteurs de l'énergie et induisent ou majorent les dysfonctionnements de notre organisme.

Parmi ceux-là, il en est qui gâchent périodiquement la vie des femmes et de leur entourage…

Le syndrome prémenstruel

Parmi les principales manifestations de ce dérèglement hormonal, on retrouve : fringales, congestion des seins, maux de tête, insomnies, irritabilité, anxiété, envies de pleurer, déprimes, pensées suicidaires, comme pour Myriam… Entre 70 et 75 % des femmes en souffriraient plus ou moins régulièrement.

Pour l'atténuer, voire le faire disparaître, Karen Vago, nutritionniste, recommande : « Consommez des huiles de première pression à froid, de noix, de colza, de soja… Mangez des poissons gras : maquereau, sardine, flétan, saumon, thon. Incorporez régulièrement des graines de courge, de tournesol, de sésame ainsi que des noix et amandes dans votre alimentation. Diminuez votre consommation de produits laitiers. Outre les graisses saturées, ils apportent parfois trop de calcium qui peut bloquer l'absorption du magnésium souvent déficient chez les femmes souffrant de syndrome prémenstruel (SPM). Augmentez votre consommation de légumes verts qui apportent magnésium et vitamines B6, les deux nutriments clés pour ne plus souffrir de SPM. Limitez votre consommation d'alcool, de cigarettes, de sucre, de café et de chocolat, ils peuvent aggraver l'anxiété, l'irritabilité et l'insomnie. Faites régulièrement de l'exercice physique. »

Elle conseille également la prise de quelques compléments alimentaires – vitamines, notamment la B6, magnésium et huile d'onagre – et conclut : « Le SPM n'est pas inhérent à la condition féminine, il peut être tout à fait éliminé de votre vie » (47).

Retour vers la santé

Convaincre Myriam ne fut pas une chose aisée, et son mari moins encore. Pour eux, les maladies survenaient comme ça, par l'âge, le manque de chance ou l'héritage des générations antérieures. Peu leur importait, ce qu'ils recherchaient c'était un traitement efficace *contre* leurs désagréments de santé. L'alimentation, franchement, ils n'y croyaient pas. Les légumes ? Ils tordaient de la bouche, rien qu'à l'évocation du nom.

Toutefois, entraînés par des amis qui leur vantèrent la forme obtenue grâce au changement alimentaire conseillé par un nutritionniste, ils acceptèrent d'essayer, mais du bout des lèvres. Trop d'obstacles se dressaient devant eux : Robert ne savait guère cuisiner les légumes, il fallait se lever plus tôt pour se procurer des produits frais, et surtout leur clientèle n'appréciait que la viande.

C'est avec une réticence certaine qu'ils préparèrent leurs premiers plats où les végétaux aussi étaient à l'honneur. Et où, vitamines, minéraux, oligo-éléments ainsi qu'acides gras essentiels étaient plus présents que les protéines animales et les graisses saturées. Juliennes, brouillades, gratins, ratatouilles, émincés, sautés ou brunoises prirent une place de plus en plus importante dans leurs repas.

Progressivement, aussi incroyable que cela puisse leur paraître, leur tonus remonta, les raideurs s'estompèrent. Un petit programme de gym et d'automassages, sur le conseil de leur kiné, les aidèrent à se remettre en selle. Ils purent diminuer le café. Les nuits furent meilleures, bref, en quelques mois les résultats furent plus qu'évidents. Robert se passionna pour la cuisine énergétique et dévora plusieurs ouvrages. Il se risqua même dans des plats composés exclusivement de végétaux, genre blinis à la viennoise, gnocchis de maïs à la grecque, risotto de boulgour aux champignons ou tagliatelles fondantes à la farandole de légumes (48).

Proposer ces plats à une clientèle essentiellement carnivore ne fut, non plus, guère facile. Pourtant, certains, histoire de varier un peu, s'y risquèrent sur l'incitation du sourire retrouvé de Myriam. Ceux-là s'aperçurent vite du changement. Ils n'étaient plus saisis par une irrésistible envie de « piquer des pois » à leur volant ou chez leurs clients. Au contraire, les après-midi se déroulaient bien, ils se surprenaient à être en forme. Aussi recommencèrent-ils à reprendre de la viande et des frites, pour vérifier l'origine de ce dynamisme retrouvé. Convaincus, ils retournèrent chez Myriam, qui devint vite réputée pour ses repas « énergétiques et bios, tout autant que bons ».

Leur clientèle tripla en 2 ans, ce qui leur permit de revendre leur petit restaurant pour acheter un bel hôtel dans une grande ville.

Une perturbation alimentaire fréquente

De trop nombreuses personnes s'alimentent de manière déséquilibrée. Tout d'abord par les conditions de vie actuelle qui imposent des rythmes de vie trépidants.

La femme, qui traditionnellement veillait à l'intendance familiale, doit dorénavant travailler à l'extérieur, reprendre les enfants à la crèche ou à l'école, courir ensuite faire les courses avant de préparer le dîner. Faire le marché, éplucher des légumes ne se fait pas en quelques instants. Alors, pour gagner du temps, on achète du tout-prêt, du sous-vide, du surgelé. Le vite-fait devient quotidien, on se contente de plats-minute, et si l'apparence reste un critère d'achat, on s'habitue aux arômes artificiels et aux goûts renforcés par les additifs. Dans de nombreuses familles, le plateau-télé à base de cochonnailles et de fromages industriels a remplacé le repas pris à table.

Le déjeuner est, de plus en plus souvent, pris dans les restaurants d'entreprise, cantines ou autres collectivités. Si le décorum est souvent attrayant, et si les menus alléchants – sur le papier – laissent supposer la fraîcheur, la qualité est loin d'être au rendez-vous. Par nécessité de conservation, les huiles sont à base de palme, donc quasi exclusivement saturées. Pour des raisons de rentabilité, les matières premières sont les moins chères possible. Le client, souvent en discussion d'affaires, avale sans se rendre compte que le « poisson du jour, selon arrivage » qu'il a commandé n'est en réalité qu'un infâme surgelé. Adieu légumes frais, vitamines, AGE et nutriments indispensables. Des carences ne peuvent que survenir, génératrices de fatigues, d'arrêts de travail, de baisse de rendement et… d'augmentation des charges pour l'entreprise.

Cette recherche du prix minimum est également source de perturbation. Le professeur J.-F. Narbonne de l'Agence française de

Protection alimentaire est catégorique : « La publicité sur les bas prix de certaines denrées alimentaires ne devrait pas être tolérée car il ne peut s'agir que de produits de moindre qualité » (49). Ainsi que le montrent les statistiques, on dépense de moins en moins pour l'alimentation mais de plus en plus pour combattre les maladies. N'y aurait-il pas un rapport de cause à effet ?

Chez elles, rares sont les personnes seules qui cuisinent. N'ayant personne à qui faire plaisir, elles réduisent leurs repas au minimum. Très vite la variété des plats se restreint aussi, donc les apports en nutriments. On a vu que certains étudiants, par manque de temps et de savoir-faire, négligent complètement leur alimentation. Aggravant leur fatigabilité, ils augmentent considérablement les efforts qu'ils doivent fournir pour apprendre.

L'avancée en âge n'est pas, en elle-même, un facteur de déséquilibre nutritionnel. Mais, par peur de tomber, des personnes âgées ne sortent plus guère de chez elles. D'autres, vivant seules, craignent de déranger ceux ou celles qui les aident. Se satisfaisant de peu, elles ne prennent parfois qu'un seul repas par jour. Plus nombreuses encore sont celles qui ne mangent presque toujours que les mêmes choses.

Les déficiences en nutriments essentiels s'installent vite, ce qui majore les risques de cataracte, de maladies coronariennes, d'accidents vasculaires cérébraux voire de dégénérescences type Alzheimer. Plus fréquentes encore sont les modifications du caractère : « Les carences vitaminiques peuvent entraîner des troubles du comportement, allant de la simple irritabilité jusqu'à la confusion mentale. Des études scientifiques ont évalué ces insuffisances : par exemple, 7 à 27 % des personnes âgées sont carencées en vitamines B2 », signale le docteur C. Mirabel Sarron (25).

Mieux s'alimenter

Entraînant une baisse de l'immunité, les déficits alimentaires rendent plus fragile vis-à-vis de nombreuses maladies, notamment infectieuses. « On creuse sa tombe avec ses dents », dit le célèbre adage. G. Herbert ajoutait : « Quel que soit le père de la maladie, un mauvais régime en fut la mère. »

Il est donc indispensable de veiller à la qualité de son alimentation :

L'ÉQUILIBRE ALIMENTAIRE

C'est se nourrir de façon variée, manger un peu de tout et en quantité suffisante, sans excès. En répartissant harmonieusement les apports alimentaires tout au long de la journée :
– un petit déjeuner solide : fruits, céréales, pain au levain et confitures, thé, café léger ou autres boissons non sucrées.
– un repas du midi reconstituant : crudités, viande ou œufs ou poisson ou céréales, légumes, salade et fruits. De l'eau en quantité suffisante, y compris entre les repas.
– un dîner léger facilite le bon sommeil : potage ou crudités, céréales et légumes, salade, fromage (voir chapitre 5), fruits. Un petit verre de bon vin complète agréablement l'eau de source. Et un dernier fruit avant de se coucher, éventuellement accompagné d'une tisane.
Pour beaucoup d'entre nous, cette recherche d'un meilleur équilibre alimentaire revient à diminuer légèrement la consommation de corps gras d'origine animale, de sucres rapides et d'alcool. Et à augmenter les apports en poissons gras, céréales, légumes verts et secs, fruits… sans oublier l'eau. De la qualité de nos aliments dépend notre vitalité. En ce qui concerne les condiments et assaisonnements, ne pas forcer sur le sel et ne pas oublier les huiles végétales.
Une petite marche décontractée ou un moment de repos, selon les aspirations de chacun, faciliteront une bonne digestion. La cigarette n'est nullement nécessaire si l'on veut que la restauration du dynamisme ne s'envole pas en fumée !
Et si, de temps à autre, les circonstances de la vie nous éloignent de ces principes, il ne faut surtout pas en faire un drame. L'équilibre alimentaire se fait au fil des semaines, on a donc tout loisir de compenser par la suite. Chaque repas, même s'il ne répond pas aux normes, doit rester un bon moment de la vie, l'occasion de savourer les succulents produits que nous offre la nature, délicieusement présentés et agrémentés par la main de l'homme… ou de la femme.

En fait, bien se nourrir, c'est un peu comme emprunter une très large et agréable avenue. Si on peut se permettre d'en sortir, pour s'offrir quelques incartades, il faut savoir que le rodéo alimentaire hors pistes augmente les risques. Surtout lorsqu'il devient fréquent. Tout dépend aussi de nos propres capacités à assimiler.

En effet, plus la vitalité est bonne et mieux on supporte les écarts, perturbations ou pollutions alimentaires. Notre organisme possède un remarquable système de détoxication. Lequel peut être aidé par une bonne alimentation. Une meilleure nourriture pouvant aussi contribuer à nous sortir de situations difficiles :

Sauvés par leur nourriture

Dans son numéro spécial consacré à l'alimentation (50), le journal *L'Impatient-Alternative santé* cite quelques témoignages :

• Paul, censeur dans un lycée, tombe gravement malade. Atteint de tuberculose, crachant du sang quotidiennement, il adopte une alimentation saine, des exercices physiques quotidiens et la pensée positive. Devenu professeur d'aïkido, il continue, à 79 ans, à dispenser des conférences sur la façon de vivre et déclare : « Ce régime m'a sauvé la vie. On me donne 5 à 10 ans de moins que mon âge ! »

• Atteint d'une sclérose en plaques, Marc avait commencé par prendre la cohorte des médicaments classiques : immunosuppresseurs, cortisone… Malgré cela, « mon état ne fait qu'empirer : paralysie du côté gauche, névrite optique, troubles de l'équilibre… ». Il entend alors parler de la méthode Kousmine (51) dont il appliquera scrupuleusement les conseils. Peu à peu ses poussées s'estompèrent et disparurent, lui permettant de réduire puis de cesser tout médicament. « Aujourd'hui, je fais du ski, je vis normalement ! » conclut Marc.

• Elle aussi affligée par une sclérose en plaques dès l'âge de 16 ans, Patricia connut durant des années une longue descente aux enfers : douleurs insoutenables, profondes angoisses… Peu à peu, elle perd l'équilibre, doit s'accrocher à tous les meubles pour avancer, tombe souvent et marche parfois à quatre pattes. Le retour à l'équilibre alimentaire lui permettra de retrouver une vie normale.

Le corps possède en effet d'étonnantes capacités d'autoréparation. Il peut cicatriser les plaies, réparer les fractures, ceci sans laisser aucune trace, et même réparer des séquences d'ADN détériorées. Pour cela, il suffit de lui en donner les moyens. Parmi ceux-ci, l'alimentation joue un rôle primordial. Ainsi que l'explique le professeur A. Weil, directeur du programme de médecine intégrée de l'université d'Arizona à Tucson : « Les points essentiels d'une alimentation saine ne vous obligent pas à devenir un maniaque de la diététique ni à renoncer aux plats que vous aimez... Et ils aideront le système réparateur de votre organisme à fonctionner plus efficacement » (34). Le chapitre suivant montrera comment optimiser encore plus la manière de nous alimenter.

Pouvant nous faire grossir ou maigrir, nous détendre ou nous rétracter, d'une manière globale ou locale, la mise en bouche nous modèle au fil du temps. Ce que nous absorbons et la manière dont nous le mangeons s'inscrit dans l'histoire cachée de notre corps. Ce que nous respirons aussi influe sur notre santé...

CHAPITRE 4

LES TOXIQUES SE CACHENT POUR NOUS NUIRE

L'humanité serait depuis longtemps heureuse,
si tout le génie que les hommes mettent à réparer
leurs bêtises, ils l'employaient à ne pas les commettre.
G. B. SHAW.

Les toxiques ? À l'énoncé de ce mot, beaucoup d'entre nous imaginent des bonbonnes marquées de l'emblème à tête de mort. Dans l'industrie, ces produits existent certes, mais nous n'en avons pas chez nous. En quoi sommes-nous concernés ?

GROSSE FATIGUE

Au cours de leurs vacances estivales dans la charmante petite fermette qu'ils avaient louée, François et Joëlle se sentirent peu à peu envahis par une lassitude anormale. En dépit de soirées tranquilles, sans télé, ils se réveillaient fatigués. Leurs membres, tout d'abord envahis de courbatures, leur paraissaient devenir pesants et endoloris. Cette sensation était particulièrement marquée chez Joëlle. La jeune femme jusqu'alors si tonique, s'essoufflait rapidement : « Les randonnées à vélo que nous avions l'habitude d'effectuer me devenaient pénibles, les moindres montées me brûlaient les muscles et me déchiraient l'intérieur des poumons. À chaque fois, je rentrais épuisée ! » Son attitude aussi se modifia, elle semblait s'affaisser sur elle-même, comme si elle avait pris quelques années de plus.

Inquiets de ce changement, ces jeunes enseignants se firent examiner. Mis à part une tension un peu faible, aucune pathologie grave ne put être mise en évidence. Cette fatigue fut attribuée aux suites d'une année scolaire difficile et à une reprise sans doute trop rapide des efforts physiques.

Pleinement rassurés, François et Joëlle prirent les remontants conseillés et limitèrent leurs activités à quelques balades à pied entre de longs épisodes de siestes et de lectures. Cependant les cures de méridienne n'empêchèrent pas les troubles de s'accroître : « Mes bronches devenaient sensibles dès que quelque chose flottait dans l'air. Je devais faire des efforts pour respirer à fond », ajoute la jeune femme.

Parfois la tête lui tournait lorsqu'elle se relevait un peu vite ou bien son cœur se mettait à palpiter pour un rien. La survenue épisodique de très légers tremblements la décida à consulter à nouveau. Les analyses ne montrèrent rien d'autre qu'une grande nervosité et un état légèrement dépressif. De nouveaux remèdes symptomatiques furent prescrits qui les soulagèrent bien. Toutefois, malgré leur efficacité, ceux-ci s'avérèrent cependant insuffisants pour les remettre complètement sur pied. François et Joëlle ne pouvant aborder la rentrée des cours en telle méforme, un repos supplémentaire leur fut accordé.

L'air pur de la campagne leur paraissant plus propice à un bon rétablissement, ils retournèrent chaque week-end dans leur home champêtre. Néanmoins leur sommeil devint de plus en plus perturbé, ils transpiraient sans raison, la gêne respiratoire de la jeune femme s'accrut, ainsi que ses épisodes de nervosité. La fatigue s'amplifia, ce qui renforça leur anxiété. Parallèlement, leur entente, jusque-là sans nuages, se fit difficile. Ils devenaient susceptibles, irritables et se disputaient pour des peccadilles.

Un dimanche en fin d'après-midi, Joëlle fut prise de tremblements avec d'intenses palpitations. Une crise de spasmophilie fut diagnostiquée. Traités par piqûres, les symptômes cessèrent très vite et la semaine se passa assez bien. Mais le week-end suivant, la jeune femme refit une nouvelle crise et faillit s'évanouir. Hospitalisée en urgence, tout risque de maladie grave fut, à nouveau, écarté et le diagnostic du médecin traitant confirmé.

Angoissés malgré tout, François et Joëlle consultèrent d'autres spécialistes. Les diagnostics se succédèrent, les médicaments se multiplièrent, les arrêts de travail se prolongèrent... Heureusement, ils étaient pris en charge par leur caisse d'assurance. La société ne leur devait-elle pas la santé ?

Comment pouvaient-ils être devenus aussi mal en point ? Pourquoi cette fatigue persistait-elle, malgré les différents traitements essayés ? Et surtout, bien que Joëlle paraisse visiblement la plus touchée, par quel hasard étaient-ils atteints simultanément ? Comme ils étaient fonctionnaires, autour d'eux on commençait à penser qu'ils tiraient au flanc...

Reprenons les faits. Ces jeunes personnes se disaient bien-portantes avant les vacances, donc quelque chose s'était produit pendant celles-ci. Un élément qui les concernait tous les deux. Cette fatigue se produisait-elle les autres années ? « Négatif, c'était la première fois », répond François. Demandons-leur alors s'ils ont opéré un changement dans leurs habitudes de vie ? « Aucun ! » affirment-ils ensemble sans aucune hésitation. « D'ailleurs, nous aurions logiquement dû être plus reposés qu'auparavant, car ces vacances-ci, nous n'avons pas été ennuyés par les insectes, et surtout pour dormir », surenchérit Joëlle, qui ajoute : « Le seul inconvénient de notre petit paradis champêtre, ce sont les mouches et les moustiques. En raison de la présence d'animaux de ferme, ils pullulent. Mais cette année, mon mari a trouvé la parade. François s'est procuré des insecticides très puissants. En plus de serpentins et de grosses plaquettes, il vaporise généreusement toutes les pièces plusieurs fois par jour. Ces derniers temps, je les supporte plus difficilement car leur odeur m'incommode. Je reconnais pourtant que, grâce à eux, nos siestes et nos nuits ont été exemptes de ces agaçants zizinements. Toutefois, malgré cela, nous n'avons jamais pu récupérer ! »

Les insecticides seraient-ils responsables des ennuis de ce jeune couple ? Impossible, penserez-vous, ces quelques molécules dispersées dans l'air, pour nous les humains, ce n'est rien ! Ces produits, avant d'être autorisés à la vente, ne font-ils pas l'objet d'études, de tests, de contrôles et d'autorisations administratives ?

Des produits d'usage courant peuvent-ils être nocifs ?

Une première partie de la réponse nous est fournie par le professeur G. E. Séralini du CNRS (France). En spécialiste de biologie moléculaire, il explique pourquoi les tests pratiqués, visant les répercussions sur la mortalité et à court terme, principalement sur des cellules *in vitro*, sont largement insuffisants : « Les expériences poussées ne sont pas toujours réalisées, ni même demandées par la législation avant la mise sur le marché. Elles seraient à l'heure actuelle fort longues et complexes, et jugées coûteuses, en regard des intérêts commerciaux mis en jeu, qui veulent toujours aller vite. Alors on découvre *a posteriori* l'effet de telle substance cancérogène ou affaiblissant le système hormonal des individus, voire mettant en cause la fertilité... Et l'on ne compte plus les substances interdites après coup, dont des enfants et adultes ont fait et font toujours les frais » (1).

F. Vom Saal, biologiste de l'université du Missouri, est d'un avis similaire : « Les effets sur la santé de la plupart des pesticides en usage n'ont jamais été évalués. Le poids de la preuve pèse sur le public : On considère que ces produits peuvent être utilisés tant que la population n'est pas gravement affectée » (2). La commission Environnement du Parlement européen confirme que 38 % des pesticides autorisés n'auraient pas de dossier toxicologique… En France, « les principes actifs des insecticides ménagers ne sont soumis à aucune procédure d'homologation », ajoute une revue scientifique d'information (2).

Enfin, le professeur A. Picot, expert en toxicologie et directeur de l'Unité de Prévention du Risque chimique en France, complète la réponse : « Des enquêtes ont montré que pour tuer l'insecte qui les agace, certaines personnes vaporisent près d'un million de fois la dose nécessaire. Un être humain est, heureusement, bien plus gros qu'un moustique, mais la dose dangereuse se rapproche ! D'autant plus que l'été, pour ne pas être incommodés par ces petites bêtes, on ferme soigneusement portes et fenêtres » (3). On peut donc respirer, à pleins poumons et des heures durant, bien d'autres choses que de l'air pur...

À titre d'exemple, certains insecticides ménagers, sous forme d'aérosols ou de plaquettes, peuvent contenir du *dichlorvos*. Toux, respiration difficile, asthme, rhinites, fatigue, vertiges, transpirations, troubles de la vue... sont les premiers symptômes provoqués par des inhalations prolongées ou trop répétées de ces molécules. Comme ce que ressentaient François et Joëlle. Classé dans les produits « qui peuvent entraîner des risques graves, aigus ou chroniques et même la mort », c'est un cancérogène possible pour l'homme selon le Centre international de Recherche sur le Cancer.

INSECTICIDES

Chez les insectes comme chez l'homme, l'influx nerveux passe dans les muscles au niveau des *plaques motrices* grâce à une substance (*l'acétylcholine ou ACh)* normalement hydrolysée par une enzyme (*l'acétylcholinestérase*).
Les insecticides *organophosphorés* comme le *dichlorvos* ou le *parathion* (dont un dérivé est utilisé comme gaz de combat) inhibent cette action. La surproduction d'ACh amène la paralysie donc la mort des insectes. Chez l'homme, des doses importantes de ces molécules peuvent provoquer : *tremblements, incoordination, convulsions, diarrhée, pertes d'urine, asthmes, contractions musculaires, faiblesses, pertes de réflexes, paralysies...*
Le *chlorpyrifos* est aussi un organophosphoré qu'on retrouve dans des aérosols, poudres antitermites, colliers pour animaux domestiques et certains produits de jardinage. Sa toxicité affecte également le système nerveux. À présent interdit aux États-Unis, il reste autorisé en France.
Les *organochlorés* constituent une autre catégorie d'insecticides aux effets beaucoup plus persistants et dont le mode d'action reste encore mal connu. Ils peuvent induire : fatigue, manque d'appétit, vision floue, troubles de l'équilibre, diminution de la sensibilité, irritabilité, perte de mémoire, tremblements, convulsions... Leur toxicité chronique n'apparaît qu'après plusieurs années d'utilisation et peut déterminer des pathologies neurologiques, hépatiques ou sanguines (hémorragies par exemple). Un des plus connus, le DDT, supprimé en Europe, reste utilisé dans de nombreux pays qui exportent leurs productions agricoles...

Des crises d'angoisse ont été une des premières manifestations des effets toxiques du *lindane,* utilisé en France jusqu'à une date récente dans les lotions antipoux et dans certains insecticides fumigènes. Les insecticides organochlorés peuvent aussi perturber la physiologie du tissu conjonctif, donc provoquer des raideurs musculaires. Ils ont également le regrettable effet de modifier l'action de certains médicaments.
Certains répulsifs antimoustiques contiennent une substance irritante (le *N, N-diéthyltoluamide)* susceptible d'engendrer, à fortes doses, des encéphalopathies avec convulsions et œdème cérébral chez des enfants fragiles.
Les *pyrétrines* et *pyrétrinoïdes* sont considérés par la plupart des toxicologues comme des substances inoffensives pour l'être humain. Mais tous ne sont pas de cet avis : « Les pyréthrinoïdes de synthèse sont un exemple de ces insecticides lancés massivement sur le marché qui présentent des effets immunosuppresseurs et cytogénotoxiques spectaculaires », écrit le professeur F. Diel, directeur scientifique à l'Institut pour l'Environnement et la Santé de Fulda (5).

Pour préserver les vêtements, on a souvent recours aux antimites à base de *paradichlorobenzène,* molécule qu'on retrouve aussi dans de nombreux désodorisants ou plaquettes W.-C. Si ce toxique envoie les mites vers le paradis, les humains sensibles qui l'inhalent peuvent ressentir des irritations de la gorge, du nez et des yeux, des maux de tête ou vertiges. Ces jolies boules blanches ne doivent pas être laissées à portée des enfants car, sucées, elles amèneraient de sérieux ennuis non seulement digestifs, mais aussi hépatiques, rénaux, nerveux ou sanguins.

Ils imprègnent l'air que l'on respire…

Tuant les insectes, ces substances toxiques empoisonnent par voie de conséquence les mammifères et oiseaux qui s'en nourrissent. Ceci aurait le double effet d'éviter de partager « nos » fruits et, par l'élimination de ces prédateurs naturels, de conduire à utiliser plus encore d'insecticides. Ces toxiques empoisonneurs appartiennent à cette grande famille des « cides » – les tueurs – (du latin *caeder,* tuer). En font également partie les rodenticides, acaricides, nématicides, herbicides, fongicides, et autres divers biocides... S'ils sont très doués pour proposer leurs services, ils savent tout aussi bien dissimuler leurs sévices...

Pour mieux convaincre de l'impérieuse nécessité d'utiliser sans arrière-pensées ces divers poisons destinés à éradiquer de la surface de la planète ce qui nous dérange, ils ont été baptisés de la salvatrice appellation de « pesticides » (de *pest,* nuisible, en langue anglaise). Les agriculteurs, viticulteurs, arboriculteurs mais aussi simples jardiniers sont incités à vaporiser copieusement sur les légumes, fruits et céréales des quantités importantes de ces produits toxiques, qui se disséminent dans l'air que nous respirons. Des échantillons de brouillards analysés ont parfois montré des concentrations plusieurs centaines de fois supérieures aux prévisions théoriques.

Un rapport publié par l'Association des Consommateurs américains a établi que les pesticides, présentés à leurs débuts comme la panacée capable d'éradiquer la faim dans le monde, ont créé une pléthore de problèmes : destruction annuelle de millions d'oiseaux et de poissons, aggravation des difficultés des agriculteurs, déséquilibre des écosystèmes.... L'usage croissant des pesticides n'aurait pas permis de réduire les pertes subies par les récoltes.

Qu'elles soient dispersées dans l'atmosphère et transportées par les vents ou déversées sur la terre, ces molécules ne disparaissent pas pour autant. Elles s'introduisent dans le cycle de l'eau et sont absorbées par les êtres vivants. Des analyses effectuées lors d'autopsies de baleines et autres animaux marins ont confirmé que leurs cellules accumulent ces polluants, et bien d'autres également, à des distances considérables des lieux d'épandage.

De manière identique, par l'air que nous respirons ou les aliments que nous mangeons, ces toxiques aboutissent aussi dans notre organisme. Mais l'être humain, supérieur à toutes les créatures comme cela est bien connu, n'est-il pas capable de les éliminer ? N'a-t-il pas un système de détoxication très efficace ?

Que deviennent ces molécules dans notre corps ?

Pour l'homme en bonne santé, d'épisodiques petites quantités d'insecticides, n'entraînant apparemment aucun trouble immédiat, semblent facilement dégradées par des enzymes spécifiques. Ce n'est qu'en cas de dépassement important de la dose prescrite que des difficultés peuvent apparaître. Ou lors d'utilisation conjointe de plusieurs insecticides, une potentialisation de leur action ayant été souvent remarquée. Et plus encore chez les personnes particulièrement sensibles. Toutes ces conditions étaient apparemment réunies dans le cas de François et Joëlle.

Lorsque notre foie perd tout ou partie de ses capacités de détoxication, ces molécules sont plus difficilement décomposées. D'autant que certaines substances comme les organochlorés perturbent nos systèmes de détoxication. De plus, lorsque ces dégradations se produisent, elles génèrent parfois des toxines plus dangereuses que le poison initial. Les métabolites produits s'introduisent alors dans les cellules et en détériorent les constituants (comme les *lysosomes*).

Aux Pays-Bas, une étude conduite par l'Institut national de la Santé publique et de la Protection de l'Environnement a montré que loin de disparaître de nos tissus, de nombreuses molécules chimiques et notamment celles contenant du chlore s'y accumulent : près de 8 mg par kilo de graisse. Imprégnant les cellules les plus variées de l'homme, ces substances se retrouvent aussi chez la femme, tout particulièrement dans leur lait. Les pesticides pratiquent ainsi l'égalité des sexes !

En ville comme à la campagne

Le manque d'entrain, les difficultés respiratoires, le sommeil non réparateur, les douleurs musculaires... sont des symptômes généraux fréquemment évoqués lors des consultations. Comment un médecin pourrait-il deviner qu'ils peuvent découler d'éventuelles inhalations d'insecticide ? Il appartient aussi à chacun de s'informer, de prendre conscience des influences possibles de l'environnement sur la santé : « Les techniques médicales les plus sophistiquées s'avèrent inefficaces si les personnes concernées ne s'impliquent pas activement dans leur prise en charge et ne modifient pas leurs habitudes de vie », confirme le docteur B. S. Berthon, spécialiste en santé publique du Comité français d'Éducation pour la Santé (6).

Ces problèmes, que rencontrent actuellement les médecins, seront peut-être résolus dans quelques années. Les astrophysiciens savent analyser, à des milliers de kilomètres, les spectres gazeux des comètes pour en déterminer la composition chimique. Ceci par l'étude des fréquences émises. Sur ce principe, des détecteurs de drogues équipent déjà des sortes de cages dans certains aéroports. Mais des mains entraînées savent également percevoir les fréquences émises par le corps et soupçonner une empreinte toxique. En assistant les mouvements physiologiques des organes, elles ont même la possibilité d'aider leur potentiel de détoxication.

La médecine ne peut établir un diagnostic précis qu'en s'appuyant sur des études scientifiques répétées. Lesquelles n'apportent une certitude de toxicité que des années après les premières utilisations ! Comme pour l'amiante, la vache folle, la dioxine... nous apprenons alors, après coup, qu'il ne fallait pas inhaler telle molécule ou ingérer tel aliment. Faut-il attendre ces scientifiques certitudes ou, dans le doute, prendre quelques précautions ? La meilleure des preuves n'est-elle pas de se soustraire à la molécule suspectée puis d'observer le résultat ?

Ainsi de nombreux jeunes cultivateurs et leurs épouses se plaignent fréquemment de fatigues intenses, raideurs, douleurs musculaires, difficultés de sommeil... Très curieusement ces symptômes ne se rencontraient que beaucoup plus tardivement en âge, dans les campagnes, voici une trentaine d'années. Quant à leurs enfants, ils accumulent bizarrement des problèmes ORL à répétition, signes de baisses de l'immunité... Pressentant que les pesticides pouvaient être en grande partie responsables de leurs problèmes, certains ont préféré ne plus inhaler ces redoutables molécules en revenant à l'agriculture durable ou biologique. Ils ont pu alors constater une amélioration notable de leur santé, comme ils le rapportaient lors d'interviews télévisées (7). Les multiples retraits de pesticides, qu'on garantissait pourtant absolument sans danger lors de leurs mises sur le marché – *lindane, atrazine, arsénite de soude* –, ne donnent-ils pas raison à ce bon sens des gens de la terre ? Plus de 400 autres molécules devraient être retirées avant 2003 étant donné les effets toxiques fortement soupçonnés : stérilité, malformations, problèmes neurologiques, douleurs diverses, Parkinson, Alzheimer...

Chaque année, du printemps à l'automne, de nombreuses autres personnes, n'appartenant pas au monde agricole mais résidant en bordure de campagne, se plaignent de symptômes similaires. Parfois, spontanément, elles orienteront le diagnostic : « Les légumes de notre potager ne vont pas mieux que nous. Du jour au lendemain, nos tomates ont brusquement perdu leurs feuilles. Et même le beau cèdre, que nous avions planté voici quelques années, vient de crever, alors que nous ne sommes pas en période de sécheresse ! »

Pour combattre leurs maux, elles consomment quantité d'antalgiques ou d'anti-inflammatoires. L'anxiété étant un autre symptôme provoqué par l'inhalation d'herbicides, elles avalent donc aussi des anxiolytiques. Et d'autant plus parfois si elles mettent en cause les produits dispersés dans les champs de maïs, colza ou tournesol à proximité de chez elles, tant les conséquences de l'inhalation de ces molécules sont encore méconnues de beaucoup de médecins. Pourtant, en plus des fréquentes émissions de télé sur ce sujet, de graves problèmes de santé subis par les voisins d'épandages agricoles ont été rapportés à plusieurs reprises par des publications scientifiques (4). Ainsi le fait, pour une femme enceinte, de vivre à proximité de cultures traitées par des pesticides, augmenterait le risque de mort ou d'anomalie du fœtus selon une enquête épidémiologique menée en Californie (États-Unis). Résultats devant évidemment être confirmés afin d'éliminer d'autres facteurs possibles.

Bien que baptisés « phytosanitaires », ces produits ne sont souvent bons ni pour la santé des plantes, ni pour celle de l'homme.

HERBICIDES

S'appuyant sur une étude de chercheurs du département de pharmacologie de Saint Louis, dans le Missouri (États-Unis), M. Bounias, directeur de recherche à l'INRA et professeur de toxicologie, indique que l'inhalation des herbicides est « très dangereuse pour les poumons, ce qui suffirait à justifier que l'on se décide enfin à faire respecter l'interdiction des traitements par temps de vent » (8). Réputé pour ses ravages, et pas seulement chez les plantes, un dérivé du *dipyridilium* irrite les muqueuses et provoque des *dyspnées* (difficultés respiratoires) aboutissant parfois, en milieu professionnel, à de véritables fibroses pulmonaires. Une autre molécule, le *diquat*, est

fortement soupçonnée de provoquer des douleurs abdominales, même à doses infinitésimales.
Selon deux enquêtes épidémiologiques, 1 agriculteur sur 5 souffrirait d'effets indésirables suite à l'inhalation de ce type de pesticides : peau et muqueuses, système digestif ou respiratoire, maux de tête... Selon la MSA, 13 % ont été hospitalisés et 27 % ont dû avoir recours à un arrêt de travail (9).
Certains herbicides, à base de *nitrophénols,* peuvent induire : bouffées de chaleur (en dehors de toute ménopause...), nausées, vomissements, transpirations, palpitations, oppressions respiratoires, agitations, tremblements... L'agent « orange », utilisé par les États-Unis lors de la guerre du Vietnam en tant que défoliant, a été à l'origine de nombreuses malformations. Il serait encore employé pour accélérer la déforestation de certains pays.
Pour éviter l'utilisation d'herbicide dans le potager, n'oublions pas la technique du PTB – *Prends ta binette* – selon l'expression de Denis Pépin (10). Technique qui « reste une des seules valables pour ceux qui désirent un jardin peuplé de jolis papillons, coccinelles ou autres auxiliaires naturels du jardinier », rappelle la revue *Cohérence* (11).

Autre source de pollution, les lisiers de porcs contiennent d'importantes quantités de nitrates qui se concentrent dans l'eau des rivières et entraînent une prolifération anormale d'algues dans la mer. Des scientifiques de l'université de l'Orégon (États-Unis) ont montré que des quantités infimes de ces substances provoquent chez les amphibiens, tels les grenouilles, crapauds et salamandres, l'apparition de difformités, paralysies et autres petits inconvénients du même genre.

Ces nitrates sont un des principaux constituants des engrais, largement épandus pour augmenter la productivité des sols. Laquelle pourrait être augmentée naturellement en diminuant la pollution aérienne. Une étude publiée a montré que le rayonnement solaire est amputé de 5 à 30% en moyenne dans la campagne chinoise dont l'air est pourtant relativement peu pollué. Selon ces travaux, si l'atmosphère était débarrassée des divers polluants, la fertilité de la terre pourrait augmenter de plus de 25 % (12).

Lorsqu'ils s'accumulent dans nos tissus, les pesticides deviennent un des éléments du cocktail étonnant et parfois détonant que nous élaborons dans notre corps, selon nos habitudes de vie. Leurs invisibles empreintes pourront aussi participer à l'émergence d'autres manifestations...

À plus longue échéance...

Certains de ces composés chimiques se sont révélés tératogènes, c'est-à-dire qu'ils sont susceptibles d'engendrer des malformations chez les bébés, et la plupart sont cancérogènes. « La tumeur de Wilms, un cancer du rein fréquent chez l'enfant, a été reliée à l'emploi des insecticides ménagers durant les trois mois précédant la naissance », rappelle le professeur M. L. Bougerra de la faculté des sciences de Tunis (13). Une étude, réalisée en Belgique au CHU de Liège chez des cancéreux, a montré une présence sensible de pesticides chez 97% d'entre eux. Aux États-Unis, le National Research Council estime que l'utilisation de ces substances provoque environ 20 000 décès par an. Quant aux maladies... on entrevoit quelle inépuisable source de consommation de médicaments elles entraînent !

LES PESTICIDES EN FRANCE

Alors que de nombreux pays s'imposent une diminution drastique de ces substances pour réduire les risques, les Français restent les plus importants producteurs et les premiers utilisateurs (100 000 tonnes par an) d'Europe. Plus de 500 formules chimiques différentes entrant dans la composition de plus de 900 produits sont autorisées, contre moins d'une centaine en Finlande. Au niveau de la consommation mondiale, la France arrive au second rang après les États-Unis. Ce qui suppose qu'un gigantesque aérosol de pesticides flotte en permanence dans l'atmosphère que respirent les Français. Lesquels retrouvent également dans leur nourriture davantage de ces molécules

que leurs voisins, selon l'étude demandée par le Parlement européen et publiée en août 2001.
La première enquête réalisée en France en 1996 par le ministère de l'Agriculture a révélé que les gens de la terre sont les premières victimes de ces pesticides. Les autres études effectuées depuis, et notamment celles du docteur I. Baldi de l'université de Bordeaux, n'ont fait que confirmer ces suspicions. Plus de 20 produits actuellement étudiés sont classés cancérogènes possibles. L'équipe du professeur J.-F. Viel de la faculté de médecine de Besançon a montré que les exploitants agricoles français, et plus encore leurs employés, auraient un risque de mortalité supérieur de 25% par rapport à la population générale en ce qui concerne le cancer du cerveau. Ces derniers seraient également plus souvent atteints de tumeurs de la vessie, de leucémies, de myélomes multiples.

Aux États-Unis, des décès de bébés ont été attribués à des inhalations d'insecticides ménagers, dont les parents avaient suspendu les plaquettes au-dessus de leurs lits (14). Près d'une centaine de cas d'intoxications ont été relevés en Floride dans des lieux publics équipés en diffuseurs électriques utilisant des insecticides : *butoxyde, piperonyl, pyréthrine...* (15). En France, le magazine *Paris-Match* a relaté le drame de Cindy, jeune étudiante en médecine, dont l'avenir professionnel a été brisé par l'emploi d'un insecticide pour débarrasser son appartement de parasites. Atteinte d'un effondrement de son système immunitaire, elle est désormais contrainte de vivre en permanence dans une chambre stérile.

Certains provoquent la perte de la libido, d'autres rendraient stériles. L'hebdomadaire *Der Spiegel* a consacré un reportage sur ces substances qui polluent les fruits, légumes ou animaux de boucherie de plusieurs pays exportateurs. Un insecticide dont on imbibe les graines de tournesol est accusé d'avoir provoqué la destruction de plus de 450 000 ruches en France. Et plus de 500 000 oiseaux aussi en seraient morts selon P. Ménez, vétérinaire et président de la commission scientifique du Parc naturel d'Armorique, au vu de l'étude du laboratoire d'écotoxicologie de Lyon. Ce pesticide n'a-t-il vraiment aucune incidence sur le miel et l'huile tirée de cette plante ?

Un spermatozoïde humain semble bien plus petit qu'un insecte…Qu'en sera-t-il pour nos enfants ? « L'effet évident de ces substances sur la détérioration de la qualité du sperme apparaît dans de nombreuses études », rappelle le professeur M. Maroni du Centre international Pesticides et Sécurité de Milan (9).

Pouvons-nous éviter les insecticides ?

En ce qui concerne l'usage domestique, on peut en diminuer l'usage :

SE PRÉSERVER DES INSECTES (14)

• Des bouquets de plantes odoriférantes : thym, romarin, basilic, menthe, lavande, sureau… ont un effet dissuasif.
• Les mouches détestent la couleur bleue, la senteur dégagée par quelques clous de girofle piqués dans un citron.
• La méthode PTT (Prends ta tapette) permet d'exercer ses réflexes.
• Les moustiques sont repoussés par la même odeur que les mouches, mais aussi par le camphre, la citronnelle et le géranium.
• Certaines huiles essentielles de plantes, diluées dans de l'huile d'amande douce et appliquées en onctions sur la peau constituent un excellent répulsif : eucalyptus, citronnelle, géranium, lavandin, sauge… La menthe est à éviter chez les jeunes enfants.
• Des voiles très fins, placés dans l'encadrement des fenêtres, permettent de garder une bonne aération des pièces. Les destructeurs électriques, placés à l'intérieur, sont alors très efficaces. On peut aussi préférer le charme exotique des belles moustiquaires en tulle suspendues au-dessus des alcôves.
• Les mites ne viennent pas dans les armoires où l'on place des boules ou copeaux de bois de cèdre ou de cyprès. Le poivre et la lavande les repoussent.

• Les fourmis et autres insectes rampants exècrent l'odeur des citrons moisis, du poivre, du camphre, des graines de lin. On peut en mettre dans des boîtes percées de trous, placées sur leur parcours. La lavande et le basilic plantés autour des maisons les éloignent efficacement ainsi que la craie.
• Des insecticides à base de pyrèthre naturel, une variété de chrysanthème, ou de roténone, extrait de racines de derris ou de cubé, peuvent être utilisés. Non toxiques pour les animaux à sang chaud, ils restent toutefois toxiques pour les abeilles et les poissons.
• Des prédateurs naturels existent. Les libellules, entre autres, sont de redoutables consommateurs de larves de moustiques, les coccinelles se nourrissent de pucerons, les trichogrammes, petits insectes proches de l'abeille, détruisent la pyrale du maïs… Mais à condition de ne pas les exterminer à coups de pesticides ! Des micro-organismes, tel le *bacillus thuringiensis,* sont pathogènes pour les insectes sans présenter de danger pour l'homme.
• Dans leurs jardins, nos anciens utilisaient les protections mutuelles des plantes entre elles : associations de poireaux et carottes ou de tomates et persil par exemple. La cendre de bois pour se préserver des limaces ou le savon noir dilué contre les araignées rouges ou les pucerons. Quand on n'avait pas de pesticides, on avait des idées.
• On peut protéger les œuvres d'art des attaques des insectes sans employer de pesticides. Œufs, larves, chrysalides ou spécimens adultes sont éradiqués en les privant d'oxygène par l'installation d'un revêtement étanche durant quelques semaines.

L'essor de l'agriculture durable et biologique dans un nombre croissant de pays montre que d'autres choix sont possibles. Préservant la santé des exploitants, plus propre et moins dévoreuse d'énergie, elle s'avère aussi plus rentable et – à moyen terme – plus productive que l'agriculture industrielle, comme l'ont démontré les travaux des agronomes et des économistes de la Washington State University.

Retour en forme

François et Joëlle débarrassèrent l'atmosphère de leur gentilhommière des émanations soi-disant exclusivement insecticides. En quelques semaines leurs désagréments s'atténuèrent, ce qui confirmait que l'utilisation trop importante de ces produits était fort probablement en cause.

Ayant également effectué le ménage de leurs organismes à l'aide de plantes aux propriétés détoxicantes comme la vigne rouge ou la vergerette du Canada, ils retrouvèrent assez rapidement le plaisir voluptueux d'un sommeil profond et réparateur ainsi que leur tonus antérieur.

LES PLANTES DÉTOXICANTES

L'absorption de ces plantes ne devra jamais se substituer à un examen médical toujours indispensable en cas d'inhalation ou d'ingestion de toxiques. Elles ne s'adressent qu'aux petites pollutions, souvent qualifiées d'insignifiantes, mais pas toujours sans effets comme on l'a vu. Les propriétés décrites n'ont qu'une valeur indicative. En cas de troubles de santé, la consultation d'un médecin s'impose.

Aigremoine, Angélique, Artichaut, Boldo, Fumeterre, Géranium Robert, Grande Mauve, Hysope, Karkadé, Pensée sauvage, Pissenlit, Romarin, Salsepareille, Saponaire, Sureau noir… sont quelques-unes des plantes connues pour leurs propriétés dépuratives et désintoxicantes.

En France, les herboristes ayant disparu encore plus vite que les herbes sauvages, des plantes drainantes sont proposées sous forme de mélanges en sachets, tisanes, gélules ou solutions dans toutes les « bonnes » pharmacies, évidemment, ainsi que dans les magasins de santé naturelle.

Ces conseils ne valent que pour des expositions faibles ou occasionnelles. En cas d'inhalation ou manipulation fréquente ou importante, la consultation d'un praticien spécialisé en toxicologie s'avère nécessaire. De même, si vous absorbez régulièrement des médicaments, ne prenez pas de plantes de manière prolongée sans en avertir votre médecin, certaines plantes pouvant avoir un effet cumulatif ou associatif.

Notre organisme possède d'étonnantes capacités de récupération. Il suffit de prendre conscience de ce qui le trouble et de remplacer les mauvaises influences par de meilleures. Dame Nature fait ensuite le reste.

Nos jardins sont des havres de bonheur, de véritables lieux de ressourcement. Il fait bon s'y détendre en se dorant au soleil, s'enivrer des délicates senteurs des herbes ou ravir nos yeux des nuances colorées des fleurs tout en profitant du chant des oiseaux. Le mot paradis viendrait, paraît-il, d'un vieux mot persan qui signifie jardin.

Toutefois, ces lieux magiques peuvent aussi contenir des plantes susceptibles d'altérer la santé des personnes qui ne connaissent pas leur toxicité :

LES PLANTES TOXIQUES

Elles sont parfois très utiles, principalement en pharmacie. Mais dans les jardins, il est préférable de prévenir les enfants de leur danger potentiel, en les mettant en bouche ou en les écrasant avec les doigts. Parmi les plus fréquemment rencontrées, en dehors des nombreuses variétés de champignons :
L'aconit (*Aconitum napellus*) aux pétales violets. L'arum à la belle fleur blanche. Le bouton d'or. La belladone. La clématite. Les baies du chèvrefeuille. La ciguë. La colchique. Le croton. Les graines du cytise. La feuille du datura. Le delphinium. Le diffenbachia. Le genêt à balai. Le gui. L'hellébore. Les baies du houx. Les petites boules de l'if. Les jonquilles. Les narcisses. Les baies du lierre. Le lupin d'Amérique. Les clochettes du muguet. Le perce-neige. Le philodendron. Les fruits du pommier d'amour. Les graines de ricin. Les fleurs du laurier-rose rejettent dans l'atmosphère un gaz toxique et ne doivent donc pas être placées à l'intérieur des maisons.

Nos habitations aussi peuvent être des lieux charmants. Cependant leurs aménagements peuvent parfois présenter quelques inconvénients...

Une toux rebelle

L'annonce de sa venue avait été une fête, la grossesse s'était déroulée sans aucun problème, l'accouchement aussi. Mais, depuis son retour de la maternité, Vanina n'arrête pas de tousser. À entendre ainsi leur bébé s'égosiller le jour comme la nuit, ses parents souffrent autant qu'elle et ne dorment plus.

Pourtant, dès l'apparition des premiers symptômes, ils avaient emmené leur petite fille auprès de leur médecin, puis, sur le conseil de celui-ci, vers un spécialiste. « Tous l'ont vraiment bien examinée, mais les remèdes qui pourtant la soulagent se sont avérés insuffisants pour la guérir complètement », déplore la jeune maman. De multiples anti-inflammatoires et divers antitussifs ont été essayés. Par moments, Vanina donnait l'impression d'aller mieux et les parents espéraient qu'enfin le bon remède avait été trouvé. Puis, les quintes de toux repartaient de plus belle. La maman avait constaté que ces reprises d'aggravation coïncidaient presque toujours avec les jours de vent, mais au vu du haussement des épaules des médecins, elle n'avait pas insisté.

Chaque proche, chaque ami qui venait les voir les incitait à ne pas laisser ainsi leur bébé se déchirer la gorge. Chacun avait, bien sûr, une bonne recette ou une bonne adresse. Écoutant les uns et les autres, les parents de Vanina ont alors emmené leur bout de chou chez d'autres spécialistes ... sans grand résultat. Ayant entendu parler d'un célèbre guérisseur, ils ont traversé le pays, ils auraient même fait le tour du monde. Mais hélas, en dépit de toutes ces bonnes volontés, Vanina s'arrache de plus en plus les bronches.

Le regard inquiet des parents traduit toute leur souffrance. Leurs teints sont pâles et leurs traits sont tirés. Ils semblent également épuisés. Est-ce uniquement leur manque de sommeil ? D'où vient donc ce mal qui atteint leur petit ange ? La toux n'étant apparue que depuis le retour de la maternité, allons voir le lieu où Vanina réside à présent.

Les combles du danger

Lorsqu'ils avaient acheté ce petit chalet, les jeunes gens avaient bien conscience de son exiguïté pour la famille qu'ils souhaitaient fonder. Aussi avaient-ils envisagé d'aménager l'espace situé sous la toiture. Le bébé s'étant fait annoncer plus tôt que prévu, les travaux n'étaient pas terminés lors de son retour de maternité. À l'étage, la salle d'eau se fait actuellement parer de superbes carrés d'azur. De la chambre où repose Vanina, une porte entrouverte laisse voir la pièce qui servira au futur petit frère ou petite sœur. Cette pièce est en cours d'aménagement. Les panneaux de plâtre n'ont pas encore été posés. Entre les solives sont agrafées des bandes de laine de verre, dont des rouleaux et des plaques entamées sont entreposés sur le sol.

Ce matériau est universellement utilisé depuis une trentaine d'années à fins d'isolation thermique. Constitué de fibres très fines, il était préalablement vendu en rouleaux enveloppés de papier, ce qui en limitait la dispersion. Depuis quelques années, par souci d'économie peut-être, cette protection a disparu.

Disséminées dans l'atmosphère les jours de vent, ou lors de courants d'air ou même du passage d'aspirateur, des centaines de fines aiguilles de verre pénètrent alors dans l'arbre pulmonaire. Piquées dans les muqueuses, elles peuvent provoquer des irritations de gorge ou de bronches, donc des toux rebelles, particulièrement violentes chez les bébés. « Des rapports déjà anciens, de 1945, indiquaient qu'une exposition à ces fibres minérales entraînait irritation et inflammation des sphères rhinopharyngées et trachéales », rappellent les docteurs S. et P. Déoux, spécialisés en environnement (16).

D'autres maladies plus graves sont également soupçonnées d'être engendrées par ces fibres de verre, ainsi que les laines de laitier et de roche, répertoriées comme « cancérogènes possibles chez l'homme » par le Centre international de recherche contre le cancer. Fin 2001, ce classement vient d'être abandonné. En attendant une confirmation définitive, un minimum de précautions ne semble pas superflu… Notamment en portant un masque lors de la pose et en la confinant de la manière la plus hermétique possible.

Mais les particules irritantes des fibres de verre n'étaient peut-être pas les seules causes des ennuis de Vanina. La maison était fraîchement peinte.

De nombreuses laques renferment des *isocyanates*. Ces dérivés de *l'acide cyanhydrique* peuvent provoquer des crises d'asthme, même en cas d'inhalations minimes. Les colles sont à base de *cétones*, d'*esters* ou autres substances susceptibles d'entraîner anxiété, troubles du sommeil ou de la mémoire chez les personnes sensibles, ainsi qu'une diminution des défenses immunitaires.

On y trouve aussi de l'*éthylèneglycol* qui, outre les irritations oculaires et respiratoires, peut engendrer des pertes de vigilance, facteurs d'accidents et, en cas d'exposition prolongée, des troubles neurologiques.

Tous ces produits sont classés « substances dangereuses ». Si par boîtes d'1 kg, ils nous semblent être en faibles doses, ils peuvent, lors de la réfection d'une maison, représenter des quantités non négligeables. Ainsi, une maison en bois peut contenir jusqu'à 100 kg de produits de traitements à base de HCH (lindane), aujourd'hui interdit ou de PCP (*pentachlorophénol*), qui vont s'évaporer à 90 % tout doucement pendant plusieurs mois et formeront des milliers de litres de gaz qui seront inhalés par les personnes qui y vivent. D'où fatigue importante, angoisse, irritabilité, nausées, transpirations anormales, vertiges, perte d'appétit, amaigrissement, baisse d'immunité. Celle-ci rendra fragile à toute une cohorte de maladies infectieuses, notamment chez les bébés. Un nourrisson ne possède en effet que le tiers des capacités de détoxication de l'adulte. Ce même HCH est fortement soupçonné de diminuer la fertilité masculine. L'inhalation de PCP peut provoquer des accès de fièvre et une perte de poids.

Les peintures contiennent aussi divers solvants comme le xylène, le toluène, l'acétate de butyle, des colorants à base d'aniline ou de pigments...

Un autre diluant courant, le *dichlorométhane*, contenu dans les peintures, est métabolisé dans le corps en *monoxyde de carbone*. Ce gaz toxique provoque une incapacité de transport de l'oxygène par l'hémoglobine du sang. D'où l'impression de fatigue ressentie parfois par les personnes fragiles qui viennent de faire repeindre leur appartement. Et surtout les sensations d'épuisement éprouvées par les peintres amateurs en fin de journée... ou professionnels à l'âge de la retraite.

Si un coup de peinture de temps à autre n'entraîne pas d'effets pervers chez la plupart des individus normalement constitués, des applications plus importantes perturbent parfois certaines personnes fragiles...

De curieux phénomènes

Dans son livre, H. Wingert cite un passage de la revue *Umweltmagazin* qui a relaté les mésaventures de la famille d'Helga : « Ma peau se marbrait de bleu et de rouge... Un froid de glace se répandait dans mon corps... Mes membres et mon visage perdaient toute sensibilité... Volker, mon mari, a la nausée et vomit tous les matins... Mon fils a une infection purulente des conduits auditifs... Peer est terrassé de fatigue et souffre de violents maux de tête... Jini a mal au ventre et se plaint de douleurs articulaires, il devient apathique et souffre de dépression... » (14). Cette famille « Adams » version allemande habitait-elle quelque lugubre demeure hantée ? Non, leur maison et plus particulièrement les boiseries intérieures avaient tout simplement été « protégées » par 150 litres de produits chimiques... D'autres revues françaises, *Alternative santé, L'Impatient, Que choisir* (15), ont signalé des effets similaires après des travaux domestiques de peinture.

Selon une étude toxicologique suédoise, il n'est pas rare de voir des peintres occasionnels souffrir de douleurs du ventre, de gastro-entérite, de maux de tête, de nausées après seulement quelques jours de travaux. « Quelques activités sporadiques, comme les travaux de peinture, peuvent exposer à une substance spécifique avec une intensité comparable à celle d'un contact professionnel », confirment deux toxicologues de l'INRA (17).

Les peintres en bâtiment auraient un risque de cancer de l'appareil digestif augmenté de 20 % et pour celui du poumon de 40 %, d'après une étude réalisée en 1989 par le Centre international de Recherche sur le Cancer.

Le *toluène* des peintures possède des effets euphorisants. Peut-être lui doit-on cette agréable habitude qu'ont les peintres de siffler comme des merles sur leurs échelles. Toutefois, provoquant également des sensations ébrieuses, il leur est conseillé de s'y cramponner solidement pour éviter les chutes, tout particulièrement dans l'atmosphère confinée des maisons.

Le white-spirit est un mélange de divers solvants, dont de fortes proportions de toluène et de xylène. Comme certaines peintures, il est parfois désodorisé, ce qui nous prive de notre avertisseur olfactif.

EN CAS DE TRAVAUX CHEZ SOI

Pour enlever les vieilles peintures, mieux vaut éviter les décapants chimiques. Lesquels contiennent, entres autres substances toxiques : *acétone, soude caustique*, *nitrobenzène*... Les produits à base de *chlorure de méthylène*, s'étant montrés après usage particulièrement performants pour provoquer des pathologies pulmonaires très graves, ne sont plus vendus dans les grandes surfaces de bricolage depuis peu, mais des boîtes intactes peuvent être encore conservées par des particuliers.
L'inhalation de ces produits peut provoquer maux de tête, vertiges et « une confusion mentale qui peut occasionner des blessures, une sensation de fatigue et un bleuissement des tissus cutanés dû à la destruction des globules rouges », prévient le docteur J.-P. Fréjaville, spécialiste en toxicologie (18). Mieux vaut donc n'utiliser ces produits, ainsi que les décapeurs thermiques, que dans des pièces suffisamment ventilées.
Des diluants naturels peu toxiques existent. Ces *lémonènes*, à base d'écorces d'agrumes, procurent une atmosphère agréable. Un test préalable s'impose néanmoins, certaines personnes sensibles pouvant y être allergiques.
Pour les peintures et produits de traitements moins toxiques, la France a mis en place le label « NF Environnement ». Les produits étiquetés « E1 » ont une teneur réduite en formaldéhydes. Des vernis, lasures, peintures, cires, huiles biodégradables sont proposés par des magasins spécialisés, hélas encore trop rares en comparaison de certains autres pays.

Pour le traitement du bois, les produits à base de sels de bore sont proposés comme étant peu toxiques. Le châtaignier, le peuplier, le cèdre ou le sapin de Douglas, repoussants naturellement les insectes, permettent d'éviter de saturer notre atmosphère intérieure avec des polluants.
Les mousses et panneaux isolants libérant souvent des quantités non négligeables de gaz toxiques sont interdits pour la construction dans plusieurs pays : États-Unis, Canada... Des isolants à base de substances naturelles existent : vermiculite, laines de chanvre, de lin, de bois, de papier recyclé, de liège...

D'invisibles émanations

L'amiante est une autre substance susceptible de flotter dans l'air. Excellent coupe-feu, elle se retrouve dans près de 3 000 produits ménagers comme les fers et tables à repasser, rideaux, grille-pain, diffuseurs, sèche-cheveux mais aussi dans les disques d'embrayage, plaquettes de freins et quantité d'autres applications.

L'air que nous respirons peut également véhiculer d'autres éléments, telles les poussières dégagées par les décapages, sciages ou ponçages de matériaux. Le port d'un masque est, là aussi, nécessaire. Mais, en papier, cette protection n'est pas suffisante pour se protéger de certaines émanations de bricolage. Tout particulièrement lorsqu'on utilise des détachants, suite aux taches de peinture sur les vêtements par exemple.

En plus des multiples utilisations professionnelles, de nombreuses activités domestiques nécessitent l'utilisation de solvants : maquettes, ébénisterie, plomberie, électronique... dégraisser une mécanique, nettoyer ou restaurer un tableau ou faire une teinture.

Colles, marqueurs, feutres et quantité d'autres produits comme les cosmétiques, vernis à ongles et déodorants contiennent aussi des solvants. On nomme ces molécules qui s'évaporent facilement dans l'atmosphère des « composés organiques volatils » (COV).

Des effets pervers

Aucun solvant n'est inoffensif : « Le contact prolongé, parfois même à faibles doses, avec de nombreux solvants, entraîne à plus ou moins long terme une atteinte au niveau de différents organes », indique une revue technique du CNRS (19). L'inhalation répétée de ces molécules peut ainsi provoquer, chez certaines personnes sensibles, difficultés d'attention, de mémorisation, fatigabilité, irritabilité, auxquels peuvent s'ajouter des troubles neurovégétatifs...

Les diluants et détachants sont souvent à base de *trichloroéthylène* (TCE) ou *perchloréthylène* (PCE). Une étude britannique conduite par l'équipe d'épidémiologistes du professeur P. Doyle de Londres a mis en évidence un risque accru de fausses couches chez les femmes exposées à ces dérivés d'hydrocarbures. De nombreux solvants sont également capables de franchir la barrière placentaire qui protège les fœtus et de provoquer des malformations chez les futurs bébés. Lorsqu'ils sont en fortes proportions dans le lait maternel, ils engendrent parfois un *ictère* (jaunisse) chez les nouveau-nés.

Les élèves et étudiants peuvent inhaler le *trichloroéthane* des correcteurs susceptibles d'entraîner, chez les sujets très sensibles, agitation, maux de tête, nausées et... difficultés de concentration ! Tout particulièrement lorsque, dans les salles d'étude ou d'examen, chacun laisse son petit flacon débouché en permanence...

Des expériences ont montré que les composants d'une fumée respirée atteignent les cellules cérébrales en moins de 20 secondes. Si quelques « taffes » de chanvre plus ou moins indien suffisent à faire voir des éléphants roses, on comprendra aisément que des émanations même modérées de solvants peuvent être à l'origine d'un débordement d'humeur inexpliqué, d'un accès de violence soudain, ou au contraire d'une crise de larmes ou d'une brutale déprime. Et ceci plus encore si un verre de boisson alcoolisée suit l'inhalation. Les conséquences en sont parfois très fâcheuses pour la vie familiale ou sociale. Si des toxicologues étaient consultés dans certaines affaires criminelles, nombre de juges et de psychiatres comprendraient plus aisément les changements soudains de comportements de certains individus.

Des utilisateurs de diluants, dissolvants ou autres décapants s'étonneront parfois de survenues inhabituelles de violentes crises hémorroïdaires, d'hypoglycémie, de poussées de tension ou de fatigues intenses. Mais combien de personnes rattacheront ces désagréments aux produits d'usage courant qu'ils auront manipulés la veille ?

Pour d'autres, en milieu professionnel surtout, les répercussions d'inhalations répétées pourront être cutanées, hépatiques, rénales, pulmonaires, circulatoires, cardiaques, psychiques, dégrader gravement les organes des sens : vision, audition... ou attaquer profondément le système nerveux. Les symptômes pourront se manifester immédiatement ou n'apparaître, et c'est le cas le plus fréquent, que des années plus tard. Certaines atteintes seront heureusement réversibles, d'autres hélas irrémédiables.

La sensibilité aux solvants varie suivant les individus, tout comme celle aux acariens, aux pollens, aux poils de chats ou aux poussières de maisons. Les personnes au foie préalablement fragilisé, par hérédité, maladie ou accumulation antérieure de toxique, d'alcool et parfois aussi de médicaments, y seront évidemment beaucoup plus sensibles.

Les solvants sont partout, pour détacher, dégraisser, nettoyer, dissoudre. En bombes, aérosols, flacons, ces produits très pratiques doivent être utilisés avec précaution.

SOLVANTS : PRÉCAUTIONS D'EMPLOI

• N'employer les solvants qu'en atmosphère bien ventilée. L'utilisation fréquente comme dans l'industrie, les laboratoires d'analyses ou même simplement sur les paillasses des cours de chimie dans les facs nécessite un matériel spécial : hottes, masques, filtres...
• À chaque fois que cela s'avère possible, il est préférable de remplacer les molécules soupçonnées dangereuses par d'autres, moins toxiques. L'eau en émulsion et sous pression, comme dans les nettoyeurs, constitue un excellent solvant.
• Les bouteilles, flacons ou récipients qui les contiennent doivent être soigneusement étiquetés et maintenus hermétiquement fermés.

• Porter des lunettes évite l'éventuelle projection de gouttelettes et limite les dégagements directs des particules. Les dérivés chlorés, acides ou bases ainsi que certains alcools sont dangereux pour les yeux. Les verres de contact peuvent aggraver leurs effets.
• Ne jamais utiliser de solvants, et surtout en bombes, près d'une source incandescente : cigarette, pipe, flamme. Ne pas manipuler les contacts électriques.
• Éviter de stocker les produits ménagers ou de bricolage susceptibles de contenir des solvants dans des endroits surchauffés.
• Ne pas laisser les supports, cotons ou chiffons, à l'air libre dans les pièces où l'on séjourne. Les placer dans des bocaux étanches avant de les déposer à la toxinette.
Lors des voyages en avion, ne jamais placer de solvants ou autres produits en bombes dans les bagages.

Utiliser des solvants, peintures mais aussi produits et matériaux les moins toxiques possible, aérer fréquemment et éviter de jeter à l'égout les résidus de diluants constitue donc une bonne précaution pour préserver notre santé. Des toxinettes existent à présent un peu partout. Mais revenons à Vanina…

Fin de toux

Le papa s'empressa de terminer la pose des panneaux de plâtre afin de confiner hermétiquement la laine de verre. Et d'obturer toutes les fissures qui pouvaient laisser passer ses invisibles petites aiguilles. Pour terminer la décoration, il utilisa des peintures à base de pigments naturels et des diluants moins toxiques, aussi bien pour eux que pour leur enfant.

Au fil des semaines qui suivirent, les accès de toux du bébé s'espacèrent peu à peu puis disparurent complètement. Les particules qui flottaient dans l'air de la chambre de Vanina semblaient donc bien responsables de ses irritations de gorge. Et les émanations de peintures fraîches ajoutaient peut-être un facteur d'irritation supplémentaire. La cessation de ces causes entraîna la disparition des conséquences. Notre corps possède des capacités naturelles pour s'autoréparer.

L'observation de la nature nous en offre la confirmation. Des rivières polluées accidentellement se sont complètement régénérées en quelques années. Les catastrophes des marées noires n'ont, paraît-il, laissé que peu de traces dans le milieu marin jusqu'à ce jour.

Des animaux se sont bien adaptés à des conditions extrêmes, telles certaines crevettes qui vivent dans de l'eau presque bouillante ou des scorpions apparemment insensibles aux radiations atomiques. Des insectes arrivent, sur une ou deux générations, à se rendre invulnérables aux pesticides. Les rats ne sont plus guère sensibles aux divers raticides et les bactéries résistent de plus en plus aux antibiotiques. Comme ces animaux, l'être humain apprendra certainement à élaborer des enzymes spécifiques capables de neutraliser certains polluants. Mais, comme pour les rats, deux ou trois générations seront nécessaires.

En attendant, notre corps peut aussi résister aux toxiques et reconstruire ses cellules… si certaines conditions sont respectées. Nous en connaissons plusieurs : que la perturbation cesse, qu'elle ne soit pas trop importante et que le corps puisse disposer d'un repos suffisant pour amorcer l'autoréparation. Toutes les personnes qui ont respiré de l'amiante ne vont pas développer une pathologie grave, heureusement pour elles. Nous possédons de nombreux bataillons de cellules spécialisées dans la défense contre toutes sortes d'agressions ou de maladies, y compris tumorales. D'autres erreurs doivent être commises pour saturer les capacités de régénération spontanée du corps.

En voici un autre exemple, extrêmement fréquent…

Un douloureux entretien

Ses douleurs s'étaient installées au fil des années : « Au début, je ressentais seulement des douleurs dans mon dos, puis mes autres articulations aussi sont devenues douloureuses, les épaules, les poignets et même mes doigts ! » Bien que seulement âgée d'une trentaine d'années, Rosa ne peut apparemment se servir de ses mains qu'avec difficulté.

Suivant la tradition familiale, elle avait tout d'abord essayé de soigner par elle-même ses douleurs à l'aide d'applications d'argile. Cette automédication s'était avérée assez efficace pendant quelque temps. Puis, peu à peu, devant l'augmentation de ses déformations, elle s'était rendue chez son médecin. Celui-ci, après examen, lui avait prescrit des anti-inflammatoires. Ce qui l'avait heureusement bien soulagée.

Néanmoins, une fatigue anormale s'était peu à peu fait sentir. Son sommeil qui jusque-là avait toujours été bon ne lui permettait apparemment plus de récupérer. Elle avait consulté à nouveau. « On ne m'a pas habituée à m'écouter, alors j'ai pris ce que le docteur m'a donné et j'ai continué à travailler », ajoute-t-elle avec son accent chantant. Toutefois, malgré l'aide efficace de ces substances, des sensations vertigineuses s'étaient ajoutées. Le matin, au saut du lit, elle dit encore avoir souvent l'impression d'être sur un bateau.

Bien qu'ils aient été changés à différentes reprises, les différents médicaments n'avaient pu arrêter l'évolution des symptômes. Après avoir passé toute une série de radios et examens, dont Rosa montre l'épaisse liasse, d'autres remèdes, plus puissants, ont été préconisés, qui réussirent enfin à calmer ses douleurs. Mais l'apparition de troubles de la formule sanguine avait imposé une cessation de ce traitement.

Visiblement, cette jeune femme perd son inclination à célébrer la vie. Elle s'inquiète de voir sa santé se dégrader et avoue pleurer parfois à la pensée d'être un jour prochain obligée de s'arrêter de travailler. « Certains matins, je suis si fatiguée quand le réveil sonne, qu'il me faudrait presque une grue pour me lever ! »

Son petit maquillage discret et ses lunettes ne parviennent pas à dissimuler les cernes qui trahissent son épuisement. Bien sûr, elle travaille dur. Née la dernière d'une famille aux revenus modestes, elle n'a pas eu l'opportunité de suivre des études. Aujourd'hui mariée et mère d'une toute petite fille, elle doit quitter, bien avant l'aube et jusque tard dans la soirée, la cellule familiale pour gagner modestement sa vie. Pendant qu'elle va travailler, malgré ses vertiges, ses douleurs et son épuisement, c'est une voisine qui s'occupe de son enfant.

Une atmosphère bien « assainie »...

Chaque matin, cette jeune femme commence par l'entretien d'un laboratoire d'analyses. La propreté d'un tel endroit doit être absolument rigoureuse. Aussi Rosa ne lésine pas sur les quantités de produits nécessaires. Tous les sols sont aspirés, nettoyés aux détergents spécifiques. Les éviers, paillasses et lavabos sont récurés, détartrés, désinfectés à l'eau de Javel, les bureaux vaporisés de cires synthétiques, l'atmosphère désodorisée et brumisée de particules microbicides. Quand Rosa quitte les lieux, la propreté se voit et se sent ! Comme dans tous les autres locaux dont elle a la charge (mot approprié étant donné le temps minuté dont elle dispose pour accomplir toutes ses tâches).

L'atmosphère qu'elle respire à journées entières est donc, bien que qualifiée d'assainie, loin de celle qui est nécessaire à la vie.

Ainsi, par exemple, dans les toilettes, on met souvent d'abord un détartrant (souvent composé d'acide *chlorydrique* ou sulfamique). Si on y verse ensuite le contenu d'un bouchon d'eau de Javel, *l'hypochlorite de sodium* qui la constitue s'associe à l'acide pour dégager environ 25 litres de gaz chloré semblable à celui qui fut utilisé lors des combats de la Première Guerre mondiale. L'inhalation de chlore, même occasionnelle, est corrosive et susceptible de provoquer des toux, voire des incidents plus graves. De même que les émanations de soude caustique libérées par les produits déboucheurs de lavabos.

Pourtant les fabricants indiquent souvent, quelque part sur leurs emballages, les mélanges à éviter. Mais en caractères minuscules, comme s'ils craignaient que cette mise en garde ne leur enlève des ventes. Pour suivre ces recommandations il faut non seulement posséder la langue du pays, ce qui n'est pas toujours le cas, mais aussi une bonne vue...

Des alvéoles bien cirés

Les cires synthétiques en bombes, dont certaines sont à base de silicone, sont remarquablement efficaces comme on peut le constater en renversant de l'eau qui perle aussitôt sur la surface enduite. Toutefois une bonne partie du produit se répand aussi dans l'atmosphère. Si, après avoir vaporisé à hauteur de visage sur les meubles ou étagères, on s'approche pour regarder à jour frisant si les plans de travail sont bien exempts de toutes traces, comment ne pas en inhaler ? Véhiculées jusqu'au fond de nos alvéoles, les particules de cire les enduiront, certes beaucoup moins que le meuble, mais restreindront néanmoins leur perméabilité.

Si ce type de produit n'est employé qu'une fois ou deux par semaine, pas de problème, le corps l'élimine. Mais lors d'utilisations intensives ou trop répétées chez des personnes à la santé fragile, les échanges gazeux indispensables à la vie ne peuvent-ils se trouver réduits ? Les bombes qu'on emploie pour imperméabiliser vêtements et chaussures pourraient ne pas convenir dans les alvéoles, même chez celles qui travaillent comme de véritables abeilles, telle Rosa.

Les solvants, tel le nitrobenzène, employés trop fréquemment, peuvent, en passant dans le sang, transformer notre hémoglobine en *méthémoglobine* incapable de transporter l'oxygène. D'où l'anémie et les sensations d'intense fatigue.

Outre les gaz propulseurs, les *formaldéhydes* ou autres *acétaldéhydes* des bombes de désinfection, les particules biocides (tueuses de vie) diffusées dans l'atmosphère ne savent pas faire la différence entre l'utilisateur et la cible. Peuvent en résulter : vertiges, nausées, troubles de la vue et de la mémoire, voire syndromes psychologiques profonds. Le docteur P. Binz de Trèves en Allemagne, spécialisé dans le traitement des personnes intoxiquées sur leur lieu de travail, décrit le cas d'une personne hospitalisée depuis 10 ans pour psychose schizophrénique survenue après l'utilisation d'une seule de ces bombes (20).

Après avoir effectué l'entretien du labo, Rosa se rend chez divers particuliers. Elle y fait la vaisselle avec des produits ammoniaqués, décape les fours à l'aide de bombes, frotte l'argenterie à la main, cire les meubles, détache les cols de chemise avec des sprays, lave et respire les vapeurs de lessive, repasse le linge imprégné d'adoucissant…

Et, bien sûr, Rosa passe l'aspirateur. Ces merveilleux appareils, s'ils éliminent remarquablement les poussières, rejettent malheureusement dans l'atmosphère des microparticules. Inhalées, celles-ci pénètrent profondément dans les poumons. Les particules d'un diamètre inférieur à 10 microns (dites PM 10) peuvent altérer le tissu pulmonaire. Selon une étude américaine dirigée par D. Golde de l'université de Harvard, des poussières encore plus fines (PM 2,5) peuvent passer dans la circulation sanguine et entraîner des risques cardio-vasculaires. Une autre étude effectuée à Mexico met en évidence une augmentation de mortalité chez les bébés.

Lorsqu'on ne possède pas une maison équipée d'une centrale d'aspiration, il est donc préférable d'utiliser ces appareils fenêtres ouvertes.

Et des mains bien nettoyées...

En fin de journée, Rosa se rend, en compagnie d'autres collègues de la même société de services, dans une volaillerie industrielle. Sa tâche consiste alors à nettoyer les tapis roulants où ont défilé toute la journée les poulets, tués et déplumés, destinés à finir rôtis ou en cocottes.

Dans l'industrie alimentaire on ne badine pas avec l'hygiène. Les détergents utilisés à cet effet sont donc particulièrement performants. Toute trace de graisse doit disparaître, pas la moindre bactérie, pas le plus petit microbe ne doivent subsister. Rosa s'y employait avec application et, à l'aide de chiffons imbibés de ces produits dégraissants, elle frottait énergiquement les surfaces grasses.

Malgré des contrôles sanitaires fréquents, jamais un reproche ne lui avait été adressé. Et cependant, on aurait dû lui en faire. Pourquoi ? Parce qu'elle ne portait pas de gants lorsqu'elle effectuait ces travaux ! Rosa ne voyait pas la nécessité d'utiliser ces protections, ni de se rincer les mains puisqu'il s'agissait de produits de nettoyage !

Quelques explications s'imposent à Rosa. Lorsque souffrant d'un muscle, on se frictionne avec une pommade, si celle-ci agit, c'est bien parce que ses composants passent facilement à travers la peau. Donc que celle-ci est perméable (et non imperméable comme l'enseignent encore malheureusement certains manuels de biologie dans les lycées).

Autre exemple : Quand une femme entre en ménopause, on lui prescrira souvent la pose d'un patch sur la hanche. Hors, la quantité minime d'hormones diffusée à travers un seul cm^2 de sa peau suffira à modifier son métabolisme hormonal, voire son comportement, autrement dit son état de santé. La pénétration transcutanée des produits pharmaceutiques est de plus en plus utilisée. Plus la peau qui nous recouvre est mince et plus elle laisse passer les molécules. Si celle des mains est heureusement plus résistante à cette infiltration, elle n'est pas pour autant étanche et ne doit pas être assimilée à des gants de caoutchouc.

Ce qui veut dire que lorsque nous trempons nos extrémités délicates dans un liquide à vaisselle ou autre désinfectant, dissolvant ou diluant, le produit pénètre dans notre corps par une surface autrement plus étendue que celle d'un patch. Or, les parois des cellules humaines sont formées par une double couche de molécules chimiquement très proches des détergents. « Aussi ces derniers s'y infiltrent-ils assez volontiers et, du même coup, ils sèment la perturbation parmi les nombreux systèmes enzymatiques et hormonaux qui fonctionnent justement dans – et en association avec – les membranes », prévient le professeur M. Bounias, spécialiste en toxicologie (8). « Les détergents dissolvent la membrane d'une cellule cultivée en laboratoire et perturbent ses échanges avec le milieu, ouvrant la porte à d'autres toxiques ; la cellule dénaturée peut être à l'origine de phénomènes de rejet et certains voient là un facteur favorisant les maladies auto-immunes », confirme le docteur L. Jaisson dans un ouvrage préfacé par le professeur H. Joyeux, spécialiste en cancérologie (21).

On comprend alors le dysfonctionnement des cellules proches de la zone de pénétration, saturées de toxiques, et générateur de douleurs. Récupérés par la circulation sanguine, les détergents sont conduits vers le foie. Cet organe est notre centre principal de détoxication, une usine chimique dont un des rôles consiste à transformer les molécules qui lui arrivent en constituants corporels. Pour la plupart des éléments digérés, pas de problème, il sait le faire. Mais les détergents ou autres solvants ne sont pas sa nourriture préférée.

Néanmoins ses cellules participent, par des « conjugaisons », et bien qu'elles ne connaissent pas la grammaire, à la transformation d'éléments passés dans le sang et imparfaits pour l'organisme en futures molécules corporelles, mais ceci de manière conditionnelle comme on l'a vu. Cette dégradation s'effectue grâce au système MFO (*Mixed Functions Oxydases*). En font partie des enzymes spécifiques : les *cytochromes P 450*, dont la synthèse est variable selon les individus, leur alimentation, les médicaments ou toxiques absorbés, comme le tabac, les insecticides, la dioxine et probablement bien d'autres facteurs…

Des capacités de détoxication parfois saturées…

Pour un individu en bon état de santé, l'élimination des petites doses habituellement employées s'effectue sans difficulté aucune. Mais en est-il de même en cas d'exposition importante ou trop fréquente chez des personnes fragiles ou sensibles, comme semble l'être Rosa ? On retrouve parfois jusqu'à 250 contaminants dans les graisses corporelles de certaines personnes. Il semble que dans certains cas, les prouesses du foie à transformer les pesticides, solvants, détergents ou autres polluants soient limitées et que l'organe hépatique sature. Cependant, dépourvu de terminaisons nerveuses, il ne souffre pas. Même lorsqu'on découvre une affection plus grave, son propriétaire s'étonne souvent de n'avoir jamais eu « mal au foie ».

De multiples examens mettent en évidence la perturbation muette de cet organe. Pour des mains entraînées, celui-ci affiche également son dysfonctionnement de la même manière discrète que pour les autres viscères, par une rétraction autour de laquelle convergent les tissus avoisinants.

Les molécules toxiques qui ne peuvent être traitées dans les cellules hépatiques sont déviées, par des *shunts*, vers la circulation générale. De là elles sont provisoirement stockées dans différents types de cellules comme les lipides mais aussi les cellules des muscles et tendons qui perdent alors peu à peu leur élasticité et deviennent plus durs, plus raides. Les aponévroses y sont également très sensibles, celles des articulations mais aussi les membranes qui tapissent l'intérieur du canal rachidien.

Sous les douleurs des toxiques…

La colonne vertébrale est constituée de vertèbres séparées par des éléments souples : les disques intervertébraux. Ces segments protègent le canal vertébral qui contient la moelle épinière enveloppée des membranes méningées. La plus externe de celles-ci, plus résistante et dénommée *dure-mère,* tapisse également l'intérieur de la boîte crânienne. Elle en sort en adhérant fortement à l'anneau formé par les premières vertèbres cervicales, puis elle descend comme une sorte de fourreau tendu jusqu'au sacrum où elle s'insère avant de se terminer sur le coccyx. Constituée de tissu conjonctif, elle s'avère extrêmement sensible aux traumatismes, nous l'avons vu, mais aussi aux toxiques.

On peut donc comparer la colonne à un empilage de bobines de fils séparées par des coussinets de mousse. Une cordelette descendant dans l'orifice de chacune d'entre elles simulerait la dure-mère. Supposons à présent que ce lien, attaché aux deux extrémités, vienne à être mouillé. En se rétractant, il diminue sa longueur, augmente la contrainte des coussinets et contraint l'alignement des bobines à se mettre en zigzag.

De manière identique, l'imprégnation toxique de l'organisme engendre une rétraction des tissus conjonctifs, et notamment de ceux qui composent la dure-mère. Cette mise en tension excessive accroît la contrainte des disques et entraîne des effets de cisaillement au niveau des orifices intervertébraux qui laissent le passage aux nerfs qui sortent de la colonne. Tout particulièrement aux endroits préalablement fragilisés, comprimés par des traumatismes antérieurs. Les douleurs proviennent à la fois des racines nerveuses irritées par ces strictions mécaniques, mais aussi de perturbations des médiateurs chimiques dues aux molécules polluantes.

Les trop fréquentes douleurs du dos représentent l'expression de la vie de chaque personne avec ses accumulations de traumatismes, de toxiques, de stress auxquels s'ajoute très souvent une mauvaise alimentation. Dans les pays dits développés, plus de 80 personnes sur 100 souffrent de leur colonne au cours de leur vie. Près de 95 % des lombalgies communes sont sans lésions ostéo-articulaires décelables. Une étude italienne dirigée par le docteur Négrini et réalisée en milieu scolaire a montré que 64 % des élèves de 12 ans se plaignent déjà du dos. Parmi ceux-ci 11 % ont présenté des épisodes de blocages aigus, 10 % ont eu une radio et/ou un traitement et 1,7 % ont été hospitalisés.

LE MAL DE DOS EN FRANCE

Dans l'Hexagone, entre 1982 et 1992 la fréquence du mal de dos a triplé sans qu'on puisse apparemment discerner les raisons de cette augmentation.
Responsables de 20 % des arrêts pour maladie, de 13 % des accidents de travail, les douleurs du dos représentent 4 millions de journées de travail perdues par an. Si certains professionnels de l'absentéisme se disent qu'elles ne sont pas toujours perdues pour tout le monde, ils oublient qu'eux aussi participent à l'addition. Laquelle leur sera prélevée par les cotisations sociales. Car les lombalgies coûtent cher aux Français : entre 760 et 3 800 euros (25 000 francs) de soins, soit la somme totale de 1,5 milliard d'euros par an (10 milliards de francs). Elles motivent 9 % des consultations de médecine générale, 8 % des actes de radiodiagnostic et 30 % de ceux de kinésithérapie. Elles représentent 13 % des causes d'invalidités.
En 1998, les douleurs vertébrales ont été classées maladies professionnelles. Selon le professeur Valat, chef de service de rhumatologie au CHRU de Tours, en cas d'apparition de douleurs vertébrales : « Il est nécessaire d'agir vite car les chances de reprise d'une activité professionnelle diminuent très vite avec la durée de l'arrêt de travail ; elles ne sont plus que de 50 % après 6 mois d'arrêt et inférieures à 30 % après 1 an, et pratiquement nulles au-delà de 2 ans. »

Nous allons voir comment Rosa a pu se dégager de ses douleurs. Mais auparavant, poursuivons notre promenade à la poursuite de ces indésirables molécules…

La balade des polluants

Lorsque le foie sature, l'envahissement toxique atteint aussi les intestins. L'augmentation de la perméabilité des cellules (*entérocytes*) qui en résulte, par dégradation de leur paroi, laisserait alors passer des molécules peptidiques, elles-mêmes responsables du désordre immunitaire dans certaines polyarthrites (22).

De la circulation, les polluants non métabolisés passent par le filtre rénal qu'ils engorgent. Comme le foie, les reins qui peinent à éliminer donneront alors l'impression de modifier leurs structures. Les membranes qui les entourent semblent également se rétracter. À l'intérieur de ces organes en forme de haricot, l'eau arrive la plupart du temps à passer entre les grosses molécules mal métabolisées des toxiques. Mais il n'en sera pas de même pour les déchets de notre fonctionnement quotidien. D'où une aggravation des raideurs musculaires et articulaires, principalement dans les zones préalablement rétractées par des traumatismes antérieurs ou des imprégnations toxiques fréquentes, comme chez Rosa.

Des mains entraînées peuvent aisément mettre en évidence les nombreux désalignements vertébraux, générateurs de douleurs, chez les personnes intoxiquées Pour soulager ces maux, il suffit alors d'aider les capacités naturelles de détoxication du corps. L'assistance manuelle des mouvements physiologiques des organes libère parfois instantanément des douleurs installées depuis des semaines, voire des mois. Ceci alors que les manipulations vertébrales classiques, tentant de réaligner ces distorsions de la colonne, n'obtiennent aucun résultat stable. Pas plus que les médicaments eux-mêmes, ce qui semble évident puisqu'ils ne font qu'ajouter leur propre toxicité à l'intoxication générale du corps.

Le corps ne demande qu'à se libérer, un petit coup de main et hop ! Tout repart !

Une peau très fréquentée…

De multiples molécules chimiques entrent quotidiennement en contact avec notre épiderme. Quantités de produits ménagers, de toilette, de jardinage ou de bricolage peuvent franchir la barrière cutanée, comme chez les personnes qui préparent, coupent ou manipulent souvent des tissus neufs imprégnés d'apprêts, colorants ou stabilisants. Dans les bureaux, des mains délicates sont fréquemment au contact des papiers chimiques, des photocopies ou autres documents enduits d'encres. Chez les artisans, les manipulations de colles, de peintures, de vernis, d'acides ou de ciment viennent en tête. Dans l'industrie, les dégraissants, diluants ou solvants divers, lubrifiants et poudres métalliques ne sont que la partie visible de l'iceberg des insidieuses pénétrations transcutanées. Le milieu rural est souvent victime des préparations manuelles de pesticides et de produits « phytosanitaires » aux redoutables effets sur leur santé.

Si des eczémas signent parfois une réaction allergique immédiate, telle celle aux lessives et adoucissants chez les bébés, la plupart du temps l'imprégnation des polluants sera silencieuse. Les manifestations ne surviendront alors que par accumulation ou association avec une autre cause pathogène, et souvent des années plus tard.

Le National Institute of Environmental Health Sciences (États-Unis) estime que le contact trop fréquent avec certaines teintures pour cheveux, à base d'amines aromatiques, favoriserait l'apparition de cancers du sein, de la vessie ou de l'utérus. Selon H. Wingert qui rapporte cet avis, les coiffeuses seraient particulièrement menacées (14).

En dehors de ces fréquentes pénétrations transcutanées, de nombreuses personnes pensent qu'en restant à leur domicile, elles sont à l'abri de toute pollution. Erreur...

Ambiances intérieures

En plus des solvants des peintures, nos atmosphères intérieures peuvent contenir les émanations des fongicides des boiseries. Ou parfois du radon, ce gaz radioactif qui provient des sols granitiques. Les vêtements qui reviennent du teinturier sont imprégnés de dérivés de l'éthylène. Les plastiques des menuiseries en PVC, des tuyaux, sacs plastiques, ustensiles ménagers ou des garnitures des voitures qui « sentent le neuf » laissent s'échapper, pendant des mois, des COV.

Les analyses montrent également des *formaldéhydes* issus des moquettes, contreplaqués, meubles en agglomérés, matelas ou oreillers en mousse. Ce gaz provoque des irritations des yeux, de la gorge ou de la peau, des vertiges ou nausées voire une sorte de léthargie lorsque la teneur de l'air ambiant devient trop importante. L'atmosphère intérieure peut aussi contenir des vapeurs de lessive, détachants, détergents, bombes à cirage synthétique, formol des encaustiques, antimites... Ainsi que le rappellent L. Nugon-Baudon et E. Lhoste, chercheurs en toxicologie : « Le risque domestique réside principalement dans l'exposition prolongée à des substances émanant à la fois des revêtements neufs et de nos placards remplis de produits d'entretien plus ou moins bien rangés » (17).

D'autres analyses ont mis en évidence, à l'intérieur des maisons, des émanations de benzène. Lequel provient des gaz d'échappement des véhicules qui se catalysent avant de se répandre, depuis le garage, vers les autres pièces. Ce taux serait même parfois deux fois plus élevé qu'à l'extérieur, selon les résultats de l'enquête européenne *Life Macbeth*. Ce qui n'est pas très bon pour les globules rouges ni pour la santé des futurs bébés. Ne pas entrer en marche arrière dans le garage, bien aérer celui-ci et installer une double porte pour le séparer de la maison constituent des précautions utiles.

Dans la salle de bains au volume restreint, les laques, désodorisants et autres cosmétiques peuvent libérer de nombreuses molécules. Ainsi l'alcool *benzylisopropylique* de certains parfums serait susceptible de détruire les globules rouges. Pour amener du rose aux joues des belles utilisatrices qui s'inondent un peu trop de ces aphrodisiaques senteurs, leurs amoureux devront alors déployer tout leur charme ! Une aération suffisante leur permettra de continuer à ravir les sens de leurs proches sans pour autant risquer une anémie. Dans quelques pages, un exemple concret de mésaventure pouvant survenir dans une salle de bains est décrit.

Pour conserver des lieux de vie bons pour la santé, des plantes vertes sont indispensables.

LES PLANTES DÉPOLLUANTES

Les syngoniums et berberas digéreraient les émanations de benzène et en réduiraient le taux à l'intérieur des maisons.
Les philodendrons et lierres diminueraient très légèrement les teneurs en formaldéhydes des atmosphères confinées et polluées par ce composé chimique.
Les dracaenas, ficus et sansevierias absorberaient le trichloréthylène de l'air ambiant.

Toutes absorbent, par photosynthèse, le dioxyde de carbone pour nous donner de l'oxygène. Ce cycle se ralentit et s'inverse même légèrement la nuit, par l'absence de lumière. Toutefois, le taux de gaz carbonique dégagé est si faible qu'il est inutile de déplacer chaque soir des végétaux situés dans les chambres. Néanmoins, pour leur bien-être aussi, il est nécessaire d'aérer chaque matin les pièces qui les hébergent. Si le temps le permet, puisque comme nous elles sont sensibles aux changements de température.
Les chlorophytums réduiraient le taux de monoxyde de carbone. Attention toutefois, l'action de ces végétaux ne serait sensible que pour de faibles teneurs en polluants. Autre petit détail important : les plantes en plastique n'ont pas les mêmes talents !

Autres précautions à prendre

Les prélèvements effectués montrent aussi des particules en provenance des fumées de fuels qui refoulent par la cheminée du salon lorsque le conduit est contigu avec celui de la chaudière. Parfois aussi des émanations provenant de chauffage butane ou de pétrole désodorisé lorsque les pièces n'ont pas suffisamment d'aération.

Dans les maisons anciennes, les âtres et les poêles fument un peu trop parfois, et leur mauvais tirage amène la formation de *monoxyde de carbone*. Lequel peut également provenir d'un chauffe-eau à gaz sans évacuation sur l'extérieur ou d'un four à pyrolyse. Ce gaz inodore provoque des maux de tête et, à long terme, des pathologies cardiaques. Comme il diminue la conscience, l'on ne s'aperçoit pas qu'on est en train de s'asphyxier.

Faut-il parler des autres fumées dont sont imprégnés certains intérieurs ? Le tabac, qu'il soit roulé en feuilles, entassé dans les fourneaux des pipes ou dans les petits cylindres de papier fait payer souvent très cher le contentement qu'il procure. Mais pas tout de suite, là aussi quelques années doivent s'écouler pour qu'apparaissent les premiers ravages, tout comme pour les autres drogues végétales plus ou moins douces. La liste des symptômes provoqués, qui s'avère alors longue et fort désagréable, a été suffisamment rappelée par les médias : contribution à la formation de caillots sanguins rétrécissant les vaisseaux, essoufflements, bronchites chroniques… Et chez les femmes : fausse couche, baisse de fertilité, bec-de-lièvre chez leurs bébés, ménopause précoce… Sans oublier que l'aventure se termine généralement par des cancers de la langue, du larynx, des poumons ou même côlo-rectaux. En France 60 000 personnes en décèdent chaque année dans des conditions horribles, soit 1 mort sur 9 !

Chacun est libre de choisir son avenir ! De plus, les adeptes de l'herbe à Nicot savent très bien que, par l'atmosphère qu'ils empoisonnent autour d'eux, ils peuvent aussi entraîner leurs proches dans des misères qu'ils n'ont pas recherchées.

Atmosphère, atmosphère…

Les logements étant à présent mieux isolés, l'atmosphère s'y révèle de plus en plus confinée. Comme Rosa, la plupart des gens passent près de 80 à 90 % de leur temps dans des univers clos.

L'indispensable aération ne doit pas être oubliée non plus dans les bureaux. Ceci pour ne pas se retrouver épuisé en fin de journée par suite de l'inhalation insidieuse d'ozone dégagé par les photocopieurs, de particules qui émanent des imprimantes ou des papiers chimiques et quantité d'autres COV. Auxquels s'ajoutent parfois les moisissures qui proviennent des gaines des systèmes de climatisation où elles prolifèrent lorsque l'entretien est négligé.

Et puis, lorsque c'est possible, des petits séjours dans l'air pur des montagnes, de la mer ou de la campagne permettent à nos poumons de changer d'air. Nous qui sommes à la recherche permanente de confort de vie, il nous serait possible d'obtenir plus d'énergie, de dynamisme, en diminuant la pollution. À l'intérieur, ainsi que nous l'avons vu, mais aussi à l'extérieur : extinction des moteurs à l'arrêt, réglages de carburation, covoiturage, transports en commun, filtres diesels. Et pourquoi pas chauffe-eau solaire, géothermie, pompe à chaleur… Nous devons tous agir pour retrouver un air plus pur, l'oxygène étant un des meilleurs euphorisants gratuitement fourni par la nature.

Nous entretenons notre vie grâce à l'air que nous respirons ; notre santé, notre dynamisme sont donc étroitement liés à sa qualité.

La santé, c'est facile

Bien évidemment, les techniciennes d'entretien ne souffrent pas toutes des mêmes maux que Rosa. La grande majorité semble apparemment supporter sans aucun dommage les contacts fréquents avec de nombreux produits. Comme pour les allergies à la poussière de maison ou aux poils de chats, tout dépend de la sensibilité individuelle. D'autres facteurs, comme l'alimentation, jouent beaucoup sur l'apparition de terrains arthritiques : excès de viandes et charcuteries, déficit en légumes et fruits, choix des matières grasses. Ainsi, selon une étude grecque, les personnes qui absorbent très peu ou pas d'huile d'olive seraient 2,5 fois moins protégées contre l'arthrite rhumatoïde que les plus gros consommateurs. Les anciens violents traumatismes, sur l'arrière du crâne notamment, semblent aussi jouer un rôle.

Pour Rosa, la première action à entreprendre était de se libérer des toxiques. Elle veilla désormais à porter des gants et ne travailla qu'avec une aération suffisante. Elle prit soin de bien reboucher les flacons et de ne plus faire de mélanges. Son employeur eut la gentillesse d'accepter de changer ses produits d'entretien, sous réserve que le résultat soit identique.

L'ENTRETIEN MÉNAGER

Des formules non toxiques sont à notre disposition.
- Les produits « verts » composés d'essences naturelles de plantes nettoient et désinfectent tout aussi efficacement.
- Les déboucheurs à base d'enzymes nécessitent un temps d'action un peu plus long mais ne sont pas dangereux.
- Les encaustiques à la cire d'abeilles parfument toujours agréablement les pièces.
- De nombreux pays utilisent l'eau oxygénée pour désinfecter. Le savon et l'eau chaude ne doivent pas être oubliés.

• Les sprays actionnés à la main ne diffusent pas de gaz propulseurs dans l'atmosphère.
• L'utilisation de gants appropriés limite la pénétration transcutanée.
Une bonne aération permet d'éviter l'accumulation de poussières et de molécules toxiques dans l'atmosphère.

Peu à peu, la santé Rosa reprit le dessus. Un cocktail de plantes amorça la détoxication de son organisme. Elle rééquilibra ses menus avec davantage de légumes et fruits frais. Les techniques du docteur Jones lui permirent de se dégager des séquelles d'anciennes chutes de mobylette qui se répercutaient sur ses lombaires et sa nuque et contribuèrent au réalignement des vertèbres cervicales. Ce qui fit disparaître ses sensations d'instabilité. Rosa apprit également à suivre avec ses mains les mouvements de son foie pour aider celui-ci dans sa physiologie.

Une cure de ginseng et de vitamines compléta son retour en forme. En quelques semaines, avec quelques oligo-éléments comme le magnésium, le cuivre et le silicium, la jeune femme retrouva un dos plus souple et des articulations libres et mobiles.

Par ailleurs, Rosa accepta de se libérer de ce qu'elle avait sur l'esprit depuis longtemps. Elle n'avait pas pu faire d'études et le regrettait beaucoup. L'entretien ménager n'était qu'un moyen de gagner sa vie et elle ne se sentait pas psychologiquement bien dans ce milieu. Ce mal-être permanent entraînait un repli, une véritable rétraction à l'intérieur d'elle-même, génératrice de tensions.

Enfin, elle évoqua le problème de sa petite fille, qui lui rongeait le cœur….

Cherchez l'erreur…

Sa Diana, âgée de 2 ans, est atteinte d'un retard évident. Bien que son visage soit enluminé par le plus touchant des sourires, elle ne parle pas. Et en dépit d'essais répétés, elle n'arrive pas encore à se tenir debout. Les examens ont mis en évidence une rigidité anormale de la colonne et des membres inférieurs. Malgré les efforts du kinésithérapeute, l'état de l'enfant ne s'améliore que difficilement. Annoncer à des parents que leur petite fille se révèle assez lourdement handicapée n'est pas facile. Des troubles d'origine génétique ont été évoqués, mais la recherche d'éventuels antécédents familiaux n'a rien donné. Un placement en centre spécialisé a été conseillé. Pour le moment Rosa s'y refuse et espère encore, tenant à prodiguer tout son amour à sa petite Diana.

De nombreux produits ménagers contiennent des *éthers de glycols*. C'est le cas des nettoyants à vitres ou à moquettes, mais aussi des encres, vernis, vitrificateurs, décapants, peintures à l'eau, savons, shampooings ou autres cosmétiques. On les retrouve aussi dans les pesticides et les solvants utilisés massivement dans l'industrie depuis les microprocesseurs jusqu'à l'aéronautique, et même dans les médicaments. Certaines de ces molécules (celles de la série E et 3 de la série P) sont capables de provoquer « des atrophies des testicules, des atteintes du sperme, des malformations chez les bébés dont les parents utilisent ces produits ainsi que des anomalies sanguines telles des baisses de globules ou des chutes des plaquettes » (24).

Démontrée dès 1979 par une équipe japonaise, l'annonce de cette toxicité a entraîné aussitôt l'interdiction de ces substances dans les médicaments par la Food and Drug Administration aux États-Unis. Le National Institute for Occupational Safety and Health suivait, en recommandant des valeurs d'exposition très faibles. En 1992 la Suède retirait du marché ces dangereuses molécules. Fin 1993 une directive européenne stipulait que les produits contenant plus de 0,5 % d'*éthyl-glycol* devaient faire figurer la mention « T », pour Toxique, assortie d'une tête de mort et de l'une des phrases suivantes : « Peut altérer la fertilité » ou « Risque pendant la grossesse d'effets néfastes pour l'enfant ».

En août 2000, en France, différents journaux et revues ont, à nouveau, attiré l'attention sur les conséquences liées à ce type de molécules pendant la grossesse. Plusieurs cas de jeunes femmes ayant mis au monde des enfants lourdement handicapés, après avoir manipulé des produits de nettoyage, pour pochoirs de textiles par exemple, ont été cités. Aucune mention sur le risque potentiel n'était indiquée sur les récipients, hormis le fait qu'ils pouvaient être « irritants ».

LES ÉTHERS DE GLYCOLS EN FRANCE

C'est seulement après que plusieurs articles de journaux et émissions télévisées ont attiré l'attention du public sur le danger de cette molécule que sa commercialisation a été restreinte courant 1997. Le docteur S. Cordier de l'INSERM U 170 de Villejuif écrivait alors : « Les femmes les plus exposées sont celles qui utilisent des produits pour des tâches professionnelles de nettoyage, de cosmétique, de désinfection » (25). En 1998, l'emploi de cette molécule était interdite dans les médicaments et cosmétiques. En attendant que la substitution des molécules soupçonnées puisse s'effectuer, la commission de sécurité des consommateurs recommande un étiquetage très explicatif sur les risques encourus (26).

Certains produits domestiques doivent donc être utilisés avec précaution.

Bien propres certes, mais saines ?

Observez la manière dont est effectué le nettoyage des plans de travail et des étals des commerces de bouche : boulangeries, pâtisseries, boucheries, charcuteries, mais aussi nombre de cafés et petits restaurants... La plupart du temps, la surface est aspergée avec un spray de détergent ou de désinfectant. Un coup de chiffon pour étaler et enlever le superflu et hop, c'est propre ! Sur cette surface bien nette, garantie sans microbes, on posera ensuite toutes sortes de nourritures... À la pollution microbienne ne substituerait-on pas une pollution chimique ?

Bien évidemment le handicap de la petite Diana ne peut être officiellement attribué aux produits manipulés par sa maman. Mais étant donné que dans sa famille aucun trouble de ce genre n'avait encore été remarqué, qui peut affirmer avec certitude leur totale innocuité ? Que dites-vous ? Bizarre ?

Vous avez dit bizarre ?

Depuis le retour de vacances de Nelly, des migraines battantes étaient apparues et ne la quittaient pas. Seuls des médicaments puissants arrivaient à la calmer.

Durant son absence on venait de refaire son petit bureau : *peintures murales et vitrification du sol.* Une bonne aération plusieurs fois par jour et quelques plantes détoxicantes chassèrent ces violentes migraines…

Quentin souffrait de violents vertiges. Lorsqu'il perdait connaissance sur ses lieux de travail, il était conduit à l'hôpital. Malgré les nombreux examens effectués et les différents traitements préconisés, les syncopes se reproduisaient épisodiquement…

Ce frigoriste inhalait de temps à autre du *fréon*, gaz contenu dans les installations réfrigérantes. Les malaises cessèrent dès qu'il porta un masque...

Un matin, Mylène se réveilla le dos complètement bloqué. La veille, durant toute la journée, elle avait, à l'aide de produits très puissants, *nettoyé des cuivres* particulièrement encrassés, et autres objets de brocante, sans mettre de gants…

C'est une douleur dorsale aiguë qui un jour frappa Delphine, l'empêchant de respirer et de remuer les bras. Douleur qui résistait aux antalgiques et manipulations diverses.

Comme par hasard, le jour qui avait précédé, elle avait passé ses moquettes au *shampooing en bombe.* Fenêtres fermées ? Oui, pourquoi ?

Nicolas, bien que prof de gym, était devenu progressivement raide en très peu de temps. Élongations, massages et douches alternées, puis myorelaxants divers n'atténuaient que très peu ses rétractions musculaires omniprésentes. Il s'était tellement enraidi que ses collègues le surnommaient à présent Pépé !…

Jardinier durant ses nombreuses heures de loisirs, quelques jours avant la survenue de cette curieuse maladie, il avait abondamment traité son jardin à la *bouillie bordelaise, et l'avait préparée à la main*, sans gants de protection. Cette mixture très efficace contient 600 g de cuivre par kilo, or il suffit de quelques grammes pour tuer un homme…

Erwan ne comprenait pas la raison de l'angoisse qui l'étreignait en permanence. Tout l'inquiétait, lui faisait peur. Pourtant, il avait un bon job, bien stable et pas stressant dans un bureau, pas de soucis d'argent, un bel appartement et sa femme n'avait d'yeux que pour lui. Mais il ne trouvait pas normal que les tranquillisants ainsi que les psychothérapies suivies n'aient que peu d'effets…

De son corps émanaient de fortes fréquences toxiques. Comme il n'était pas bricoleur et ne manipulait pas de polluants, d'où pouvaient-elles venir ? Il se rappela qu'étant enfant, il accompagnait toujours son père dans les champs, notamment pour « traiter » les mauvaises herbes. Probablement avec des substances de type *lindane*, pesticide réputé pour provoquer des fortes angoisses. Plusieurs mois de détoxication avec des plantes et de libérations hépatiques furent nécessaires pour qu'il retrouve enfin sérénité et joie de vivre.

Des douleurs dans tout le corps gâchaient la vie de Gwendoline depuis quelques semaines. Devenue extrêmement irritable, elle était prise d'accès de pleurs qu'elle n'arrivait pas à maîtriser. Son mari et ses enfants ne savaient pourtant que faire pour lui rendre son sourire…

Secrétaire dans une entreprise dont les bâtiments étaient en cours de réhabilitation, elle devait chaque jour respirer les *poussières dégagées par le ponçage de vieilles peintures*. Impossible d'aérer convenablement, des camions laissant tourner leurs vieux diesels des heures durant sous les fenêtres.

Son nez s'était complètement bouché depuis quelques jours et de violentes céphalées l'obligeaient à avaler comprimé sur comprimé pour « tenir le coup ».

Étudiant en architecture, Bertrand utilisait de *puissantes colles* pour les maquettes et les plans qu'il devait réaliser.

La peau des avant-bras de Julien, 17 ans, était curieusement rouge grenat. Avec une sorte d'eczéma suintant formé de plaques croûteuses jaunes orangées en relief, bref une dermatose pas jolie à regarder. Mais sur le reste du corps, rien à signaler, la peau gardait son aspect juvénile. Julien n'arrivait plus à dormir tellement les démangeaisons étaient intenses. Ceci depuis de nombreuses semaines sans que l'ombre d'une amélioration ne se profile. Les ulcérations cutanées étaient survenues brutalement, en quelques jours.

Quelle activité aviez-vous effectuée auparavant, Julien ? « Laissez-moi me souvenir… Ah ! j'ai décapé une veille remorque à l'aide d'un *décapant à peinture*. Vous croyez que le produit… pourtant, j'avais mis des gants de plastique… C'est vrai qu'ils étaient devenus complètement mous… ! »

Depuis son retour de vacances, une bronchite persistante épuisait Audrey. Et ce en dépit de tous les médicaments prescrits. Tout avait commencé un après-midi alors qu'elle était en train de prendre le café sur sa terrasse. Son voisin avait allumé un feu dans son jardin pour y brûler des herbes mais aussi des *déchets de plastique*, des vieux piquets enduits d'une sorte de *goudron*, des *planches peintes*, et des *pneus de vélo*. La fumée âcre et malodorante qui se dégageait du brasier lui avait aussitôt irrité fortement la gorge.

Audrey ignorait qu'elle avait probablement inhalé un cocktail de dioxines, créosotes et autres molécules fortement toxiques…

Depuis quelques mois, Gladys ne se sentait pas bien dans sa peau. En plus de douleurs diverses, elle devenait de plus en plus agressive… Mère au foyer, son mari lui avait aménagé, dans le sous-sol de leur pavillon, une petite pièce où elle lavait, détachait et repassait les quantités importantes de linge qu'exigeait sa nombreuse famille. Toutefois cette buanderie bien pratique où elle passait une grande partie de son temps ne possédait ni fenêtre, ni aération aucune.

Dès qu'une ventilation fut convenablement installée et que Gladys put respirer un *air* moins *concentré en vapeurs de lessives et détachants divers*, son caractère retrouva la douceur agréable de son linge…

Une fatigue intense avait, depuis peu, submergé la ravissante Cinthia. Sans ressort, elle se traînait sans qu'elle puisse comprendre d'où provenait cette subite anergie. Superbe mannequin, elle veillait pourtant de très près à sa forme. Nourriture biologique pesée et équilibrée, danse et expression corporelle, rythmes de vie réguliers... De plus, pour prévenir une éventuelle cellulite, elle se massait longuement tous les matins avec des crèmes appropriées...

Depuis quelque temps, elle expérimentait une nouvelle *formule en bombe*, extrêmement pratique. Quoique les vaporisations de ce produit, dans sa petite salle de bains, rendaient vite l'atmosphère difficilement respirable... Une bonne ventilation et le retour aux onguents à base de plantes lui rendit sa vitalité.

Pour beaucoup, ces exemples ne seront que des coïncidences et ils auront certainement raison. Mais convenons que notre mécanique humaine, pour sa bonne carburation, a besoin d'air. Entre 15 et 20 m^3 par jour selon les individus. Le mélange idéal est composé de 78 % d'azote, 21 % d'oxygène, 1 % de gaz carbonique et 0,03 % de gaz rares. Dans l'atmosphère confinée d'une maison ou plus encore d'une pièce, la vidange du contenu d'une bombe n'est-elle pas en mesure de changer considérablement les proportions du mélange et de provoquer quelques ratés dans notre mécanique ? Rappelons-nous que des études ont montré qu'il suffit d'une augmentation de 0,01 mg/m^3 de dioxyde de soufre pour provoquer une majoration de 10 % des décès par maladies cardio-vasculaires...

Des syndromes nouveaux...

Comme nous l'avons vu, la plupart de ces épisodes de mal-être et bien d'autres furent assez vite améliorés par l'élimination de l'agent toxique perturbateur, dans le milieu extérieur mais aussi à l'intérieur du corps : « Des études scientifiques et la pratique de la médecine environnementale nous montrent qu'il suffit très souvent de détecter les nuisances chroniques et d'enlever le mobilier contaminé (boiseries, colles, tapis, matériaux d'isolation, etc.) pour arriver à des guérisons miracles », confirme J. Huss (27).

Si les Britanniques qualifient leur brouillard de « purée de pois », nous baignons souvent dans une véritable soupe atmosphérique de polluants divers, que ce soit à l'usine, à l'atelier, au bureau, dans nos maisons et même à la campagne. Dans nos lieux habituels de vie, plus de 900 composés organiques volatils différents ont été répertoriés. Leurs concentrations respectives dépasseraient par moments plusieurs centaines de fois les normes limites. Les analyses permettent à présent de les retrouver dans notre corps.

Ils engendrent diverses perturbations de la santé auxquelles on a donné différents noms : le *Sick Building Syndrome* (SBS) ou maladie des bâtiments malsains, le *Chronic Fatigue Syndrome* (CFS), la *Multiple Chemical Sensitivity* (MCS). Les médecins ont observé que certaines personnes deviennent allergiques à d'infimes concentrations de polluants dans l'atmosphère, au point de présenter de réels malaises voire des troubles du comportement. On sait à présent que des toxiques sont aussi à l'origine d'affections bien réelles, d'apparition récente comme les fibro-myalgies ou bronchiolites, ou plus anciennes mais actuellement en augmentation dont les premières manifestations sont l'asthme ou l'allergie.

Les produits toxiques ne datent pas d'hier. Nos parents ont pu respirer des colorants à l'aniline, le benzène pur de la célèbre benzine, l'acétylène des lampes du même nom, le plomb ou la céruse utilisée par les peintres. Mais les occasions étaient peut-être plus rares car les molécules polluantes étaient considérablement moins nombreuses. Actuellement « tout le monde est exposé à tout moment à un grand nombre de produits chimiques de synthèse », rappelle le professeur J. Lebtherland de l'université de Guelf, Ontario, Canada. Devant ce danger, les experts internationaux se sont réunis récemment à Johannesbourg pour interdire une douzaine de POP (polluants organiques persistants). Ainsi que le formulait le directeur du programme des Nations Unies pour l'Environnement : « De nos jours, ces saletés de POP sont en nous tous ! »

Quand ces produits deviennent-ils nocifs ?

Les effets de cette pollution sur notre organisme sont fonction de plusieurs facteurs :

La dangerosité des molécules. Peu à peu, les connaissances en toxicologie progressant, les chimistes arrivent à mieux comprendre les mécanismes et le positionnement des atomes qui engendrent les phénomènes de plus ou moins grande toxicité.

La durée d'exposition. Ainsi que nous le montre l'actualité, ce sont souvent les années qui sont révélatrices.

La quantité absorbée. Afin de diminuer les risques, les autorités ont demandé aux experts de fixer des seuils de tolérance. Ainsi ont été définies la DJA (dose journalière admissible), la DMT (dose maximale tolérée), la DL (dose létale) ou autre CA (concentration admissible)… Mais ces indispensables normes administratives ont aussi leurs limites. Selon le professeur E. Pluygers, cancérologue à La Louvière en Belgique, ces définitions doivent être « considérées comme obsolètes ». C'est également l'avis du docteur P. Quénel du Réseau national de Santé publique en France : « La communauté scientifique les remet en cause… Les connaissances actuelles tendent à montrer qu'il n'y a pas de niveau en dessous duquel il n'y ait pas d'incidence sur la santé » (28). En effet d'autres paramètres doivent modifier l'habituelle « moyenne statistique » :

– *Le moment de l'imprégnation toxique.* Par exemple, il a été montré que des bébés subissaient des malformations plus ou moins graves suivant le mois où leur mère avait été exposée à un polluant.

– *La sensibilité individuelle*, autrement dit la capacité de chaque personne à métaboliser les toxiques. Des perturbations sur le système neuro-endocrinien ont ainsi été relevées à des concentrations 300 fois plus faible que la dose dite « sans effet » ou NOEC (*No Observable Effect Concentration*).

– *L'addition.* Dans le corps, les substances toxiques s'accumulent et amplifient leurs actions. C'est ce qu'indique l'étude danoise de L. Molhave : « Un mélange de polluants peut être toxique alors même que chacun des constituants est présent à une dose très inférieure à la dose limite connue » (21). La neurotoxicité de l'hexane, un solvant dont nous avons parlé, est multipliée par 20 quand il est utilisé conjointement à l'acétone. Les personnes qui ont inhalé de l'amiante multiplient par 50 le risque de développer un cancer lorsqu'elles fument. Le docteur J. Laseter, considéré aux États-Unis comme un des grands spécialistes en chimie analytique, commente ainsi les résultats de plusieurs études : « Des œstrogènes environnementaux assez faiblement actifs comme la dieldrine, l'endosulfan ou le toxafène sont ensemble 1 000 fois plus puissants que pris séparément » (20).

Notre vitalité découle du milieu où nous vivons

Si toutes les maladies ne peuvent être attribuées à la pollution, les toxiques comme les traumatismes participent indéniablement à la perturbation insidieuse de notre santé. S'infiltrant dans nos tissus, que ce soit par inhalation, ingestion ou manipulation, ils constituent parfois de véritables « bombes à retardement ».

Sur les milliers de substances chimiques auxquelles nous sommes confrontés, seulement quelques centaines ont été testées. La plupart du temps uniquement dans leurs nocivités létales, c'est-à-dire pouvant provoquer la mort à court terme. Or que sait-on de leur accumulation à long terme ? Des effets « synergiques » ? Ces molécules ne finissent-elles pas par s'éliminer de notre corps avec le temps ?

La réponse à cette dernière question a été fournie par un biologiste nommé Frankstein. Un jour, cet homme eut l'idée d'injecter de l'essence de térébenthine dans la cuisse d'un chat. Ces animaux, qu'ils soient de gouttière ou de compagnie, servent aussi de cobayes dans les labos. Aussitôt le pauvre animal a vu sa patte se rétracter complètement, sans possibilité de pouvoir l'allonger. En langage scientifique, on dit que le membre s'est placé en « triple retrait ». Puis, les mois passant, le félin a apparemment réussi à allonger à nouveau sa patte, ce qui lui a permis de déambuler normalement dans son espace réduit.

Quelque temps plus tard, repassant devant la cage où était toujours enfermé le minet, l'homme en blanc a décidé de le priver de son cerveau. Comme on pouvait s'y attendre, le matou n'a alors plus bougé du tout. Mais, chose surprenante, sa patte s'était à nouveau placée en position de triple retrait. Intrigué, le biologiste a alors procédé à de multiples autres injections et décérébrations sur d'autres greffiers. Les résultats étaient reproductibles. Conclusion : Lorsque cesse l'influence rééquilibratrice du cerveau, les perturbations périphériques des membres réapparaissent. Les cellules de la patte avaient donc gardé en mémoire la perturbation toxique.

Mais, objectent certains scientifiques, ce qui est vrai pour les chats n'est pas forcément applicable à l'homme ! Pourquoi alors disséquer, vivisséquer, décérébrer, intoxiquer, électrocuter ou mutiler autant d'animaux ? La biologie, science de l'étude de la vie, commence curieusement parfois par la supprimer...

Une difficile surveillance

Les fabricants doivent fournir aux autorités responsables un dossier établi par eux-mêmes, établissant leur innocuité. Dès lors, pour les administrations, ces molécules resteront autorisées, à moins d'établir indubitablement la preuve du contraire. La démonstration n'est alors généralement possible, au bout d'un temps certain, que par le nombre de victimes. Mais étant donné le nombre croissant de molécules mises sur le marché, établir le lien de cause à effet entre un symptôme ou une affection et une substance particulière s'avère extrêmement difficile.

TOXICO INFOS

On attribue à la consommation de drogues environ 2 000 morts par an, l'alcool en provoquerait 20 000, le tabac 60 000. Combien sont victimes des toxiques ?
La France manque d'experts. Selon l'Institut français de l'Environnement : « Les États-Unis produisent 30 fois plus de connaissances en santé-environnement que la France. » T. Colburn du WWF et D. Dumanoski du MIT ont alerté l'opinion mondiale dans un ouvrage préfacé par A. Gore, vice-président des États-Unis, sur le danger de ce type de molécules qui, *même à doses infimes*, miment l'action des hormones stéroïdes et sont susceptibles d'engendrer stérilité et malformations (28). Ces imposteurs endocriniens sont fortement soupçonnés de provoquer l'actuelle et alarmante augmentation des malformations chez les bébés et des cancers des organes génitaux, « devenus la principale cause de mortalité chez les hommes de 25-35 ans », selon l'INSERM. Que

penser de la baisse de 33 % de la fertilité masculine, depuis 20 ans, annoncée par le Centre d'étude et de conservation du sperme humain de l'hôpital Cochin de Paris ?
Heureusement, de plus en plus de mises en garde apparaissent. Ainsi celle de la revue *Travail et Sécurité* : « Les produits chimiques, souvent dangereux et pouvant être à l'origine d'accidents et de maladies professionnelles graves, se retrouvent à de très nombreux postes de travail... Les petites et moyennes entreprises ne possèdent pas forcément les compétences internes leur permettant d'évaluer et de maîtriser les risques » (29). Une brochure référencée ED 1476 est à présent disponible auprès des caisses régionales d'assurance maladie.

Dans la plupart des pays, des structures de contrôle ont été créées. En Europe, l'ENERO réunit des organismes comme le Warren Spring Laboratory de Grande-Bretagne, le Teknologisk Institut du Danemark ou l'INERIS français. Mais on dénombre aujourd'hui plus de 7 millions de combinaisons chimiques différentes, auxquelles s'ajoutent plus de 250 000 nouvelles molécules mises sur le marché chaque année ! En supposant que chaque organisme de contrôle arrive à étudier plusieurs centaines de substances par an, on voit combien titanesque est la tâche... De plus, seul un organisme canadien s'efforcerait de tester des associations de deux substances. Ceux qui cherchent du travail peuvent postuler...

Cependant, une prise de conscience collective est en cours. Les industriels, les pouvoirs publics ont réalisé des progrès incontestables. Une nouvelle norme mondiale, dite ISO 14001, se met en place. Grâce aux efforts de nombreuses associations, de collectivités, d'entreprises, et de sensibilisation en milieu scolaire, les changements sont visibles. Des lieux de loisirs qui ressemblaient par endroits à de véritables poubelles redeviennent agréables à fréquenter. Dans certaines rivières, jusqu'alors transformées en égouts, on voit des poissons réapparaître. Même dans des sites d'accès difficile comme l'Himalaya, des expéditions ont été « montées » pour les débarrasser des détritus qui s'y étaient entassés, à cause du vent sans aucun doute...

Quelques progrès restent à faire. Trop de sacs, plastiques, bidons, bouteilles vides, morceaux de polystyrène, serviettes périodiques, applicateurs de tampons, préservatifs, déchets alimentaires, plaques de goudron, sans compter les mégots de cigarettes, enlaidissent encore nos plus belles côtes. De nombreuses communes les enlèvent au fur et à mesure, à raison de plusieurs tonnes par jour sur certaines plages, aussi nous ne les voyons plus. Pourquoi ne pas éviter de les jeter ?

Il faut aussi apprendre à nous méfier, à ne pas inhaler, manipuler, ingérer trop de substances toxiques. Elles nous sont fort utiles, mais loin du corps. Ces polluants étant invisibles, comment faire ?

Développer sa perception

Notre nez peut nous servir d'avertisseur. Une odeur âcre, forte, nous incite naturellement à masquer nos prises d'air anatomiques pour éviter de la respirer. Toutefois certaines molécules dégagent des effluves beaucoup plus subtils qu'il nous faut apprendre à reconnaître. Comme les parfumeurs ou les gastronomes le savent bien, nos facultés olfactives ne demandent qu'à se développer. Un nez entraîné peut distinguer plus de 4 000 odeurs, arômes ou fragrances différents. Certaines personnes deviennent capables de discerner des particules odoriférantes à des concentrations 1 000 fois plus faibles que la moyenne des gens.

Développer notre sens olfactif nous permet de mieux appréhender les atmosphères favorables ou non à notre vitalité. Ce ressenti, analogue au flair des animaux, constitue peut-être la seule manière d'éviter l'inhalation prolongée de certaines émanations dangereuses. Lesquelles, comme l'oxyde de carbone, le radon ou certains solvants désodorisés, peuvent être parfaitement inodores pour le commun des mortels.

Éviter les toxiques permet aussi de ne pas les ajouter à d'autres perturbations…

CHAPITRE 5

D'ÉTONNANTS COCKTAILS

Insensés qui vous plaignez sans cesse de la nature,
Apprenez que tous vos maux viennent de vous.
J.-J. ROUSSEAU, *Confessions*

Tout le long de notre vie, traumatismes, émotions, nourritures désadaptées, toxiques et divers autres facteurs perturbants s'additionnent insidieusement dans notre corps. Il est important de comprendre comment ils s'enchevêtrent afin de pouvoir s'en protéger, et si besoin s'en libérer.

L'ŒIL DE L'ANGOISSE

« J'avoue avoir vraiment eu très peur ! » reconnaît aujourd'hui Allan, un ingénieur d'une quarantaine d'années. Tout avait commencé lors de son départ en vacances. Une sorte de tension était survenue à l'intérieur de son crâne, derrière l'œil gauche. Il pensa à la conséquence d'un coup d'air, pris par la vitre entrouverte de sa voiture. Pas vraiment douloureuse, cette gêne s'atténua lorsque, tout en conduisant, il se massa certaines zones de la tête avec le bout de ses doigts. Cependant elle resurgit dans le quart d'heure suivant. Aussi, agacé par sa persistance, il profita d'une halte pour prendre un cachet d'aspirine. Grâce à ce remède, peu à peu, sa tête redevint libre.

Allan avait complètement oublié cette tension lorsque le lendemain, en fin d'après-midi, elle réapparut, de manière plus sensible que la veille. Sans attendre, il reprit donc un comprimé, ce qui la balaya à nouveau. Néanmoins, tous les jours qui suivirent, cette gêne revint, avec une intensité accrue.

La merveilleuse aspirine le soulageait parfaitement, mais, dès que son action s'estompait, l'élancement revenait : « Par moments, j'avais l'impression d'une petite décharge électrique ! Comme si on me vrillait l'intérieur du crâne ! Pas très agréable ! Mais comme de temps à autre, je souffrais de migraines, j'avais l'habitude. Je ne commençai à me poser des questions que lorsqu'un soir, j'eus l'impression de moins bien voir de mon œil gauche ! »

Inquiet, Allan jugea donc préférable de consulter. Le généraliste de garde lui recommanda de prendre l'avis d'un ophtalmologue. Celui-ci, au terme d'un examen approfondi, affirma que la baisse de vision ne venait pas de l'œil. Il pensait plutôt à une atteinte du nerf optique. « Ce spécialiste me conseilla de passer un scanner dès mon retour et de m'adresser à un neurologue. Tout en me laissant entendre que si les symptômes persistaient avec le traitement qu'il me prescrivait, ce ne serait pas de très bon pronostic ! ».

Ne constatant pas, hélas, d'amélioration notable en ce qui concernait sa vue, bien au contraire, Allan, de plus en plus inquiet, préféra abréger le reste de ses vacances.

Dès son retour, les recherches furent aussitôt engagées pour découvrir l'origine de ce mal. En attendant que radios, scanner, IRM et autres investigations livrent leurs verdicts, sa vision continuait à péricliter, ce qui majorait son anxiété. Car dans sa tête, ainsi qu'autour de lui, les supputations allaient bon train : « Et si c'était une tumeur cérébrale ?... Avec tout ce qu'on voit maintenant ! » ou encore : « Il paraît que les cancers du cerveau ont un bon pourcentage de réussite ! »... Bref, chacun allait de son commentaire, dans le seul but de lui remonter le moral, bien évidemment !

Tous les jours, ce cadre dynamique remuait ses doigts, testait sa sensibilité. Pour le moment, pas d'autres signes ne semblaient survenir... mais en était-il bien certain ? Allait-il perdre complètement sa vision ? Devrait-on l'opérer du cerveau ? Comment en ressortirait-il ? Cette incessante cogitation mentale, qui ruinait son sommeil, ajoutait à son angoisse. Il se rendait à chaque examen ou visite médicale avec plus que de la réticence, ce qui lui remémorait les vers d'Apollinaire : « Incertitude, ô mes délices, vers toi, nous nous en allons, comme s'en vont les écrevisses, à reculons, à reculons... »

Bien qu'il croyait s'être préparé à toute éventualité, lorsque survint le moment de vérité, son caractère inattendu lui fit l'effet de la foudre s'abattant sur sa tête. Et ceci quoique ce diagnostic lui fut présenté avec ménagements, comme étant l'hypothèse la plus vraisemblable. Tels des éclairs, les mots « sclérose en plaques » traversèrent son crâne. Comment lui, Allan, pourtant encore jeune et sportif, pouvait-il être atteint par cette gravissime paralysie ?

Plusieurs mois ont passé depuis ce jour et le sourire éclaire à nouveau le visage de cet ingénieur. Pour comprendre comment il a pu retrouver sa vision et se débarrasser de ses douloureux élancements, il faut tout d'abord feuilleter l'histoire cachée de son corps. Revenons donc quelques pages et années, en arrière...

Chocs et horions

Des mains expertes dans l'art de percevoir les tensions inscrites dans les tissus aidèrent Allan à se souvenir des mésaventures les plus marquantes de son passé. Une rétraction frontale gauche évoqua en lui le souvenir d'un plongeon dans un escalier. Le brutal atterrissage lui avait alors fait connaître la peu souple consistance d'un radiateur en fonte. Quelques points de suture s'étaient avérés nécessaires.

Une autre empreinte provenait d'un objet en bois qui, traversant l'espace lors d'une bagarre, lui avait inopinément, mais violemment, heurté la tempe gauche. Allan en était resté complètement estourbi et s'était réveillé à l'infirmerie de l'école.

Lors d'une partie de foot, une tête involontaire d'un joueur de l'équipe adverse avait confondu sa pommette avec le ballon. Bref, Allan avait subi les aléas que connaissent beaucoup de jeunes un peu turbulents. Avec, toutefois, le malencontreux hasard de la convergence des axes des ondes de chocs derrière son œil gauche.

Pendant des années, tous ces avatars restèrent silencieux ou presque. Seules quelques migraines épisodiques se faisaient sentir, ainsi qu'une légère raideur pour tourner la tête à gauche, ce qui l'obligeait à compenser par une plus grande rotation du buste, lorsqu'il voulait regarder derrière lui. Cette petite perte de mobilité allait cependant avoir des conséquences…

Collision

Un an environ avant l'apparition de son problème de vue, un autre incident s'était produit. Très régulièrement, ce cadre d'entreprise effectuait des sorties à vélo en compagnie d'un petit groupe de copains. Rentrant d'une randonnée par une toute petite route, Allan, alors en tête, se retourna pour voir si tous suivaient bien. La rotation du corps, que sa limitation cervicale imposait, lui fit quitter quelques instants de trop la route des yeux. Car son retour dans l'axe le fit se retrouver derrière une voiture, mal stationnée au sortir d'une légère courbe. Bien qu'arc-bouté sur ses freins, Allan ne put éviter la collision.

Projeté par-dessus son cycle, il réussit cependant, *in extremis*, à tourner la tête à droite, ce qui lui évita de s'écraser le nez contre la vitre arrière de la voiture. Grâce à ce réflexe, le choc ne porta que sur le côté gauche du visage. Mis à part la joue légèrement tuméfiée, quelques douleurs cervicales durant les jours qui suivirent et son vélo endommagé, il estimait s'en être « bien tiré ». L'assurance ayant payé les dégâts matériels, l'incident était oublié…

Mais revoyons cette chute au ralenti et en transparence pour en comprendre les conséquences. À partir du point d'impact, les sutures des os crâniens se sont encastrées davantage les unes dans les autres et une onde de choc a traversé le crâne. Elle aussi en direction de la partie arrière de l'œil gauche, comme les précédents traumatismes. La tête, déjà tournée, a vu sa rotation brusquement amplifiée avec une composante de recul en latéro-flexion et extension. Ce mouvement brutal et forcé s'est propagé depuis l'occiput jusqu'aux vertèbres cervicales.

Comme, par la suite, aucun repos local n'a été respecté pour permettre la bonne réparation des tissus lésés, une rétraction musculo-aponévrotique s'est installée et, peu à peu, renforcée avec le temps.

Allan s'était bien rendu compte de l'augmentation de la raideur du cou, mais il n'en souffrait pas. Ou, plus exactement, « pas encore », car la radiographie, prise lorsque les problèmes apparurent, montra nettement qu'une arthrose cervicale était en formation.

Près d'une année plus tard, plus exactement 48 heures avant son départ vers ses si peu détendantes vacances, un autre fait, apparemment anodin, était survenu sur son lieu de travail...

Dans un atelier placé sous sa responsabilité, un bac de solvant avait été renversé par mégarde. L'incident s'étant produit un soir, alors que les ouvriers quittaient leurs postes, notre ingénieur avait dû effectuer lui-même le nettoyage. Mais tout s'était finalement bien passé, sans aucune conséquence... apparemment !

Accumulation

C'était méconnaître le rôle des toxiques dans le corps. Inhalées en fortes quantités, ces substances franchissent les alvéoles pulmonaires et sont conduites, par la circulation, vers le foie. Ensuite, les produits de dégradation réempruntent la voie sanguine vers le filtre rénal. Si les capacités de ces différents organes sont submergées, leurs métabolismes se voient perturbés. Le déficit d'élimination des toxines se traduit alors par une raideur du corps, aussi immédiate qu'imperceptible pour des yeux non exercés, mais néanmoins très réelle.

Dans le cas d'Allan, le resserrement général des tissus avait majoré les rétractions des zones cervicales précédemment traumatisées. Suffisamment pour que des strictions irritent de petits filets nerveux, tel le *nerf d'Arnold* (1) qui se dirige, depuis les cervicales hautes, jusque sur l'avant de la tête.

À l'intérieur du crâne, les tensions traumatiques s'accumulaient tout particulièrement derrière son œil. À ce niveau, l'encastrement des sutures osseuses (entre le *sphénoïde* et le *temporal*) peut être à l'origine de douleurs intenses. Et l'on peut imaginer qu'une rétraction réflexe de la dure-mère peut se produire, notamment autour du complexe vasculo-nerveux qui alimente l'œil.

Lorsque des molécules de polluants, en promenade dans le corps, viennent à passer par des zones rétractées, il n'est pas illogique de penser que la diminution de la microcirculation locale facilitera leur stagnation à cet endroit. D'où quelques possibles dégâts des parois cellulaires vasculaires ou nerveuses. Rappelons-nous aussi que certains solvants, tel le *méthanol*, s'attaquent au nerf optique et peuvent rendre aveugle. Des micro-organismes, comme les virus, peuvent aussi, dans des circonstances similaires, provoquer les mêmes dégâts.

Par ailleurs, de nombreux toxiques, en perturbant la fonction hépatique, déclenchent des phénomènes d'anxiété. Laquelle s'ajoutait, chez l'ingénieur, à l'angoisse engendrée par la douleur, la perte progressive de vision et l'attente du diagnostic médical. Sous l'accumulation de ces différentes tensions, Allan se ratatinait en lui-même, ce qui majorait les rétractions. Le cercle vicieux se transformait en spirale infernale.

Libération

Lorsque Allan prit conscience de la manière insidieuse dont les différentes perturbations subies pouvaient s'inscrire dans ses tissus, un processus de déprogrammation put être engagé, en complément du traitement préconisé par le spécialiste. Des plantes dépuratives permirent à son organisme de se débarrasser peu à peu des toxiques. Parallèlement, une alimentation saine et équilibrée, riche en légumes et en constituants essentiels, contribua à la régénération de sa vitalité générale. Une programmation homéopathique adaptée, sous la conduite d'un praticien qualifié, l'aida à se dégager des empreintes laissées par les stress et traumatismes divers.

Enfin, par une série de descentes au plus profond de lui-même, et avec l'assistance de mains expertes, il put faire lâcher successivement ses principales rétractions post-traumatiques, cervicales et crâniennes. L'atténuation de ces tensions permit-elle à la circulation de l'œil d'être améliorée ? L'influx nerveux pouvait-il mieux passer ? Toujours est-il que, sous l'effet conjugué de ces différentes actions, ses capacités d'autoréparation internes retrouvèrent apparemment leurs possibilités normales. La physiologie étant meilleure, la pathologie s'estompa. En quelques semaines, ses névralgies, déjà bien atténuées par les médicaments, disparurent. Et il retrouva rapidement son acuité visuelle antérieure.

Révélations

Chez cet ingénieur, la perturbation, qui prenait l'apparence d'une sclérose en plaques, pouvait donc se traduire comme la conséquence vraisemblable de l'accumulation de traumatismes et de toxiques à un point particulier du corps. Pendant des années, la respiration insidieuse de solvants dans l'atelier avait peut-être aussi perturbé ses capacités de détoxication. L'importante inhalation du produit renversé semble avoir joué le rôle de révélateur, un peu à la manière des produits utilisés en photographie. Le stress verrouillait ensuite la situation.

La déprogrammation méthodique de chacune de ces empreintes a permis le retour progressif à la normale.

De manière identique, chez d'autres personnes, les rétractions peuvent se focaliser à un point ou un autre du corps. Comme la carie dentaire se creuse à notre insu, puis se manifeste d'une manière aiguë après avoir croqué quelque chose de dur, de nombreuses douleurs se révèlent un jour. Ceci sans liaison apparente avec l'incident anodin qui les a précédées : pose d'un parquet ou d'une tapisserie (colles et solvants), utilisation prolongée d'un détergent, état de stress…

La douleur devient un signal d'alarme. Le corps avertit ainsi qu'il n'est plus en mesure d'adapter les dysfonctions subies. À chacun de nous d'en prendre conscience et de procéder à l'élimination, externe et interne, des perturbations causales…

De longues nuits

« Ça fait des années que j'ai perdu le sommeil ! C'est comme si j'avais le cerveau qui n'arrêtait jamais de fonctionner. Il faut que je m'assomme avec des tranquillisants et somnifères pour arriver à m'endormir ! » se lamente Daphné, une petite dame toute chiffonnée d'environ 70 ans.

« Et pourtant, j'ai essayé à différentes reprises de me passer de ces drogues ! » reprend-elle de sa petite voix aiguë. « Parfois je m'y efforce pendant plusieurs jours de suite, jusqu'à ce que je n'en puisse plus. Mais rien à faire ! Tout défile dans ma tête, ce qui arrive à mes enfants et petits-enfants, le loyer, les factures, les impôts à payer, comment finir les fins de mois avec le peu qui me reste, bref, je n'arrive pas à ne penser à rien. À chaque heure qui sonne à l'horloge de l'église, je me dis que je ne dors pas encore, que je vais une fois de plus me traîner la journée suivante. Ce qui ne me calme pas, je le sais bien. J'appréhende le moment où je vais entendre le prochain tintement de cloche, en me tournant et me retournant dans mon lit ! »

Abattue, Daphné pousse un grand soupir : « J'ai beau compter les moutons, rien à faire ! Des troupeaux entiers peuvent passer dans mon imagination sans que cela me donne envie de dormir. Ce n'est que sur le matin, complètement épuisée, que j'arrive parfois à perdre conscience, quand il est presque l'heure de me lever ! Aussi je ne vous raconte pas dans quel état je me retrouve ! Heureusement qu'il y a des médicaments ! »

Ses ennuis de sommeil datent de plus de 10 ans. « Je n'ai jamais été une grosse dormeuse, à 5 heures j'avais fini ma nuit. Mais je me levais toujours sans me poser de questions. C'était le rythme normal, puisque mon mari et moi tenions une ferme. Je n'ai commencé à ne plus pouvoir dormir que lorsque nous avons vendu notre exploitation pour venir nous installer dans le bourg. Avec l'âge, habiter près des commerçants, c'est plus pratique ! » explique Daphné. « Hélas, mon pauvre époux n'a guère profité de sa retraite, il était cardiaque et portait un pacemaker depuis une année. Il est malheureusement décédé peu après notre emménagement ! »

Après un petit moment de silence, Daphné ajoute : « Les seules fois où j'arrive à dormir sans médicaments, c'est lorsque je vais chez ma fille ou quand je pars en voyage ! Tout le monde me dit que c'est la preuve que mes insomnies sont bien psychiques ! Ce doit être ma pauvre tête qui ne va plus ! C'est les nerfs ! »

Ces insomnies qui varient en fonction du lieu ne semblent-elles pas bizarres ? Allons donc voir sur place l'endroit où cette femme ne peut trouver le sommeil…

Sa modeste demeure est située à un carrefour. Dans la rue adjacente, un petit bâtiment gris jouxte sa maisonnette, juste derrière le mur de sa chambre. Sur sa porte métallique, une pancarte indique qu'il s'agit d'un poste de transformation électrique où converge un faisceau de câbles provenant d'un pylône…

Cette proximité pourrait-elle avoir quelque influence sur les insomnies de cette gentille retraitée ?

Sommeil déphasé

Le soir, avec la fatigue et sous l'action de notre horloge biologique interne, l'activité du corps se ralentit. Des transformations chimiques se produisent au niveau de plusieurs structures nerveuses (le *tryptophane* devient *sérotonine,* laquelle entraîne la sécrétion de *mélatonine*…). Parallèlement, l'activité électrique de nos cellules cérébrales se modifie. Des courants extrêmement ténus, de l'ordre du millionième de volts, soit environ 30 millions de fois plus faibles que ceux nécessaires pour allumer une lampe de poche, parcourent en permanence notre cerveau. La modification de leurs rythmes traduit l'endormissement, puis chaque phase du sommeil.

Plusieurs structures cérébrales – comme l'épiphyse, cette glande située à l'intérieur du cerveau – seraient particulièrement sensibles à des champs électromagnétiques (CEM) extérieurs, même de faible intensité : « La résonance nocturne non naturelle qui se présente est propre à susciter chez l'homme des troubles passagers de l'équilibre hormonal, accompagnés d'insomnie et d'une régénération insuffisante… », explique U. Warnke, docteur ès sciences et professeur de biomédecine à l'université de la Sarre. « Ceci est possible lorsque des câbles électriques passent au-dessus des maisons, lorsque des hautes tensions se trouvent à proximité (50 à 100 m) mais aussi lorsque les lignes électriques sont encastrées dans le mur de la pièce. » Un peu comme dans le cas de la maisonnette de Daphné…

Haute tension

M. Shallis, physicien et maître de conférence à Oxford, relate les effets généralement ressentis : « Les personnes habitant près des lignes à haute tension et des pylônes qui les supportent se plaignent de troubles très variés… Les symptômes vont des vertiges aux irritations cutanées, en passant par la faiblesse, la difficulté de concentration, les migraines, les insomnies, les nausées et l'asthme ; certains troubles plus graves ont été rapportés : évanouissements, palpitations, et même crises cardiaques et leucémies. De telles affirmations méritent qu'on s'intéresse à ce sujet…

« Les sociétés et les organismes de production et de distribution ne souhaitent guère, on le comprend, voir attribuer à l'énergie électrique des propriétés dangereuses. Aussi les experts attachés à ces institutions tendent-ils à interpréter les informations disponibles sous un autre angle que ne le font les partisans d'un ren-forcement des précautions. Personne n'aime qu'on lui démontre ses erreurs, et les scientifiques n'échappent pas à la règle » (3). S'il est vrai que nous ne saurions, à présent, nous passer d'énergie électrique, certaines précautions s'avèrent apparemment nécessaires.

Champs électriques

La prise de conscience publique des dangers occasionnés par les champs électromagnétiques est relativement récente. Aux États-Unis, la première grande étude fut réalisée par N. Weirteimer, épidémiologiste, et E. Leiper, physicien.

Mettant en évidence, chez les enfants vivant à proximité de postes de transformation ou de lignes à haute tension, une augmentation significative des leucémies et des tumeurs du cerveau, elle fit l'effet d'une bombe. Une série de longues enquêtes commençait, qui furent à l'origine de prises de positions controversées.

Quoique ces champs électromagnétiques (CEM) soient d'une intensité réduite, « il existe des preuves absolument écrasantes des effets biologiques provoqués par l'environnement électromagnétique », concluait, en 1991, le Symposium international sur l'Homme et l'Environnement, tenu à Dallas. Effets particuliers de résonance avec nos cellules ou caractère artificiel de ces CEM ? Les années à venir apporteront certainement davantage d'explications.

En attendant : « Il apparaît important, en santé publique, de rechercher les effets néfastes afin de prendre des mesures et d'éviter toute altération de la santé des personnes exposées », encourage le professeur Paul Pellerin, chef de service du Département d'Éducation, de Prévention et de Promotion de la Santé au centre hospitalier Saint-Vincent de Lille, qui conseille « d'étudier toutes les pathologies présentées et de ne pas s'en tenir aux seuls effets cancérigènes. D'adopter, dès à présent, un comportement prudent, visant à éviter les expositions prolongées aux champs électriques et magnétiques de 50/60 hertz » (4).

Résonances

Lignes à haute tension et transformateurs électriques ne seraient pas les seules sources de nuisances. Trop près situés des lieux où l'on dort, les appareils électriques domestiques aussi généreraient des CEM pouvant être perturbants : « Il est essentiel d'exclure la présence sur le lit de champs électriques supérieurs à 5 volts/m, et de champs magnétiques supérieurs à 0,5 milligauss. Les lits métalliques situés à proximité des câbles sont capables de capter des champs électriques très importants, et qu'ils rayonnent à leur tour... Des personnes insomniaques, bourrées de somnifères et de tranquillisants retrouvent parfois un sommeil naturel après avoir écarté de leur lit tous les gadgets électriques (un réveil à piles ne pose aucun problème) », affirment plusieurs scientifiques (7), dont le professeur P. Le Ruz, expert en électromagnétisme.

Dans des appartements situés à proximité de transformateurs électriques servant à alimenter le métro parisien, des champs de plus de 200 milligauss, soit plus de 60 fois les normes admises aux États-Unis, ont été relevés par le professeur J.-M. Danze, de l'université de Liège.

Émissions

Sur les toits des immeubles, fleurissent de plus en plus souvent les pylônes relais des téléphones portables. Comme ces antennes n'émettent que devant elles et que les champs ont une intensité faible, les divers opérateurs les considèrent comme dépourvues de danger. Avis pas toujours partagé semble-t-il : « L'existence dans l'environnement de structures métalliques (châssis de fenêtres, volets, portes, ferrures de balcon...) peut faire jouer à celles-ci un rôle de réémetteurs passifs capables d'amplifier les ondes à hyperfréquences », avertit R. Santini, docteur ès sciences (8).

Lors d'une enquête réalisée en France, à la demande d'une publication scientifique, J.-C. Deschamps, expert, a mesuré des intensités « très largement supérieures aux 0,5 V/m avancés... Si les sites que nous avons évalués étaient soumis à la réglementation italienne ou russe, 19 sur 31 seraient hors la loi. Le chiffre passerait à 25 si l'on prenait en compte les propositions de normes de santé de la ville de

Toronto (Canada). Ou à 30 au regard du décret d'application en vigueur dans le canton de Genève (Suisse). Mais en France, il n'y a rien à redire... »

Selon G.-J. Hyland, du département de physique de l'université de Warwick (G.-B.) : « Des rapports sur des effets neurologiques liés à de bas niveaux d'exposition indiquent que des influences plus subtiles que l'échauffement entrent en jeu » (9).

Détecter les CEM ne semble donc pas une précaution superflue lorsqu'on souhaite profiter de nuits paisibles. Actuellement, de petits appareils se vendent dans de nombreux magasins d'aménagement de la maison. Ils émettent un signal sonore et lumineux variable suivant l'intensité du champ détecté.

En ce qui concerne les lampes, inverser la polarité des prises de courant suffit parfois pour supprimer la perturbation. Dans d'autres cas, il sera préférable d'éloigner les appareils électriques, y compris s'ils sont situés derrière la cloison contre laquelle le lit est installé.

Des rupteurs peuvent aussi être installés. Coupant tout environnement électromagnétique dans la chambre durant les heures de sommeil, ils ne laissent passer que le courant minimum nécessaire à la remise en circuit de l'installation lorsque la nuit est terminée.

Accumulations

Heureusement, bien des gens arrivent cependant à dormir malgré l'environnement électrique. Mais ne se reposeraient-ils pas mieux encore s'ils prenaient quelques précautions ? Et qui peut affirmer qu'à long terme, ils ne souffriront d'aucun effet négatif ?

Très souvent, la difficulté de sommeil provient aussi du corps lui-même. Les difficultés de digestion et excès alimentaires apportent parfois leur lot de cauchemars accompagnés de réveils nocturnes. Le stress, lorsqu'il est important ou durable, est tout à fait capable de provoquer des insomnies. Ruminations mentales, conflits, projets qui tiennent à cœur, examens qu'on redoute, contrôles, soucis financiers, problèmes de santé, entrevues dont dépend peut-être l'avenir... peuvent tenir éveillé des nuits entières. Dans ces cas, la génératrice de courants perturbants est située à l'intérieur du cerveau. Et parfois de la bouche. Ainsi la présence simultanée d'un amalgame à base de mercure et d'une couronne faite d'un autre métal peut générer des microcourants capables d'induire nombre de désagréments, dont des fatigues intenses. Un stérilet en cuivre peut également interférer avec une autre pièce métallique…

Le sommeil sera aussi d'autant plus fragile qu'il existe des tensions dorsales, cervicales ou crâniennes importantes, comme après les compressions de naissance ou coups du lapin.

Daphné, cette fermière en retraite, avait été à plusieurs reprises victime de chutes et chocs sur le cou ou la tête, souvent provoqués par quelques rebuffades de ruminants un peu vaches. Rappelons-nous que les traumatismes peuvent affecter le fonctionnement des structures neurologiques sous-jacentes. La libération de ceux-ci permet la plupart du temps une amélioration notable des capacités à dormir et à récupérer.

MIEUX DORMIR

- Évitez de manger de la viande (ainsi que jambon, rillettes ou autres charcuteries) et des fromages fermentés au repas du soir. Un bon potage maison, des légumes, de la laitue et des fruits préparent une bonne nuit.
- Votre lieu de sommeil est-il suffisamment éloigné de toutes sources électriques ? Pensez que dans les appartements modernes, de nombreux câbles peuvent avoir été posés dans les dalles de béton du sol. Un lit en bois évite les phénomènes de résonances rencontrés avec les cadres métalliques.
- Participer à une réunion politique, à une discussion orageuse ou regarder un film violent à la télé ne constituent pas les meilleures manières d'induire le sommeil. Une petite marche tranquille, l'écoute d'un morceau de musique apaisante ou la lecture d'un bon livre sont nettement préférables. Avant de se coucher, quelques mouvements lents d'étirements musculaires apportent un délassement appréciable.
- Après une bonne douche, un jet d'eau froide sur le dessus des pieds permet souvent de mieux s'endormir. Boire doucement un verre d'eau fraîche également.

• Pour les amateurs, quelques plantes en gélules comme l'aubépine, la valériane, le houblon, la passiflore, la mélisse ou des tisanes sédatives : tilleul, camomille, verveine… aident au sommeil.
• Un bon massage des zones réflexes de la voûte plantaire, sous les gros orteils notamment, c'est vraiment le pied ! Mais celui de la nuque n'est pas mal non plus, tout particulièrement à la base du crâne, en essayant de faire fondre les tensions rencontrées. Peu d'insomniaques y résistent.
• Enfin, dans le lit, dirigez votre pensée sur votre respiration. Percevez son rythme, son amplitude, sa localisation et, tout doucement, relâchez, décontractez, apaisez, descendez dans la torpeur, comme dans un ascenseur…
Vous dormez déjà ?

Dès que Daphné put déménager et s'éloigner définitivement du transformateur électrique, elle retrouva spontanément et durablement la quiétude de nuits meilleures. Les CEM semblaient donc bien en cause.

Son mari était décédé peu après leur installation dans cette maison. Quoique son cœur soit fragile, n'y aurait-il pas eu quelque interférence perturbante entre les champs électriques et le pacemaker qu'il portait ? Selon l'OMS, les personnes appareillées ne devraient pas s'exposer à des niveaux supérieurs au dixième des recommandations classiques. La gentille Daphné aurait aimé que cette information lui parvienne avant qu'ils ne s'installent dans cette maison. Ne serait-ce pas le rôle des compagnies d'électricité, *a fortiori* lorsqu'il s'agit d'un service public ?

Car bien qu'affaibli par ses ennuis cardiaques, son époux serait peut-être encore à ses côtés. Et, secondairement, ses moyens d'existence seraient un peu meilleurs puisque, selon les règlements en vigueur, elle ne touche plus que la moitié de la petite retraite de celui-ci. Au stress généré par ce sentiment d'injustice, s'ajoutait celui des charges à payer. La restriction alimentaire que ce manque d'argent imposait engendrait un déséquilibre nutritionnel, lequel aggravait aussi sa fragilité.

Les conditions sociales influent aussi sur l'état d'être…

AU CŒUR DES PRESSIONS

Les traits tirés, des cernes sous les yeux, Hugo, la quarantaine passée, cravate et costume impeccables, ne va pas très bien : « Je ressens, par moments, des douleurs dans la poitrine, comme si je recevais une décharge électrique qui me serrait très fort le cœur. Cela ne dure que quelques instants, mais j'en sors complètement à plat, vidé, les jambes en coton, sans aucune énergie. Devenant tout pâle, je suis souvent obligé de m'allonger un bon moment pour récupérer ! Parfois même je perds connaissance, ce qui m'a valu d'être, à plusieurs reprises, hospitalisé en service de cardiologie. Mais jusqu'à présent, tous les examens et électrocardiogrammes n'ont rien montré ! »

Ces douleurs, parfois accompagnées de bouffées de palpitations, de sensations de battements irréguliers du cœur, Hugo dit les ressentir depuis de nombreux mois. Elles ont été précédées d'une sensation de fatigue qui s'est installée insidieusement au fil des dernières années. Parallèlement le sommeil est devenu difficile, avec réveil nocturne vers 3 heures du matin et impossibilité de se rendormir ensuite. « Même avec tous les médicaments, je me sens crevé, nerveux, irritable. Je ne tiens qu'à coups de cafés, ce qui, je le reconnais, ne dois pas être très bon pour mon état. Mais comment faire autrement ? Il faut absolument que je tienne le coup ! »

Hugo se plaint accessoirement d'avoir la tête serrée comme dans un casque, et d'une douleur persistante entre les omoplates. Laquelle n'est soulagée que lorsqu'il se fait réajuster la colonne : « Les manipulations des cervicales me rendent le sommeil pendant 2 ou 3 nuits. Et, après celles du dos, je suis parfois 15 jours sans ressentir de douleurs au niveau du cœur. C'est dire que j'apprécie, mais je ne peux passer mon temps chez le chiro ! »

Tout en se redressant et en resserrant les omoplates pour se faire craquer les vertèbres, Hugo poursuit : « Ce qui ne me plaît pas, c'est que ces crises ne disparaissent pas. Malgré les examens négatifs, j'avoue avoir peur. Lorsque je prends la route, je crains toujours de faire un malaise. Je me sens, en permanence, tellement à plat, que même les vacances ne me suffisent pas pour récupérer. Et je ne peux me permettre de m'arrêter de travailler ! »

Auparavant cadre commercial, licencié pour raisons économiques, Hugo avait réinvesti sa prime dans la création d'une petite entreprise. Mais il avait dû néanmoins emprunter une très forte somme dont les échéances devaient être remboursées sans retard. Bien qu'il ne ménageait ni son temps, ni sa peine, fournir en permanence du travail pour la dizaine d'employés n'était pas chose facile car la concurrence était rude. Et chaque mois tombaient les salaires, même si l'argent n'était pas encore rentré.

Quittant son bureau fort tard, sa journée n'était pas terminée pour autant. Rentré chez lui, après un repas rapide, il replongeait devant son ordinateur : devis, planning, factures, gestion… Pour tout faire, même les week-ends ne suffisaient pas. « Et tout ça pour ne réussir à m'accorder actuellement qu'un salaire très modeste ! conclut Hugo, Je dois être fou ! »

En plus de l'observation de son visage au teint grisâtre, les épaules voûtées, la nuque creusée, les ongles rongés, les perturbations à l'origine des ennuis de cet homme ne sont pas bien difficiles à deviner…

Accidents

Ses tissus livrèrent plusieurs empreintes d'anciens traumatismes. Enfant, alors qu'il était transporté sur le porte-bagages d'un vélo, une collision l'avait projeté violemment sur le sol. Depuis la région dorsale gauche, où avait eu lieu l'impact, une onde de choc avait traversé le thorax.

Un autre petit accident était survenu alors qu'il n'avait qu'une vingtaine d'années : « Rien de grave, heureusement ! Que de la tôle froissée ! À l'époque, j'étais souple ! »

C'était un soir, au coucher du soleil. Arrêté à un feu rouge situé dans une descente, l'arrière de sa petite voiture avait été percuté de plein fouet par un véhicule qui le suivait. Son chauffeur, ébloui par le rougeoiement de Phébus qui lui faisait face, n'avait rien vu. Les voitures de l'époque ne disposant pas d'appuis-tête, Hugo se souvenait d'avoir entrevu, pendant l'espace d'une demi-seconde, le siège de la banquette arrière ! L'extension forcée de sa colonne avait donc été particulièrement violente. Bien sûr, pendant quelque temps, il avait souffert du dos, à l'endroit où ses dorsales hautes avaient pris appui sur le dossier de son siège. Puis la douleur s'était peu à peu atténuée et seule une raideur avait subsisté…

N'ayant pas laissé à son corps un repos suffisant, cette région, doublement traumatisée, s'était complètement resserrée puis progressivement écrasée. Une radio montrera des tassements vertébraux très localisés accompagnés de forts pincements discaux.

Le coup du lapin avait également affecté la colonne cervicale, et tout particulièrement la jonction avec la base du crâne, y provoquant un cisaillement. La dure-mère, cette forte membrane qui enveloppe les méninges, peut s'en trouver irritée. Sa rétraction réflexe peut induire une sensation de tête serrée, une fatigue intense ainsi que des troubles du sommeil.

Depuis la colonne dorsale, sortent les rameaux du *nerf sympathique* appartenant au *système nerveux autonome*. Les strictions de ces filets nerveux peuvent, exactement comme pour une sciatique, entraîner des sensations douloureuses. Susceptibles à ce niveau de provoquer gêne respiratoire, palpitations, arythmies et douleurs dans la poitrine : « Les douleurs cardiaques (liées au stress émotionnel, qui peut ne pas être perçu directement par le sujet) s'expriment souvent de manière spectaculaire, s'accompagnant d'un essoufflement au repos, d'une fatigue matinale, de maux de tête ou d'étourdissements, de palpitations… Elles sont dues à une sensibilité excessive des systèmes neurovégétatifs sympathique et parasympathique », rappelle le docteur J.-M. Delaroche, spécialiste du stress (8). Chez Hugo, l'origine première de ces irritations étant mécanique, il n'était pas étonnant que ses symptômes soient parfois soulagés par une manipulation bien effectuée.

La cambrure de la nuque, particulièrement marquée, ainsi qu'un méplat centré sur la région dorsale à gauche de la colonne, témoignaient des anciens accidents. Ces déformations étaient compensées par une voussure globale du dos, quoique celle-ci était trop importante pour n'avoir pas d'autres causes…

Lourdes charges

Les incessantes pressions auxquelles Hugo était soumis, par son travail, resserraient insidieusement tous ses tissus, et plus particulièrement dans les zones préalablement traumatisées. Le bon fonctionnement de son organisme s'en trouvait affecté...

Les contraintes de rentabilité, la recherche obligatoire de la performance ainsi que les principes qu'on inculque aux futurs cadres pour les rendre plus durs et les transformer en loups peuvent en réalité les fragiliser en profondeur. Les travaux de deux cardiologues américains, les docteurs M. Friedman et R.H. Rosenmann, ont montré l'influence de ce comportement sur le risque cardio-vasculaire.

Une enquête réalisée en France par les services de médecine du travail de l'Allier (9) a mis en évidence, chez les personnes soumises au rendement commercial, une augmentation nette du niveau de mal-être : anxiété, tendances dépressives, consommations accrue d'alcool et de tabac, ulcères, colopathie, mal de dos...

Cascades d'ennuis

Tombé en faillite, un client d'Hugo n'avait pu honorer sa facture. Ne pouvant plus compter sur cette importante rentrée d'argent, ce chef d'entreprise s'était trouvé dans l'impossibilité de pouvoir régler ses charges sociales. L'administration refusant tous délais, il avait dû solliciter un nouveau crédit. Mais cette difficulté n'allait pas être la seule...

Pour des raisons de législation, Hugo avait dû scinder son activité en deux petites sociétés, ce qui multipliait les formalités administratives. Mais aussi les ennuis, ainsi qu'un courrier recommandé l'en informa : contrôle fiscal ! La répartition de ses salariés dans les deux branches faisait tomber l'effectif de chacune en deçà du nombre nécessaire pour bénéficier des exonérations de taxes qui avaient permis la création de son entreprise.

Quoique ses employés travaillent dans les mêmes locaux, et bien que sa comptabilité se soit avérée irréprochable, cette vérification s'était terminée par un redressement visant à lui reprendre l'intégralité de ces sommes, bien évidemment majorées de pénalités et intérêts de retard.

Hugo, devant ce qu'il considérait comme une interprétation exagérée des textes, avait demandé l'avis de la justice. Sans se faire trop d'illusions, toutefois. Il savait que s'il n'obtenait pas gain de cause, ses ouvriers devraient être licenciés. Quant à lui, la ruine l'attendait. Le passage devant le tribunal demandant des années, cet homme devait, en permanence, vivre avec cette angoisse : « Le contrôle fiscal occupe une place particulière comme facteur de stress social… La nature inquisitoriale de l'événement crée d'emblée un climat pénible et les contacts avec le fonctionnaire venu enquêter ne sont guère aisés. Le contrôlé, obligé de fournir des justificatifs, a l'impression d'être soupçonné et, de fait, considéré comme un coupable en puissance, un tricheur, voire un voleur… les industriels et commerçants présentant des stress graves après cette épreuve en viennent parfois au suicide », rapporte le docteur S. Bensabat, spécialiste du stress (10).

Pourtant, en dénommant « redressement » ce qui le plus souvent abat complètement, l'administration ne montre-t-elle pas sa volonté de prendre les choses, c'est-à-dire l'argent du contribuable, avec humour ? Il est vrai que si ces nécessaires vérifications étaient effectuées par des organismes de contrôle indépendants de chacune des parties, les chiffres apparents seraient peut-être inférieurs… à première vue, mais en prenant en compte les heures de travail perdues de part et d'autre et surtout en intégrant le coût de la santé ? Favoriser le dynamisme d'entreprendre ne rapporterait-il pas bien davantage à la collectivité que les taxations excessives et recherches d'argent par tous les moyens possibles… bien que toujours très courtois et conformes à la réglementation !

Cette propension semble être particulièrement développée en France, que les spécialistes en économie disent être championne du monde toutes catégories en prélèvements fiscaux. Ainsi que le notait dans ses carnets le célèbre major William Marmaduke Thomson, DSO, CSI, OBE, de P. Daninos, cela tiendrait à la mentalité française : « Quand un Américain voit un autre Américain rouler dans une Cadillac, il rêve du jour où, lui aussi, pourra s'en offrir une. Mais quand un Français voit un de ses compatriotes rouler dans une belle voiture, il n'a qu'un but : le faire descendre de sa voiture ! » L'État, par ses incitations, joue aussi son rôle dans la santé de ses concitoyens, notamment en exacerbant la méfiance, donc le stress, entre contribuables et serviteurs chargés des recouvrements : « Diviser pour régner ! »

Rythmes and blues

Sous cette contrainte psychologique énorme, Hugo, déjà surchargé de travail, n'arrivait plus à trouver le repos, même la nuit.

La fatigue entraînée par le manque de sommeil, dont souffrent également nombre de nos contemporains, induit des pertes de mémoire, une sécrétion d'insuline déréglée, favorisant ainsi les coups de barre voire un diabète précoce. En résulterait également une perturbation du métabolisme de la thyroïde, à l'origine de troubles nerveux, mais aussi génitaux ou cardiaques telles des palpitations.

L'accumulation de stress perturbe aussi les rythmes biologiques. Toute vie est rythmée en permanence par des phases d'activité et de repos. Les plantes et de nombreux animaux hibernent l'hiver. Le cycle féminin, les sécrétions hormonales, le sommeil… obéissent à une horloge interne. « Lorsque le rythme biologique est contrecarré, bousculé, cela entraîne des perturbations de l'activité physiologique, et donc des troubles divers : fatigue, irritabilité, troubles du sommeil, diminution de la concentration… », explique le docteur S. Bensabat.

De nombreuses personnes, soumises à des rythmes trépidants, horaires à respecter, cadences à tenir, paperasses à remplir… sont saturées en permanence d'informations, catastrophes ou messages publicitaires déversés continuellement par les médias. Submergées par ce trop-plein de sollicitations, la coupe, parfois, déborde. Certaines finissent par craquer. C'est le *burn-out*.

Toutes ces charges qui le préoccupaient, Hugo les portait mentalement, et physiquement, sur ses épaules. Elles s'ajoutaient aux tensions musculaires laissées par les traumatismes. Ne prenant plus le temps de pratiquer de sport, il ne pouvait détendre ses muscles, ni s'apporter suffisamment d'oxygène, ce défatigant et euphorisant naturel. Comment s'étonner des symptômes ressentis par cet homme ?

Un décès brutal ne peut être exclu : « Dans ces cas de mort soudaine, le rapport avec le stress est particulièrement évident… Les facteurs de vulnérabilité semblent être le sentiment que le combat est perdu d'avance… Il est possible de prévoir de tels effets extrêmes lors de périodes importantes de la vie comme les situations de stress social… C'est le rôle et la responsabilité de l'entourage (famille, amis) et des médecins traitants », avertit le docteur J.-M. Delaroche (8).

Desserrer l'étreinte

Comment diminuer les contraintes ? Essayer de convaincre le fisc que la vie d'un homme pouvait être en péril et que son décès n'apporterait pas plus d'argent dans les caisses, il ne fallait pas y songer. Abandonner l'entreprise pouvait être une solution. Mais auparavant peut-être était-il possible de renforcer l'énergie d'Hugo pour le rendre plus fort sous la charge, plus solide face à l'adversité ?

Une des stratégies les plus efficaces est celle que nous a enseignée l'histoire des Horaces et des Curiaces lors de la fondation de Rome. Séparer les problèmes pour les combattre les uns après les autres. Dans le cas d'Hugo, d'abord répertorier les éléments susceptibles d'affaiblir la vitalité. Puis agir sur les petites perturbations, les plus faciles à améliorer.

Les tensions étant verrouillées par le stress, la première chose qu'Hugo entreprit fut d'apprendre à libérer sa respiration. Des exercices simples, quelques mouvements très doux, faciles à effectuer en toute occasion, y compris dans sa voiture, lui apportèrent une première détente.

Il en profita pour veiller à ne pas trop respirer, dans les embouteillages, les fumées noirâtres d'échappement du véhicule qui le précédait. En effet, la ventilation, en les aspirant et les concentrant, transforme souvent nos voitures en véritables chambres à gaz. L'inhalation prolongée des atmosphères routières encombrées engendre : fatigabilité, facteur important d'accidents, mais aussi irritabilité, agressivité. La moitié des Américains seraient atteints de ce trouble du comportement à un moment ou un autre de leur existence. Il est donc préférable, lorsque le trafic est intense, de descendre les vitres ou d'utiliser des systèmes de recyclage d'air pour respirer un air extérieur relativement moins chargé en pollution.

Lors des pleins, Hugo évita d'inhaler les émanations d'essence. Les carburants automobiles contiennent près de 150 hydrocarbures volatils et plus encore lorsque l'essence est sans plomb – *toluène, xylène, benzène* –, dont certains sont fortement toxiques… quoique les pompes soient peintes en vert. Heureusement, les Français ne mettent dans leurs réservoirs que 15 % d'hydrocarbures. Le reste est constitué de taxes, ce qui les fait bénéficier des véhicules les plus performants du monde… pour leur rendement fiscal. Mais en est-il de même en ce qui concerne leur forme ?

Les quelques bouffées d'essence absorbées lors du remplissage des réservoirs seront éliminées sans difficulté par les organismes en bonne santé. Quoique, dans les heures qui suivent, certains individus très sensibles ressentent parfois des nausées ou une fatigue inhabituelle. Pour éviter ces « coups de pompe », ces personnes fragiles doivent s'abstenir de faire aussi le plein de leurs poumons. Dans ce but, la plupart des pays européens dont l'Allemagne, la Suisse, les Pays-Bas… ont équipé les pistolets de distribution des stations-service de dispositifs spéciaux pour récupérer les émanations de carburant. Selon une étude italienne, le taux de benzène dans le sang des pompistes – qui pourtant exercent leur profession en plein air – serait 3 fois plus élevé que la moyenne. Nos pertes en santé sont souvent constituées de petites choses qui s'ajoutent les unes aux autres. Il est facile de les éviter.

Améliorer l'énergie

Afin d'augmenter sa vitalité, Hugo remplaça, le matin, le bol de café au micro-ondes par un solide petit déjeuner abondant en céréales et fruits. L'en-cas qu'il avalait seul le midi, pour gagner quelques minutes, laissa place à un repas complet dans un sympathique petit restaurant près de son entreprise, en compagnie de ses employés. La cuisine, très familiale, lui apporta les éléments nécessaires à l'organisme : crudités cultivées en bonne terre et assaisonnées d'huile d'olive, viande et légumes de bonne qualité. Et les conversations, assorties de savoureuses brèves de comptoir, lui apportèrent un dérivatif à ses soucis. Ses neurones eurent enfin l'occasion de rire !

Le soir, il prit plaisir à se préparer, même rapidement, des mets sains et variés. Son énergie devenant meilleure, il ne ressentit plus autant le besoin de se stimuler par des cafés répétés.

Hugo s'éloigna quelque peu de son ordinateur préféré. Si l'on en croit les résultats d'études réalisées par la médecine du travail en France, de trop nombreuses heures devant ces merveilleux appareils pourraient affaiblir, voire parfois générer des troubles psychiques (9). Consultés en tant qu'experts dans plusieurs entreprises, des scientifiques réputés confirment : « Nous avons constaté que de nombreux problèmes apparaissaient chez les personnes occupant des postes de travail fixe. Des symptômes de fatigue excessive, de vertiges, de nausées, de troubles de l'accommodation visuelle, d'hypernervosisme, d'intolérance au bruit, de troubles du sommeil se manifestaient... Nous avons mesuré les champs électriques et magnétiques au niveau de ces postes de travail et souvent ils étaient très élevés – supérieurs à 20 V/m et à 2,5 mG » (5).

Après adoption de l'agencement proposé par un fabricant – 50 cm minimum entre l'écran et l'utilisateur, 1,30 m entre chaque ordinateur et entre l'arrière de chacun de ces appareils et le dos des autres personnes – (11), ces experts ont constaté : « Les résultats attendus se sont manifestés aussitôt après la mise en œuvre de ces dispositions et l'absentéisme intempestif a cessé. Les mesures réalisées après assainissement électromagnétique des lieux ont permis de vérifier la qualité des corrections opérées. Et, s'il fallait douter encore, lorsque certains postes de travail n'avaient pas été assainis à cause d'une difficulté technique momentanée, les symptômes observés chez les employés persistaient, bien que ces derniers fussent persuadés que les corrections avaient été réalisées... »

RECOMMANDATIONS FRANÇAISES

Le *Journal officiel* de la République française, dans son décret n° 91-451 du 14 mai 1991, chapitre II, apporte quelques recommandations quant aux écrans de visualisation : « *L'employeur est tenu de concevoir l'activité du travailleur de telle sorte que son temps quotidien sur écran soit périodiquement interrompu par des pauses ou par des changements d'activité réduisant la charge de travail sur écran...* » Remplacer les écrans cathodiques par des écrans plats à cristaux liquides serait aussi une bonne précaution.

Retour au calme

Hugo prit aussi quelques distances vis-à-vis de toutes les autres sources de rayonnements électromagnétiques, tel son téléphone mobile, en l'éloignant de son oreille. Il déplaça aussi son réveil électrique à l'autre bout de sa chambre. Et s'efforça également de se coucher plus tôt après s'être accordé de petites marches pour se délasser. Le dimanche, une reprise progressive d'activité physique lui redonna une meilleure oxygénation et l'endurance nécessaire au bon fonctionnement cardio-respiratoire.

En complément des traitements médicaux, quelques visites guidées au plus profond de lui-même lui permirent d'apprendre à contrôler ses tensions. Il put alors participer au relâchement progressif des rétractions dorsales et cervicales consécutives à son ancien accident. Puis, des étirements doux et une gymnastique appropriée améliorèrent sa posture. Plusieurs mois furent cependant nécessaires avant que les pénibles sensations de douleurs cardiaques d'Hugo ne disparaissent. Chaque matin il s'adonne désormais au qi-qong, cette technique chinoise de contrôle de l'énergie interne.

Dans le cas de ce cadre surmené, l'origine de ses troubles provenait de l'accumulation de traumatismes, de stress intenses et de rythmes biologiques perturbés. S'y ajoutait également une alimentation peu équilibrée.

Mais d'autres cocktails existent…

La déchirure

Le début de cette lamentable affaire remonte à quelques années. « Rien ne va plus du tout, ni mon dos, ni mon sommeil, ni mon moral ! Ma petite fille n'est pas bien non plus et mon mari m'a quittée ! » hoquetait Katia, une jolie petite blonde qui, à l'époque, ne devait pas avoir plus de 25 printemps. Elle expliqua comment la situation s'était peu à peu dégradée…

Lorsque, fous amoureux l'un de l'autre, Katia et Marc s'étaient mariés, tout allait très bien. Enfin presque, puisqu'elle sortait d'une période assez difficile. En effet, alors qu'elle était en terminale, elle avait dû abandonner ses études à la suite d'une dépression survenue après une trop grande fatigue. Renonçant à ses rêves de diplômes, elle avait, pour gagner sa vie, trouvé un poste de vendeuse dans un grand magasin de vêtements. C'est là qu'elle rencontra ce client, un beau garçon sportif, qui devint son mari. Grâce à lui, elle avait retrouvé le sourire et la joie de vivre.

Pendant trois années, ils vécurent une passion sans nuages. Puis, conçu dans l'amour, un bébé s'annonça. Pour abriter leur foyer, Marc et Katia abandonnèrent leur petit studio pour acheter un appartement, au premier étage d'un immeuble. Comme de nombreux remaniements étaient à faire, Marc y consacra ses week-ends. Katia attribua à la fatigue occasionnée par ces travaux les quelques accès d'irritabilité de son mari lorsque tout n'allait pas comme il souhaitait.

Vint la naissance de leur petite fille. L'accouchement se passa bien mais traîna un peu en longueur. Une épisiotomie dut être pratiquée et des forceps posés pour permettre la venue au monde de la petite Lilly, une jolie petite blondinette très souriante quoique malheureusement affectée d'un strabisme. Ce n'est rien, leur avait-on dit, ce petit défaut pourra très bien se corriger par la suite, avec une intervention chirurgicale.

À la suite de sa maternité, Katia se mit à souffrir du dos. Tenir debout toute la journée lui devint pénible. Dans le commerce, on n'a pas le droit de s'asseoir lorsqu'on est vendeuse. Fatiguée par la douleur, les larmes ne tardèrent pas à perler sur son visage. Sa déprime remontait à la surface.

Son Marc, lui aussi, changeait. Devenant de plus en plus irritable, il partait en colère pour la moindre broutille et ne supportait plus ni les cris de sa fille, ni les larmoiements de sa femme, « qui n'avait qu'à se faire soigner ! ». Afin d'essayer de tenir, Katia se mit à absorber de nombreux médicaments, mais sans que les résultats soient vraiment concluants, ni sur le plan des douleurs, ni au niveau de son épuisement.

Leurs moments communs tournaient de plus en plus souvent au drame, d'autant que la libido de Katia restait à la baisse comme son moral. Entre les cris de son bébé et les reproches de son mari, la jeune femme n'en pouvait plus. De plus en plus fréquemment en arrêt de travail, elle passait ses journées à pleurer.

Un nouveau traitement à base d'antidépresseurs puissants lui fut ordonné, qui la rendit complètement apathique. N'ayant plus la force de faire quoi que ce soit dans son intérieur, des mots méchants fusèrent. La déchirure était inévitable.

Sur un coup de tête, Marc, un soir, prit ses affaires et partit. Elle apprit plus tard, au moment du divorce, qu'il avait trouvé un travail à plus de 1 000 kilomètres de là. Leur appartement fut vendu et leurs biens séparés.

L'observation de l'attitude de cette jeune femme, puis les rétractions mémorisées dans ses tissus permettront de remonter le fil d'Ariane des avatars qui contribuèrent à cette désolante situation.

Chute

Jusqu'à 18 ans, Katia n'avait jamais connu de problèmes de santé particuliers. Vive et enjouée, appréciée de ses profs, elle s'était toujours montrée très bonne élève.

Un matin, alors qu'elle se rendait à scooter au lycée, un trou mal signalé lui avait valu un saut périlleux avant par-dessus son engin. Restée les mains serrées sur son guidon, elle s'était violemment reçue sur le bas du dos et sa tête avait heurté le sol, elle ne savait trop comment. Heureusement, son casque l'avait protégée et, après quelques minutes de récupération, elle avait pu se relever ; apparemment sans autres dommages que de bonnes meurtrissures.

Toutefois, si les douleurs du bas du dos s'étaient estompées après quelques jours, celles du coccyx l'avaient, pendant très longtemps, gênée pour s'asseoir. Katia ignorait qu'insidieusement les tassements encaissés contribueraient à l'apparition ultérieure de ses lombalgies. De même que les séquelles de chutes sur le bassin ne facilitent pas les futurs accouchements.

Stress

À la suite de cet accident, Katia s'était sentie anormalement fatiguée. De plus, elle n'arrivait plus à dormir. Là encore, elle ne savait pas que le *whiplash* qu'elle venait de subir, amplifié par le poids du casque, avait entraîné quelques cisaillements cervicaux qui provoquent souvent ce genre de symptômes.

Les psychotropes qu'elle prenait, en dépit du sommeil artificiel que ces médicaments procurent, ne lui avaient jamais permis de retrouver sa vitalité antérieure. Épuisée, Katia n'arrivait plus à se concentrer et dépensait une énergie énorme pour s'efforcer d'apprendre. À bout de forces, elle avait craqué. Intensément stressée de se voir désormais incapable de suivre des études, elle s'était laissée glisser dans la dépression.

Pourtant, la rencontre de l'amour avec Marc avait ranimé sa flamme intérieure, insufflé une force nouvelle pour repartir vers une vie heureuse. Toutefois, si les feux de la passion rechargeaient sa batterie, son regain d'énergie restait fragile, puisque la cause primaire n'avait pas disparu de son corps.

Toxiques

Les aménagements de leur appartement, heureusement, étaient effectués principalement par Marc. Mais celui-ci, ouvrier spécialisé dans une entreprise, était souvent amené à manipuler des solvants. À l'époque, il ignorait tout de la toxicité de ces substances. « En milieu professionnel, l'inhalation des vapeurs de solvants peut occasionner, à long terme, des altérations de la mémoire et des modifications de la personnalité », avertissent les docteurs S. et P. Déoux, spécialisés dans les problèmes liés à l'environnement (12).

S'y ajoutaient les émanations de poussières, décapants, peintures, traitements des bois, solvants et produits de bricolage divers qu'ils utilisaient le week-end, mais respiraient toutes les nuits : « Les travaux de bricolage effectués sans protection peuvent être à l'origine d'émissions très nettement supérieures à celles que l'on peut rencontrer sur les lieux de travail où des consignes très strictes d'utilisation sont imposées », rappelle D. Zmirou, docteur en médecine et en sciences, chercheur à l'université de Grenoble, membre du Haut Comité de Santé publique (13).

Sportif alors qu'il était célibataire, Marc, une fois marié, avait dû abandonner cette passion. Par manque de temps, mais aussi parce qu'il souffrait de son genou. Ceci à la suite d'un banal accident de ski. Pratiquant moins d'activité physique, ses capacités d'élimination des toxiques se trouvaient réduites.

Nuisances sonores

Lorsque Katia et son mari prirent possession de leur nouvel appartement, ils constatèrent que la rue où donnait leur chambre était plus bruyante qu'ils ne pensaient. La nuit, après le passage des derniers couche-tard, le silence était souvent déchiré par des deux-roues dont le hurlement des moteurs poussés s'entendait de très loin. Puis, très tôt, les grondements des véhicules de voirie avec les camions-poubelles et leurs tintamarres d'entrechocs et de déversements précédaient les cliquetis des livraisons de bouteilles pour un café situé non loin. Le tout sur le brouhaha grandissant des passages de voitures. La pose de doubles vitrages avait cependant un peu amélioré la situation.

Comme Marc et Katia, bien des personnes sont soumises à ce type de nuisances : tranchées, constructions, tunnels, métro, trafic aérien, ferroviaire ou routier : « Il s'agit là d'autant de sources de pollutions vibratoires, perçues ou non par les organes des sens, susceptibles d'affecter le fonctionnement des cellules cérébrales ou d'autres systèmes organiques… », rapporte le docteur P. Plat, ex-directeur national du Département de la Recherche bio-médicale (INRP, ministère de l'Éducation, France) (14).

De plus, leur immeuble était assez sonore. Le soir, la télé de la voisine du dessous, une dame âgée un peu sourde, s'entendait trop bien. Tout comme les clic-clac des talons de la voisine du dessus qui, elle, se levait très tôt. Quand ce n'étaient pas les ronflements de son aspirateur, les vibrations de sa machine à laver ou les tac-tac-tac des billes avec lesquelles jouait sa progéniture.

Souffrances

Par ailleurs, leur petite Lilly les réveillait la nuit, agitée par des pleurs, donnant l'impression de souffrir beaucoup. Alors, pour que Marc puisse se rendormir, Katia se levait pour prendre son bébé, le caresser, le rassurer. Plus d'une heure de câlins était parfois nécessaire avant de réussir à le calmer. Chez les bébés, les pleurs résultent souvent des contraintes de la base du crâne, de même que les strabismes peuvent être provoqués par des fortes compressions latérales de la tête lors de la naissance. Heureusement, ni l'un ni l'autre n'eurent envie de secouer violemment le bébé en croyant ainsi le faire taire, comme le font certains parents excédés par les cris.

Dérangés par les nuisances de la rue, agacés par les bruits des voisins et réveillés par les pleurs de leur bébé, ils n'arrivaient plus à récupérer suffisamment : « Les manques prolongés de sommeil se soldent par des perturbations physiques mais plus encore par des dérèglements intellectuels », explique J.-L. Vialatx, directeur de recherches à l'INSERM (15).

Chez Katia ce surmenage s'exprimait par une fatigue accrue qui réveillait son ancienne déprime et aggravait ses douleurs. Et les médicaments qu'elle prenait la tranquillisaient apparemment un peu trop : « Les psychotropes sont susceptibles d'induire des effets secondaires toxiques : tremblements, étourdissements et vertiges, dépression, apathie… », prévient D. Cohen, spécialiste de l'université de Montréal (16). Il est donc absolument indispensable de signaler au médecin traitant tout effet négatif, ce que n'osent pas toujours faire certaines personnes déprimées, comme Katia.

Exaspération

Pour Mark, au système nerveux déjà perturbé par les toxiques, la dépression et l'apathie de sa femme jointes à cette accumulation de bruits et de cris, il ne le supportait plus.

Quel homme, dans de telles circonstances, pourrait garder sa sérénité ? Des exemples effrayants ont été rapportés par la presse : « Jean-Luc a été condamné à 15 ans de réclusion criminelle à perpétuité par la cour d'assises de Paris pour avoir étranglé son fils de 18 mois, parce qu'il pleurait trop fort. Au cours du procès, pour justifier ce crime odieux, on a évoqué l'enfance difficile du meurtrier, une dépression larvée. Mais personne n'a souligné que Jean-Luc vit près d'une voie rapide et que, petit à petit, le vacarme l'a empêché de dormir. Jusqu'au jour où tout lui parut insupportable : lui-même, son travail, sa famille… », relatait, dans une enquête sur le bruit, une revue française de vulgarisation scientifique (17).

Si, par habitude, les bruits ne réveillent plus ou ne sont pas perçus consciemment, le système nerveux ne s'y accoutume pas pour autant, et celui des bébés notamment : « Les enfants sont particulièrement sensibles. Leur sommeil, à bruit égal, est plus altéré que chez l'adulte. L'acquisition du langage est perturbée, avec répercussions intellectuelles et psychoaffectives. Il a été montré que les enfants vivant dans le bruit avaient plus de difficultés d'expression orale, mais aussi de lecture et d'écriture ; leur sociabilité est dégradée », commente l'équipe de scientifiques dirigée par le docteur D. Zmirou.

LE BRUIT EN FRANCE

Environ 7 millions de personnes seraient exposées à des atmosphères sonores supérieures à 65 décibels, provenant soit de sources externes : transports, chantiers, bruits de la rue, voisins, cris... ou internes : télé, appareils ménagers, jeux, walkmans, mode de vie... 70 000 accidents du travail seraient attribués au bruit. Il entraînerait aussi près de 60 % des consultations en psychiatrie. Les problèmes de sommeil en résultent souvent, dont 1 Français sur 5 se plaint, soit 2 fois plus qu'en Grande-Bretagne. Un tiers des adolescents présentent déjà des baisses d'audition.
Le budget administratif consacré à réduire les nuisances bruyantes serait 3 à 4 fois plus faible que celui de l'Allemagne ou des Pays-Bas.

Cas très courants

Katia et Mark subissaient ainsi l'accumulation de tout un ensemble de facteurs environnementaux. Peuvent parfois s'y ajouter également les nuisances invisibles générées par les lignes, câbles ou appareils électriques situés trop près des lieux d'activité ou de repos : « L'analyse comparative de symptômes neurovégétatifs montre que les sujets exposés à des champs électromagnétiques environnementaux présentent, après 1 an au moins d'exposition, une augmentation significative des symptômes suivants : asthénies physiques et psychiques, lipothymies, diminutions de la libido, mélancolies, tendances dépressives et irritabilité », déclarait lors d'un colloque tenu en France, à l'Assemblée nationale, le docteur L. Bonhomme-Faivre, chef de service à l'hôpital Paul-Brousse de Villejuif, maître de conférences à l'université Paris-XI (4).

Questions

Les séquelles de traumatismes enregistrées dans les tissus de Katia firent l'objet de ses premières plongées dans son univers intérieur. À l'époque encore assez récentes, ses rétractions se libérèrent assez vite, lui permettant de retrouver à la fois un dos plus libre et une meilleure vitalité.

Parallèlement, elle confia, sur le conseil de son pédiatre, sa petite Lilly à des mains entraînées à effacer les traumatismes de la naissance. Les pleurs cessèrent très vite et le strabisme s'atténua peu à peu.

Katia put reprendre son activité au magasin, ce qui l'aida à mieux accepter sa nouvelle situation. Seule, elle ne connut que de brèves aventures sans lendemain. Le soir, lorsqu'elle pressait sa petite fille contre elle, des larmes apparaissaient souvent au coin de ses yeux. Et Lilly comprenait que les pensées de sa mère s'envolaient vers Mark.

Bien des années plus tard, Katia fit la connaissance d'un homme veuf. Elle vit désormais avec lui. Mark aussi a refait sa vie, avec une femme plus âgée. Lilly, devenue adolescente, retrouve parfois son père lors de vacances. Un jour, celui-ci lui avoua que jamais il ne s'était endormi sans penser à Katia.

Peut-être Katia et Mark se sont-ils posé ces questions : « Et si je n'avais pas eu cet accident de scooter ? Et si je m'étais protégé contre ces particules qui flottaient dans l'air ? Et si le bébé n'avait pas eu une naissance difficile ? Et si les antidépresseurs ne m'avaient pas rendue aussi léthargique ? Et si… »

En d'autres termes, s'ils avaient pu supposer que leur corps était aussi sensible à toutes ces influences, et s'ils avaient su comment s'en libérer à temps, peut-être leur vie aurait-elle été changée… Et combien d'autres personnes sont dans ce cas… ?

En connaissant mieux ce qui peut perturber notre corps, nos conditions d'existence peuvent être améliorées. Essayons de résumer ce que l'on doit faire…

CHAPITRE 6

CHANGEMENT DE CAP

Le premier pas dans la recherche du bonheur,
c'est l'apprentissage.
SA SAINTETÉ LE DALAÏ-LAMA

Par leurs effets insidieux à long terme, traumatismes, émotions, alimentation, toxiques, auxquels s'ajoutent de nombreux facteurs environnementaux, s'avèrent capables de provoquer de multiples perturbations physiques ou émotionnelles.

Nous serait-il possible d'aller mieux et de dépenser moins pour tenter de rétablir notre santé ? En pratique, que devons-nous faire ?

Réduire les risques

« La santé, c'est la vie ! » s'exclamait Rabelais. L'Être Humain, l'Homo Erectus, conçoit généralement cet obscur objet de son désir comme « la possibilité de faire avec son corps ce qu'il veut, comme il veut ». La considérant comme le fruit de la chance ou de la bénédiction divine, selon ses convictions, il ne manque pas de conjurer le sort par des souhaits de « bonne santé » à chaque nouvel an et des « portez-vous bien » lors des séparations. Sans compter les innombrables toasts « à notre bonne santé » accompagnant le moindre verre à vider. Tout en oubliant qu'en répétant trop souvent ces dernières incantations, sa santé risque aussi de trinquer !

Sans nier l'efficacité de ces espérances, il est cependant possible d'avoir des actions plus concrètes. Par exemple en prenant conscience que notre santé, déjà dépendante de notre hérédité, est influencée en permanence par nos conditions de vie.

Si des problèmes surviennent un jour, ils ne proviennent pas toujours, comme le craignaient les Gaulois, du ciel qui nous tombe sur la tête. Leurs origines peuvent être fort lointaines…

Maladies en sous-sol

« Tout homme bien-portant est un malade qui s'ignore », vaticinait le célèbre docteur Knock de J. Romains. Au fil des ans, de nombreuses perturbations s'inscrivent dans notre corps. Sous leurs influences conjuguées, le corps se rétracte, se déforme et vieillit prématurément.

Bien des douleurs ne sont que la conséquence d'anciens chocs physiques ou psychiques dont la révélation peut être accélérée par une alimentation trop riche en toxines, un stress ou l'inhalation de substances polluantes. Si notre souvenir conscient n'est pas toujours très fidèle, « l'inconscient, au contraire, est pourvu d'une mémoire merveilleuse, impeccable, qui enregistre à notre insu les moindres événements, les moindres faits de notre existence », enseignait Émile Coué. Hérédité, laxisme parental, peurs des rackets scolaires, violence des films à la télé… sont quelques-unes des informations qui influent, sans qu'on s'en aperçoive, sur notre comportement. « Notre mémoire a déjà enregistré, depuis notre naissance, des milliards d'informations. Nos expériences, nos peurs, nos échecs, nos sentiments y sont déjà entassés comme les livres dans une bibliothèque », confirme le docteur S. Bensabat (1). Nos cellules n'oublient rien.

Observer notre attitude, teint, empâtement, souffle… permet de déceler les changements, donc d'y remédier à temps. Maintenir la détente mentale, rechercher le sourire, les bonnes relations, conserver la souplesse des articulations, la tonicité musculaire, y compris dans de petits muscles comme ceux de la vessie ou des yeux, s'avère essentiel. Se méfier de l'alcool, du tabac, de la pollution… « Les maladies ne sont que les conséquences de nos habitudes de vie », disait déjà Hippocrate. Il est donc indispensable de se prémunir contre les influences néfastes.

L'essentiel est d'avoir la santé !

C'est ce que disent ceux qui ont la chance de ne souffrir de rien. Ou pas encore… car ils en usent sans trop s'interroger sur ce qui peut la maintenir ou la dégrader. « Quand on la possède, on n'y pense plus », avertissait déjà Descartes.

Le parcours de vie de ces personnes ressemble à une promenade sur le sommet aplani d'un ballon, ces vieilles montagnes arrondies mais dont les flancs sont néanmoins abrupts (comme les Vosges en France).

Ayant eu la chance de naître au summum de la santé, s'y maintenir ne nécessite guère d'efforts. Cela leur semble parfois si monotone qu'elles sont tentées de goûter à autre chose que la marche sur un terrain uniformément plat. Et découvrent alors le plaisir de se laisser entraîner par une légère descente.

À un certain moment, revenir vers le sommet semble très difficile. Et nécessiterait un effort certain. Pourquoi ne pas rechercher la facilité en descendant encore ? Ce n'est que lorsqu'elles se retrouvent sur une pente devenue abrupte qu'elles prennent enfin conscience du danger.

Tabac, alcool, drogues, grande bouffe… en attirent beaucoup en dehors de la plaine de la santé. Combien de personnes, peu conscientes des risques, se soumettent involontairement à des influences néfastes ? Lorsque les difficultés apparaissent et qu'il faut remonter la pente, il est parfois un peu tard.

Se préserver

« La santé dépend plus des précautions que des médecins », prônait Bossuet. Pour ne pas subir trop tôt du temps l'irréparable outrage, quelques précautions s'avèrent donc nécessaires, tant au niveau des loisirs que chez soi ou sur les lieux de travail.

Sans limiter en aucune façon notre plaisir, des petites choses toutes simples peuvent être effectuées : utiliser des protections pour les jeux et sports à risque, apprendre à tomber, limiter sa vitesse sur les routes, reboucher les flacons de toxiques après usage, porter un masque lors de travaux, poser des hottes et aérateurs, se protéger du bruit, de l'électromagnétisme et utiliser le moins de produits chimiques possible !

De la même manière que les moules filtrent l'eau de mer, nous nous imprégnons aussi de l'air que nous respirons et de ce que nous absorbons. Si la qualité de la nourriture est primordiale, celle de l'eau que nous utilisons, même simplement pour arroser les champs ou jardins, est également essentielle : « On oublie trop souvent que l'eau pénètre les aliments et constitue près de 90 % de leur structure. Celle d'irrigation étant moins contrôlée que celle du robinet, nous en absorbons beaucoup lorsque nous mangeons, avec tout ce qu'elle peut véhiculer ! » rappelle le professeur G. E. Séralini, spécialiste en biologie moléculaire (2). Notre santé dépend intimement du milieu où nous vivons.

Protéger notre milieu de vie

« On peut être héros sans ravager la terre », écrivait N. Boileau. L'idée que l'environnement puisse jouer un rôle sur la santé est encore très incertaine pour beaucoup. Alors ils consomment, jettent, détruisent, brûlent, déversent, enfouissent polluants et immondices sans se poser trop de questions sur les répercussions possibles.

Pourtant le bilan du milieu naturel devient préoccupant ainsi que le rappelle P. Lannoye, docteur ès sciences : « En Europe, selon l'Agence de l'Environnement, sur 3 300 espèces végétales répertoriées, 10 % sont menacées d'extinction. Plus du tiers des poissons d'eau douce sont en voie de disparition ainsi que 28 % des espèces d'oiseaux et 40 % des mammifères. Ce pourcentage atteignant jusqu'à 65 % en Grèce et en France » (3). Si la flore et la faune sont ainsi atteintes, comment ne pourrions-nous en subir aucune conséquence ? Si nous ne réagissons pas dès à présent, dans quel état laisserons-nous la Terre à nos enfants ?

Les pesticides détruisent les insectes du sol, le rendant stérile, ce qui oblige à utiliser toujours plus d'engrais. La disparition des vers rend la terre compacte ; n'absorbant plus l'eau, celle-ci, dès lors, ruisselle, entraîne l'humus et provoque de graves inondations. Les rejets industriels accroissent l'effet de serre, les forêts disparaissent, les glaces du pôle fondent, le climat se modifie et d'effarantes tempêtes ravagent tout. « L'homme, ainsi que le craignait H. Fabre, succombera-t-il des excès de ce qu'il nomme la civilisation ? » Le professeur A. Jacquard répond : « On court à la catastrophe, mais il est encore temps de réagir ! »

Le professeur H. Joyeux, cancérologue et spécialiste en nutrition de la faculté de Montpellier, résume : « Notre corps est soumis à la sommation de ce qui nous entoure et que nous goûtons avec nos cinq sens. L'équilibre et le bonheur de chaque vie humaine et des humains sur la planète Terre en dépend » (4). Puisant notre vitalité dans le milieu où nous vivons, nous devons donc tout faire pour le protéger : recycler le papier, préserver les arbres, réintroduire des espèces en voie de disparition, protéger la nature…

Revenir au bon sens

Discourant sur la santé, Nietzsche préconisait « il faut l'acquérir constamment parce qu'on la sacrifie sans cesse ». Que dirait-il à notre époque ? Heureusement, chaque catastrophe aboutit à un pas de plus vers la prise de conscience qu'il faut changer de comportement. Ainsi, le scandale de la vache folle a entraîné le développement de nouvelles pratiques. Hier encore considérées comme désuètes ou folkloriques, elles deviennent à présent des modèles de sagesse. De nouvelles économies apparaissent, non exclusivement basées sur la course exclusive à l'argent, mais aussi sur la volonté de rendre service en protégeant la santé. Des éleveurs, soucieux de bien nourrir leurs animaux, ont ouvert des filières de boucherie de détail pour distribuer une viande de qualité.

Pourquoi ne pas étendre cette pratique ? Plutôt que de laisser des terres en friche et de confiner les bêtes dans du béton en ne les nourrissant que d'ensilage, ne peut-on les remettre à brouter trèfles et lupins, tout en leur permettant de regarder bucoliquement passer les trains ? « L'agriculture est une activité plus importante pour la santé de l'homme que la médecine », déclarait le professeur Delbet (5). D'autant que les vaches étant « des tondeuses à l'avant et des épandeuses à l'arrière », selon l'expression d'André Pochon, grâce à elles, les engrais naturels peuvent se substituer aux chimiques. Et sans risquer d'exploser et de détruire des villes comme Toulouse.

Améliorer les méthodes

Chacun se rappelle la célèbre phrase du docteur Knock : « La santé est un état précaire qui ne présage rien de bon ! » Par méconnaissance des influences nocives, beaucoup voient leur état de santé péricliter, ce qui augmente inéluctablement les charges sociales. Pour compenser cette perte, les entreprises sont contraintes d'accroître la production.

Alimentation dénaturée, rythmes de travail accélérés, contraintes commerciales intensifiées, prélèvements sociaux augmentés, pression fiscale majorée... Les carences apparaissent, le stress s'accentue, l'immunité baisse, ce qui conduit à consommer davantage de médicaments.

Tels des *truks*, ces énormes semi-remorques américains, qui partiraient en glissade, nos gestions de santé dérapent. Si le véhicule japonais tient encore assez bien la route, le *truck* US patine fort. Quant au camion français, il chasse plus que tout autre. Malgré tous les conducteurs et leurs différents plans de redressement, le dérapage ne cesse de s'accentuer. Ainsi en 2001, les dépenses dites « de santé » (en réalité de maladie) ont encore augmenté de plus de 5 %, atteignant un montant de 15 000 francs (soit 2 290 euros) par habitant, comme le rapportait *Le Monde* du 8 septembre 2001. Et ceci après avoir majoré sans cesse, au fil des années, les différentes cotisations et multiplié les prélèvements : CSG, RDS...

Les scientifiques tirent la sonnette d'alarme, les organismes de recherche implorent notre générosité, les pouvoirs publics vident nos portefeuilles. Car tenter d'arrêter la glissade coûte cher, de plus en plus cher. Les caisses d'assurances n'ont plus de fonds, mais un trou, une marnière, un gouffre où disparaissent dans des profondeurs abyssales les fruits de notre travail.

Cette spirale infernale peut cependant être arrêtée, et même inversée. Plus nombreux nous serons à prendre conscience des erreurs à éviter et plus la santé collective remontera. L'expérience des personnes qui appliquent, depuis des années, ces principes, montre que leurs frais de maladie sont considérablement réduits. Les charges sociales pourraient donc diminuer, ce qui apporterait une marge bénéficiaire meilleure tant au niveau des entreprises que des particuliers. Avec un pas de plus vers le mieux-être.

Réorienter l'économie

« Qu'est-ce que l'abondance ? Un mot et rien de plus, le nécessaire suffit au sage », enseignait Euripide. Pour les laboratoires et autres industries « de la santé », ce mot évoque un fabuleux marché, évalué à 2 000 milliards de francs. Nous comprenons la raison pour laquelle cette santé représente notre vœu le plus cher ! Et pourquoi certains poussent à la roue : « Depuis les efforts frénétiques déployés par les firmes phytosanitaires jusqu'aux arguments racoleurs des fabricants de matériel scientifique, un seul objectif : faire admettre au consommateur client qu'il peut se laisser intoxiquer en toute quiétude. Les uns fourniront à vos aliments les pesticides… les autres mettront au point les médicaments destinés à en traiter les effets sur votre santé », ironise le professeur M. Bounias, toxicologue à l'INRA (6).

Il est vrai que ceux qui nous gouvernent ont parfois de curieuses incitations. D'après leur mode de calcul, ce qui est fabriqué pour tenter de réparer nos maladies est comptabilisé dans le « produit intérieur brut », autrement dit la colonne bénéfice du bilan. En suivant leur raisonnement, plus il y aurait de malades et plus les pays seraient riches !

Aux États-Unis, les dépenses en équipements de diagnostic ont augmenté de plus de 600 % en 10 ans. En France, le nombre de prescriptions des médecins est passé de 21 milliards en 1970 à 100 milliards en 1990. Au total 91 milliards d'euros (600 milliards de francs) sont dépensés chaque année en soins médicaux contre 30,5 en 1980. Si les résultats n'ont pas progressé en proportion, n'est-ce pas la preuve que nous perturbons plus encore notre santé que les sciences médicales ne peuvent la réparer ?

Utilisons donc les produits phytosanitaires et autres toxiques avec la plus grande prudence possible, mais ne crachons pas pour autant sur l'industrie ; sans la découverte de nouvelles molécules, de nombreuses souffrances ne pourraient être soulagées. Nous devons encourager la recherche médicale.

Progresser vers la santé

« La santé peut paraître à la longue un peu fade. Il faut pour la sentir avoir été malade », écrivait J. d'Harville. Lorsque l'homme moderne perçoit que son état de bien-être diminue, qu'il se sent *patraque*, il se précipite alors chez un disciple d'Hippocrate, devenant alors patient (du latin *patiens,* qui souffre) même s'il est impatient. Dans son esprit, la santé devient alors synonyme de médecine.

La Faculté, dans sa pratique courante, interprète cette santé comme « un état caractérisé par l'absence de maladie ». Ce qui conduit les médecins à répertorier les symptômes pour formuler un diagnostic avant de prescrire un traitement.

Pour appliquer ces principes, les meilleures structures sanitaires ont été mises en place : cliniques, hôpitaux, dispensaires, centres de dépistage et de vaccinations... Chaque petite bourgade dispose à présent des services d'un, voire de plusieurs médecins. Depuis la pédiatrie jusqu'à la gérontologie, en passant par la médecine scolaire, universitaire et du travail, toutes les étapes de notre vie passent désormais par le crible médical. De plus, pour souscrire une assurance ou pouvoir effectuer quelques mouvements dans une salle de gym, un certificat médical est exigé.

Cette infrastructure biomédicale étant en place depuis des années, toute maladie devrait logiquement avoir été étouffée dans l'œuf. Et l'on ne devrait plus avoir qu'un minimum de cotisations sociales à payer. Est-ce le cas ?

Si des résultats fantastiques ont été obtenus, si les morts de bébés à la naissance deviennent rarissimes, si la tuberculose a été vaincue, de nombreuses pathologies ne cessent de progresser, rapporte l'OMS : « Malgré les progrès des vaccinations, malgré la mise au point des médicaments les plus sophistiqués et le progrès inouï des technologies médicales, les maladies infectieuses ne désarment pas et menacent à nouveau l'humanité... Les antibiotiques sont de moins en moins efficaces... Le diabète progresse de façon alarmante... Les troubles mentaux sont en augmentation chez les 20 à 30 ans... Progression de l'alcoolisme, de la toxicomanie, des suicides, des comportements violents... Depuis 20 ans la stérilité ne cesse de s'aggraver... Actuellement les statistiques permettent d'affirmer qu'1 femme sur 10 développera un cancer du sein et qu'1 sur 3 en mourra… » (7). L'espérance de vie serait même à présent en régression dans 16 pays depuis une vingtaine d'années…

Chercher à faire progresser la santé en luttant contre les maladies est évidemment une démarche nécessaire, mais apparemment pas suffisante.

Vers la santé totale

Très consciente de cette insuffisance, l'OMS a proposé la définition suivante : « Un état complet de bien-être physique, mental et social qui ne consiste pas seulement en l'absence de maladies. »

De nombreuses personnalités du monde médical encouragent cette conception élargie : « À côté de la notion claire de prévention des maladies, il y a aussi la recherche des conditions de vie les plus favorables pour l'épanouissement physique, psychologique et moral de l'homme ; c'est la quête de l'équilibre nécessaire à l'accomplissement de chacun », propose le professeur J.-F Mattéi, de l'université de Marseille (8).

L'influence de l'environnement sur la santé commence aussi à être prise en considération : « Les comportements destructeurs, semeurs de mort, ont souvent leurs racines dans le mal-être affectif, psychologique, social. L'on se trompe alors lorsqu'on demande au médecin de panser des maux dont les causes lui échappent. Aujourd'hui l'essentiel des pathologies naissent des agressions d'origine comportementale, relationnelle, sociale et environnementale que l'homme subit. Voilà le véritable échec de la médecine et l'enjeu de la santé de demain », confirme le docteur J.-M. Lecerf de l'Institut Pasteur de Lille.

Dans la pratique médicale courante, les multiples expressions de notre mal-être sont traduites en symptômes contre lesquels sont prescrits des médicaments : antialgiques pour les douleurs, anti-inflammatoires en cas d'inflammation, antibiotiques pour combattre les infections, antidiarrhéiques, antidépresseurs, hormones de substitution…. Chacun se félicite de leur remarquable efficacité. Toutefois, s'ils se multiplient ou si leurs prises se prolongent trop alors que la cause primaire n'est pas supprimée (alimentation déséquilibrée, stress, séquelles de traumatismes, toxiques…), ils peuvent aussi engendrer d'autres pathologies.

Consommer avec modération

« La santé, c'est ce qui sert à ne pas mourir à chaque fois qu'on est malade », ironisait G. Perros. Le mot *médicament* provient du latin *médicamen* qui signifie *remède* certes, mais aussi *poison*. Si ces molécules s'avèrent, dans l'immense majorité des cas, d'une remarquable efficacité, elles ne sont pas pour autant des aliments à avaler sans modération.

Dans la Grèce antique, Iatros désignait le médecin, aussi appelle-t-on iatrogènes les effets indésirables de ces molécules chimiques : « La iatrogénie engendre un coût financier majeur, associé à une grande souffrance humaine : toute action qui en diminuerait l'incidence serait ainsi bénéfique. Incontestablement, des hospitalisations sont provoquées, d'autres sont prolongées, des réinterventions sont nécessaires, des souffrances et des décès sont occasionnés du fait des accidents iatrogènes », déplore le professeur P. Queneau, président de l'Association nationale pour l'Enseignement de la Thérapeutique (9).

En réponse à cette demande d'action visant à réduire l'effet pervers des médicaments, différentes solutions peuvent être mises en place. Ainsi, une étude américaine, publiée en novembre 1999 dans le très sérieux *New England Journal of Medecine*, mérite d'être retenue. Après comparaison entre deux groupes de malades souffrant de problèmes subaigus de la colonne vertébrale, l'un soumis à des médicaments, l'autre à des soins ostéopathiques, l'amélioration s'est avérée comparable, avec plus de 90 % de patients satisfaits de leurs traitements. « Mais les malades du groupe soigné par ostéopathie ont consommé bien moins de médicaments », ajoute la revue scientifique qui rapporte cette étude (10). Donc moins de risques d'effets secondaires à terme, surtout lorsque les molécules chimiques s'accumulent.

Comme la montagne au sommet arrondi peut être gravie de plusieurs côtés, la remontée vers la santé peut s'effectuer par plusieurs voies d'accès.

Une approche complémentaire

Si une personne souffre de maux de tête continuels, ceux-ci peuvent être analysés comme des *céphalées* résultant d'un trouble vasculaire et traités avec des médicaments modifiant cette fonction : aspirine ou vasodilatateurs cérébraux par exemple.

Abordées différemment, ces douleurs peuvent se révéler comme les suites lointaines d'une violente chute sur l'arrière du crâne ; la rétraction des tissus autour du *trou déchiré postérieur* pouvant, par exemple, entraîner une moins bonne évacuation du sang veineux.

Toutefois, la libération suffisante de cette zone peut demander quelque temps, surtout si le trauma est ancien. En attendant, les remèdes ci-dessus, proposés en médecine, apporteront un soulagement apprécié.

Ainsi, un trouble de santé peut être diagnostiqué comme le résultat de l'altération de composants physiques ou chimiques du corps : enzymes, neuromédiateurs, gènes... L'absorption ou l'injection de molécules compensatrices permet alors la cessation plus ou moins durable des symptômes désagréables.

Mais on peut aussi analyser ce dysfonctionnement comme étant l'aboutissement logique d'influences diverses : hérédité mais aussi traumas, stress, alimentation, toxiques, électromagnétisme, rythmes déséquilibrés... La libération systématique de chacune de ces perturbations apportera alors souvent un très net mieux-être. Un peu comme si on enlevait peu à peu les invisibles fils qui entravaient le fonctionnement du corps. Et cette amélioration sera durable, dès lors que la personne qui souffre évitera le plus possible les causes de perturbation.

La première méthode, le diagnostic médical classique, s'appuie sur la recherche dans l'infiniment petit des cellules. C'est la *théorie réductionniste*.

La seconde approche, l'action sur la mémoire du corps, fait appel à la notion d'*émergence* : « La science de l'avenir verra une synthèse efficace entre ces deux démarches complémentaires : réductionnisme et émergence. Il est temps de repenser la nature et le vivant comme ayant des interconnexions... » résume Francisco J. Varela, directeur de recherches en neurosciences au CNRS (11).

En aucun cas ces approches ne devraient être opposées, elles ne peuvent que se compléter et s'enrichir mutuellement. Ceci dans un seul but : le mieux-être de ceux qui souffrent.

Pour un praticien exercé à cette approche nouvelle de la santé, retrouver ces tensions n'offre guère de difficulté. L'attitude, l'équilibre du corps signent immédiatement les origines perturbantes. Les instruments naturels situés aux extrémités des bras font le reste...

Un petit coup de main

« L'essentiel est invisible pour les yeux », écrivait Saint-Exupéry. Les mains entraînées se laissent guider par les tensions du corps. Très vite, elles perçoivent les zones rétractées et ce qui se cache derrière. Une rétraction post-traumatique est toute différente de celle d'un stress ou encore de celle qui circonscrit une tumeur. Si la tension est consécutive à un coup, la main perçoit l'enfoncement et sent la direction qu'a suivie l'onde de choc.

En schématisant, on peut comparer ces rétractions fibreuses à de petits ressorts à spirale qui tirent sur leurs points d'appui. Les mains vont alors chercher à rapprocher légèrement les extrémités de ces fibres jusqu'à ce qu'elles n'exercent plus aucune traction. Une détente est alors perçue, suivie d'un grand relâchement, qui lui-même procure une très agréable sensation d'aisance nouvelle, une véritable libération.

En réalité, les possibilités des mains sont aussi riches et complexes en thérapeutique que dans l'art de se servir d'un instrument de musique ou dans le dessin. Bien entraînées, en se projetant à l'intérieur des organes, les mains peuvent reconnaître certains composés étrangers comme les pesticides, micro-poussières, laines de verre ou détergents.

Elles peuvent également percevoir les pulsations des tissus, les amplitudes de mouvement des organes. En effet, les poumons ne sont pas les seuls à se gonfler et se dégonfler, ni le cœur à se dilater ou se contracter. Les intestins sont également doués d'ondes appelées péristaltisme. Mais le foie, la rate, les reins présentent aussi ce qu'on appelle une *mobilité intrinsèque*, expression de la vie cellulaire de ces organes : « L'intérieur d'une cellule grouille comme une ville… De nombreuses cellules s'allongent et se contractent en rythme… » confirme L. Margulis, biologiste de renommée internationale, professeur à l'université du Massachussets (12).

Chacun sait que la mesure du volume respiratoire pulmonaire, ou *spirométrie*, indique la possibilité de résistance à l'effort. De manière identique, l'écoute manuelle de l'amplitude, du rythme émis par un foie ou un rein permet de se donner une idée de la manière dont ces organes fonctionnent. Et, comme on aide une éponge engorgée d'impuretés à retrouver de meilleures capacités d'épuration, les pompages de ces organes leur permettent souvent de retrouver une meilleure physiologie.

À l'écoute des tissus

Des mains entraînées, parce qu'elles sont constituées de cellules vivantes, peuvent agir sur celles de l'organe : « Le professeur Albert Popp, savant de réputation mondiale et dirigeant d'un groupe de biophysiciens de l'université de Kaiserslautern, se trouve au cœur d'une toute récente découverte : l'émission par la cellule vivante de rayons électromagnétiques ténus et cohérents. Le caractère de cohérence donne à ce rayonnement la propriété de résonance du laser et son extraordinaire pouvoir énergétique », commente J. Basile, professeur à l'université de Louvain (13).

Voici de nombreuses années déjà, une équipe de professeurs de médecine de l'université de Nancy avaient déjà constaté une concordance entre les altérations des mouvements des composants intimes des tissus et les modifications de leurs charges électriques : « Tous les chercheurs ayant confronté les résultats de leurs travaux se sont aperçus que ces dégradations s'inscrivent en même temps que la pathologie se révèle, s'étendent ou se maintiennent tout au long de son évolution et se réparent quand elle se termine » (14). Ainsi, les petits mouvements tissulaires, ressentis uniquement par ceux dont les mains ont été entraînées, semblent bien correspondre à l'état de santé. En libérant les tissus de leurs rétractions, en relançant ces micro-mouvements, ces mains peuvent remarquablement contribuer à l'amélioration de la santé. Notamment lorsque toutes les techniques classiques ont apporté le maximum de leurs possibilités. Exemples…

Une aide appréciée

Pour Montaigne la santé était « la seule chose qui mérite qu'on y emploie la vie à sa poursuite ». Avec un peu de patience et de persévérance, certaines améliorations peuvent apparaître.

À 18 ans, Barbara souffrait d'une violente sciatique. Les sensations de décharges électriques étaient si intenses qu'une intervention fut décidée en urgence. Malheureusement, aucun résultat positif ne sembla en découler. D'autres examens mirent alors en évidence un *canal lombaire étroit.* C'est-à-dire que le canal rachidien qui parcourt la colonne lombaire, se révélant apparemment plus petit que la normale, était supposé comprimer une des racines nerveuses. Quoiqu'il semble étonnant qu'il puisse brusquement se rétrécir ainsi, à un âge si jeune, puisque dans les années antérieures Barbara ne souffrait pas, une autre intervention fut entreprise. Toute la partie arrière des vertèbres fut complètement ouverte sur une grande longueur. Puis, le chirurgien procéda par burinage à l'agrandissement de ce canal, ce qui demanda plusieurs heures. Aux dires de Barbara, le résultat fut catastrophique. Dix années plus tard, bourrée de médicaments antalgiques et de tranquillisants car qualifiée de *psy*, ayant été dans l'incapacité de poursuivre ses études, cette jeune femme était confinée chez elle, se traînant entre son lit et son fauteuil.

L'aide de mains entraînées permit, en quelques semaines, de faire disparaître la sciatique de Barbara. Ceci après libération d'empreintes de chocs sur le bassin consécutives à une chute de cheval survenue quelques semaines avant l'apparition de sa névralgie… Si cette intervention manuelle avait eu lieu plus tôt, que d'années de souffrance évitées ! Sans compter les dépenses inutiles supportées par la collectivité… Mais pour cela, il eût été nécessaire que les médecins orientent leur jeune patiente vers un praticien qualifié.

Autre exemple : Bien qu'il ne fût âgé que d'une cinquantaine d'années, Norman se retrouva un jour hémiplégique. Tout son côté était complètement paralysé. Au bout de 3 ans passés dans un centre spécialisé, incapable de marcher et de bouger son bras en dépit des soins intensifs qui lui furent prodigués, il s'entendit dire qu'il devrait rester le reste de sa vie dans son fauteuil roulant.

L'écoute manuelle mit en évidence les séquelles d'un choc violent au niveau de sa tempe, conséquence d'une chute d'escabeau survenue l'année précédente. Par ailleurs, des fréquences toxiques émanaient de ses tissus. Militaire de carrière, cet homme avait une passion : les maquettes. Lorsque sa femme rentrait de son travail en fin de journée, elle était incommodée par l'odeur des colles et solvants divers qu'utilisait son mari. Mais lui, habitué, ne les percevait plus. Il apparaissait donc vraisemblable que la rupture vasculaire découlait directement de l'accumulation de solvants dans une zone traumatisée. Le dégagement manuel de ces empreintes permit une meilleure autoréparation des tissus. Norman est à présent capable de déambuler sans canne et d'ouvrir les portes avec sa main.

Alors qu'elle partait en vacances, la voiture de Dany, pourtant bien à sa place et roulant à vitesse raisonnable, fut percutée de plein fouet par un véhicule venant en sens opposé. Se retrouvant tétraplégique, Dany, abandonnée par son mari, dut être prise en charge par ses parents retraités. Après quelques années en centre, malgré tous les soins, son élocution était à peine plus compréhensible qu'un charabia. De plus, incontinente totale, trois personnes devaient en permanence se relayer jour et nuit pour l'assister et la changer plus de vingt-cinq fois par journées.

La libération des tensions consécutives aux traumatismes demanda beaucoup de temps et d'efforts. Sans être spectaculaire, elle permit néanmoins à Dany de recommencer à s'exprimer normalement. Les fuites urinaires s'espacèrent peu à peu pour devenir beaucoup plus rares. Enfin, un jour Dany put se remettre debout et recommença à marcher, maladroitement certes, mais seulement aidée du bout des doigts.

Les cas décrits par les praticiens agissant sur la mémoire du corps sont si nombreux qu'ils rempliraient des livres entiers. Ils n'ont pas pour but d'affirmer la supériorité d'un type de soins par rapport à un autre, mais simplement de montrer la nécessité d'une approche multiple et complémentaire de la santé. Tant pour le mieux-être des personnes qui souffrent que pour leur porte-monnaie par le biais des cotisations d'assurance maladie, contributions et autres redevances sociales...

Le relais de la santé

« Il est plus facile de désintégrer les atomes que les préjugés », avait déjà constaté A. Einstein. La médecine s'est donné pour but de combattre les multiples affections qui nous atteignent. Si, grâce aux médicaments, elle permet de faire disparaître de nombreux symptômes et de rendre ainsi la vie plus confortable, elle ne peut cependant aller plus loin que de ramener à l'état de non-maladie. Par toutes ses analyses, la médecine ne peut pas mesurer la santé.

Le relais visant à optimiser la vitalité peut être apporté par d'autres pratiques. L'énergétique extrême-orientale tend à faire circuler ce qu'elle nomme le « qi », le flux d'énergie vitale. La naturopathie invite à développer cette même énergie vitale par une alimentation saine et des pratiques naturelles. L'ostéopathie vise à rendre la motilité intrinsèque – autre expression de cette énergie – aux tissus, viscères et articulations. Quant aux techniques somato-émotionnelles proposées par plusieurs psychothérapies, elles permettent de s'alléger du poids des stress.

L'action sur la mémoire du corps, en libérant le corps des contraintes accumulées au fil des ans et en développant la prise de conscience de ce qui nous perturbe ou nous améliore, représente une synthèse coordonnée de ces différentes approches. Elle permet souvent la disparition de nombreux maux qui nous gâchent la vie, en agissant sur l'accumulation des causes qui les ont insidieusement provoquées.

Dans plusieurs pays, des centres regroupant plusieurs de ces techniques d'optimisation de la santé se développent. Tel l'Osher Center de San Francisco où 95 % des personnes qui ont suivi le programme disent avoir amélioré leur qualité de vie. En France aussi, le public apprécie de plus en plus ces différentes approches complémentaires de la vision médicale de la santé.

Dès lors que ces pratiques ne présentent aucun danger, l'attitude qui vise à rejeter d'emblée toute nouvelle proposition, sous le prétexte qu'elle n'est pas « scientifiquement éprouvée », ne revient-elle pas à priver des personnes qui souffrent de moyens d'optimiser leur santé ? Ainsi que le disait H. Curien, alors ministre de la Recherche, à propos de la polémique sur la « mémoire » de l'eau : « Si on ne publie pas de choses dérangeantes, on risque de passer à côté de choses formidables… » (15).

De plus en plus de médecins sont convaincus de l'origine multifactorielle de nombreuses pathologies. Spécialiste en santé publique, le docteur B. Sandrin-Berthon du Comité français d'Éducation pour la Santé le confirme : « Maladies chroniques, conduites à risque, difficultés sociales… se conjuguent bien souvent et aboutissent à des situations d'une extrême complexité. » Pour les résoudre, elle propose : « Il faut sans doute recourir à d'autres compétences, à d'autres manières de raisonner… » (16).

Ces nouvelles approches d'optimisation de la santé offrent l'avantage de pouvoir être pratiquées en dehors de l'apparition de tout symptôme et d'améliorer le terrain en cas de pathologie grave. Aide qu'apprécient particulièrement les médecins.

En effet, de même que la plus belle fille du monde ne peut donner que ce qu'elle a, la médecine ne peut à elle seule veiller à tout. Rendue responsable des déficits des caisses d'assurances, elle est montrée du doigt, accusée publiquement de ne pas réussir à soigner suffisamment les maux… dont nous sommes souvent responsables par nos comportements ! Une prise de relais par les autres pratiques de promotion de santé soulagerait les médecins d'une partie de ce fardeau. Par voie de conséquence, ceci leur permettrait de retrouver des temps de consultation plus confortables et des honoraires meilleurs. Est-il décent que des consultations qui exigent des études longues et difficiles soient moins bien rémunérées que les dépannages même rapides ?

Les anciens Grecs avaient compris cette nécessaire complémentarité entre pratiques. Asclépios, leur dieu de la médecine, avait pour fille Hygie, déesse de la santé. Le retour aux sources étant parfois nécessaire, « révolutionner » la santé au sens strict du terme nous ramènerait cette antique sagesse.

Mais rappelons-nous aussi que, sur le fronton du temple de Delphes, les Grecs avaient gravé dans la pierre : « Connais-toi toi-même et laisse la nature aux Dieux »… En effet, même en supposant que cette fusion des approches complémentaires de la santé puisse s'effectuer au sein d'équipes cohérentes, ces diverses pratiques ne pourront jamais empêcher toutes les conséquences de nos inconséquences.

Si les divers professionnels multiplient leurs efforts pour nous aider, nous aussi devons agir. Que faire pour améliorer nous-mêmes notre santé ?

Agir pour aller mieux

Aide-toi et le ciel t'aidera

« Arrêtez le mal avant qu'il n'existe ; calmez le désordre avant qu'il n'éclate », enseignait aussi Lao-tseu.

Après tout traumatisme important, une immobilisation locale est indispensable. Quelques heures de repos en temps voulu permettent d'éviter ultérieurement des mois, voire des années de souffrance. Lorsque l'envie d'une petite sieste se fait sentir, c'est probablement que notre système digestif en ressent le besoin. Les inhalations de toxiques entraînent souvent un état de fatigue qui demande du repos. Ou, au contraire, une envie de bouger, de respirer pour faciliter les capacités naturelles de détoxication. À la suite de stress intenses ou prolongés, notre corps a besoin de se détendre, parfois de crier, de s'extérioriser. Pour éliminer les déchets du métabolisme, le mouvement est aussi nécessaire que le sommeil. Notre corps possède d'étonnantes capacités d'autoréparation, aidons-le.

Se prendre en charge

Sur un ton badin Marivaux faisait dire à un des personnages de *La Surprise de l'amour* : « Je bois à merveille, je mange de même, voilà ma santé ! » Son rival pour le fauteuil académique, Voltaire, qui disait de lui qu'il pesait des œufs de mouche dans des toiles d'araignée, était bien évidemment d'un avis opposé : « On se porte bien avec de la sobriété et de l'exercice ! » Si un minimum d'activité physique est indispensable pour entretenir son corps, l'équilibre alimentaire est également essentiel. La nature met à notre disposition une incroyable variété de senteurs, de saveurs propres à satisfaire tous nos désirs. Céréales, légumes verts ou secs, fruits : poires, pommes, framboises, figues, noisettes, noix, châtaignes, mangues… Chaque saison et chaque région apportent de quoi apaiser notre faim et étancher notre soif. Moins connues, les graines germées et les jeunes pousses sont de véritables sources de vitalité.

Selon les nutritionnistes, nous mangeons beaucoup trop de graisses saturées, donc trop de produits animaux. Et nous redécouvrons actuellement les innombrables bienfaits protecteurs des végétaux. La crème de vache peut être avantageusement remplacée par une purée d'amandes blanches qui apporte un délicat parfum. Face à la pollution aérienne, on sait que la fonction pulmonaire sera d'autant meilleure que la consommation de fruits et légumes est importante. À condition qu'ils ne poussent pas dans des boues d'épuration, évidemment…

Manger mieux

« Que ton alimentation soit ta première médecine », conseillait Hippocrate. Lorsqu'elle est de qualité, la nourriture nous fournit notre énergie et tous les éléments nécessaires au bon renouvellement de nos cellules. Ainsi que le disait un homme de la terre : « Moi, mes bêtes, elles sont dans les prés, je n'ai pas besoin de leur donner des antibiotiques, elles ne sont jamais malades ! On dit que c'est plus cher, mais ramené au steak dans l'assiette, c'est peu. Et puis, la santé ne vaut-elle pas ce petit plus ? »

On objecte souvent que peu de gens ont les moyens de s'offrir de bons aliments. Cet argument est surtout diffusé pour tenter de justifier la production de basse qualité. Si l'on poursuit ce raisonnement, les personnes défavorisées devraient donc continuer à mal se nourrir, tout en sachant qu'elles risquent fort de voir leur santé s'affaiblir.

Ne vaut-il pas mieux dépenser un peu plus pour préserver sa vitalité que d'être amputé d'une partie de plus en plus importante de nos revenus par des prélèvements sociaux ?

Souhaitant connaître réellement les différences de qualité entre la culture industrielle et la bio, le professeur H. Joyeux, cancérologue à l'université de Montpellier, a dirigé une enquête comparative. Les résultats partiels de cette étude ABARAC (AB pour Agriculture biologique, AR pour Agriculture raisonnée et AC pour Agriculture conventionnelle) montrent que les produits de culture biologique ont une nette teneur supérieure en nutriments protecteurs : vitamines, oligo-éléments ou acides gras essentiels.

Pourquoi se priver de sourire ?

« Parfois jaillit le papillon multicolore d'un rire pareil à celui des dieux », écrivait R. Escarpit. De même que l'ennui, la morosité et la grogne sont susceptibles de provoquer des dysfonctionnements du corps, la gaieté engendre le bien-être. Confucius recommandait déjà de ne pas oublier de rire à chaque heure du jour. À notre époque l'humour devient une nécessité vitale.

Modifier notre manière de réagir permet de transformer un stress en rire. En voiture, si une place de stationnement est également convoitée par une autre personne, comment nous comporterions-nous s'il s'agissait de notre meilleur ami ? Adresser un sourire aux autres les amène à nous le rendre. À peu de frais nous pouvons ainsi offrir et nous apporter des petits moments agréables. Voir un autre se conduire comme un épouvantable goujat, n'est-ce pas comique ?

Cap sur le ciel bleu

Aristote l'avait constaté : « La psyché et le corps réagissent en sympathie. Un changement d'état de la première entraîne un changement de structure de l'autre et réciproquement. » Certains, ne voulant pas aller mieux, croyant ainsi attirer davantage de compassion, s'enferment dans la maladie.

Comme un capitaine de bateau pris dans la tourmente, il ne tient qu'à nous de ne voir que les lames qui nous assaillent ou de se fixer le petit morceau de ciel bleu qui point à l'horizon. Notre esprit dirige notre corps.

Si changer ses habitudes demande au début quelques efforts, le plaisir du nouveau en est la récompense. Être mobile et souple en pensée c'est aussi rester jeune. Tous les praticiens savent que la participation active du moral constitue le meilleur moyen pour les aider à nous sortir de situations difficiles. Comme la plus essentielle des plantes, la volonté doit être arrosée tous les jours. Mais pas à l'alcool, bien qu'on l'appelle parfois le punch ! « C'est en croyant aux roses qu'on les fait éclore », affirmait Anatole France.

Rebondir

Ainsi que le conseille le professeur G. Devroede, professeur de chirurgie à la faculté de médecine de l'université de Sherbrooke (Canada) : « Il faut profiter de la maladie comme mémoire du passé. Chacun peut apprendre à se servir de son corps *via* ses symptômes ou sa sexualité pour décoder ce qui n'a pu être dit parce que trop enfoui dans l'inconscient, souvent à un âge où la parole n'est pas dite ou pas assez élaborée. » Pour cela, ce médecin invite à retrouver dans le corps la signature des traumatismes anciens, l'abandon, le rejet, voire d'éventuels abus sexuels.

Lorsqu'une perturbation de santé survient, quelle qu'en soit l'appellation, et mises à part les causes strictement héréditaires, elle ne doit plus apparaître seulement comme une fatalité dont nous sommes les irresponsables victimes. Souvent elle est la conséquence logique d'erreurs de notre comportement individuel ou collectif. « La maladie ne se déclare pas fortuitement. Elle résulte d'une ou plusieurs causes qu'il faut tenter d'analyser. Ces causes agissent sournoisement, provoquant d'abord des petits symptômes et une baisse de la vitalité, et, à plus ou moins long terme, des troubles organiques graves (sclérose en plaques, cancer, etc.) », écrit le docteur J. Lévy (17).

La maladie est un problème qu'il faut comprendre pour en trouver la solution et éviter qu'elle ne se reproduise. Elle devient alors l'occasion de changer de mode de vie, un moyen d'amélioration, un tremplin pour rebondir. Au fond de lui-même, notre corps « contient autant d'énergie que la mer et le vent », selon la formule du docteur D. Chopra (18). Qu'attendons-nous pour libérer cette vitalité ?...

Se dégager des entraves

Lors de relaxations, il est possible, par une détente progressive des tensions normales du corps, de mettre en évidence les rétractions anormales. Mentalement, on peut alors en modifier le tonus, un peu comme lorsque nous plaçons notre conscience dans nos mains, pieds ou bouche, pour apprendre à écrire, à marcher ou à chanter. Le perfectionnement du moindre geste sportif procède du même processus. Toutefois, pour être efficace, il ne faut pas se contenter d'imaginer, il faut arriver à ressentir. C'est seulement ensuite qu'il est possible d'influer sur telle ou telle partie du corps.

Dans un premier temps, on perçoit si le corps est tendu ou détendu. Puis on arrive à localiser la rétraction. Ainsi au niveau thoracique, il est assez facile de sentir l'amplitude respiratoire, le rythme, puis la localisation des zones où la respiration est libre par rapport à celles où elle est plus restreinte.

Ensuite, après avoir perçu l'intensité de la tension tissulaire, sa quantité en quelque sorte, on peut s'exercer à en ressentir la qualité. En se projetant mentalement à l'intérieur des tissus on peut arriver à mettre en évidence une compression discale ou une déchirure ligamentaire ayant occasionné une rétraction périphérique de protection. Mais on peut également mettre au jour une émotion contenue, un souvenir ou un toxique.

Écouter notre corps

Certains biologistes procèdent ainsi, lorsqu'ils veulent comprendre comment fonctionne une cellule vivante : « Il ne s'agit pas de tout connaître, mais seulement de prendre le temps de se former un début d'intuition… et, à partir de là, de lui adresser une question. Et de prendre le temps d'observer, d'attendre la réponse, si déconcertante soit-elle : écouter ce que la matière a à nous dire… » Telle est la démarche de B. Mc Clintosk que cite P. Herbomel, chargé de recherche au CNRS, à l'Institut Pasteur de Paris. Lequel poursuit : « La cellule n'est pas qu'un sac à molécules, mais bien un être organisé, un interlocuteur avec qui un dialogue peut s'instaurer… Il ne tient qu'à nous d'utiliser ces moyens sans précédents pour nourrir un vrai dialogue avec le vivant » (11).

Il ne s'agit donc pas de s'envoler dans quelque imaginaire, comme dans l'auto-hypnose, mais de plonger à l'intérieur de soi-même en développant ses propres capacités de perception, ce qu'on nomme la proprioception.

On peut alors y découvrir toutes les empreintes laissées au cours de la vie, une véritable archéologie du corps. Et comprendre comment ces influences guident parfois nos passions et nos actes. Se retrouvant face à elles, nous pouvons soit les ignorer, soit les reprogrammer différemment.

Nous pouvons ainsi percevoir la densification des tempes comme de véritables œillères que nous avons installées à force de refuser de voir autrement que selon notre mode habituel de pensée. Ou encore la colère accumulée dans la zone de la vésicule biliaire et qui, tel un poing en permanence fermé, peut amener la bile retenue à sédimenter sous forme de calculs. Parfois, on ressent nettement l'envie de disparaître de certaines cellules d'un sein, terriblement affectées par le manque d'amour d'un proche…

Cap sur le mieux-être

Léonard de Vinci considérait la santé comme « un don de la nature destiné à ceux qui en suivent les lois ». Une meilleure connaissance de ce qui peut influer sur notre santé peut nous aider. Mais nous pouvons aussi nous servir de notre bon sens. Nous n'utilisons, paraît-il, pas le centième de nos neurones. Redécouvrons l'intuition, développons notre perception vis-à-vis de ce qui peut être bon ou nocif pour notre bien-être.

Comme dans une balance, si certaines influences défavorables peuvent faire pencher le fléau du côté du mal-être, à l'inverse d'autres peuvent optimiser notre vitalité. Il ne tient qu'à nous de remplacer les petits riens qui nous affaiblissent insidieusement par des petits bonheurs qui, en s'additionnant, nous rendront la vie plus agréable. Plus nombreux que les causes de perturbation, ils feront l'objet d'un autre livre. En réalité, ils constituent à la fois le moyen et le but.

La santé, c'est notre affaire, mais elle dépend aussi de ce que font les autres. Pour l'améliorer plus encore, nous devons être nombreux à modifier notre mode de vie. Et la meilleure manière d'agir est aussi de faire passer le message…

Face au monde, isolés,
tout nous paraît obstacle.
Nombreux et décidés,
on peut faire des miracles !

INFORMATIONS

RÉSEAU ENVIRONNEMENT SANTÉ

17, avenue de Paderborn
72000 Le Mans
Tél./Fax : 02 43 42 78 99

FORMATIONS

TECHNIQUES MANUELLES D'ÉMERGENCE
DES MÉMOIRES DU CORPS

Renseignements : IPS, 203, rue des Maillets, 72000 Le Mans

Nom.................................. Prénom...
Adresse...
Ville...
Profession...
est intéressé par :
– Un complément de formation professionnelle
– Une initiation familiale

BIBLIOGRAPHIE

Chapitre 1. Retours de chocs

1. *L'Express* 5/04/2001.
2. *Sciences et Vie* n° 1005, juin 2001.
3. Enquête du CNAMTS citée par *Sport Med Sept*, 2000, n° 124.
4. *Le Scandale de l'insécurité routière*, Éd. A. Michel, 2001.
5. *Les Névralgies cervico-brachiales*, Éd. Masson, 1978.
6. Laoussadi et Forest, *Impact Médecin*, 1992.
7. *Stretching auto-entretien musculaire*, Éd. Masson, 1998.
8. *Traumatologie du sport*, Éd. Masson, 1996.
9. *Les Vertiges et le Praticien*, Éd. John Libbey, 1996.
10. *Pathologie de l'artère vertébrale*, Éd. Masson, 1987.
11. *Approche ostéopathique du traumatisme*, Éd. Actes graphiques, 1997.
12. *Softbound*, Édition OMC SA, Société belge d'Ostéopathie, 1985.
13. *Manipulation vertébrales*, H. G. Lacrambe, Éd. Maisonneuve, 1984.
14. « Les scolioses », *Médecine nouvelle*, n° 8.
15. « Les champions sont déglingués », *Le Point*, n° 1464 du 6 oct. 2000.
16. R.Feely, *Clinique ostéopathique*, Éd. Frison-Roche, 2000.
17. *Sciences et Avenir*, juillet 2001.

18. *Le Point*, n° 1469, nov. 2000.
19. *Sciences et Avenir*, juillet 2001.
20. *Envoyé spécial*, France 2 du 11 oct. 2001.
21. *Sciences et Avenir*, juillet 2001.
22. *Le Point*, 29 juin 2001.
23. *Clinique ostéopathique*, Éd. Frison-Roche, 2000.
24. « Les scolioses », *Médecine nouvelle*, n° 8.
25. *L'Ostéopathie pour les bébés*, Éd. Marabout, 1998.
26. R. Feely, *Clinique ostéopathique*, Éd. Frison-Roche, 2000.
27. *Aesculape*, n° 28, janv. 2001.
28. *Les Nouveaux Remèdes naturels*, Éd. Fayard, 2001.
29. *Dictionnaire de médecine clinique*, Éd Masson, 1990.
30. J. Goodrich, *Bien voir sans lunettes*, Éd Terre vivante, 1996.
31. *Clinique ostéopathique*, Éd. Frison-Roche, 2000.

Chapitre 2. Émotionnellement vôtre

1. « La vie avant la naissance », dossier spécial *Fig Mag* du 29/10/99.
2. *The Lancet*, sept. 2000.
3. *La Guérison à portée de mains*, Éd. La Renaissance, 2000.
4. T. Verny et D. Chamberlain. Voir Chapitre 1 « Retours de chocs ».
5. *Passerelles*, Éd. A. Michel, 1995.
6. *Sciences et Avenir*, juin 1998.
7. *Le Point*, 4 mai 2001.
8. *L'Express*, 24/05/2001.
9. *La Biologie de l'amour*, Éd. du Rocher, 2001.
10. K.R. Pelletier, *La Médecine holistique*, Éd. du Rocher, 1982.
11. « Les Faux Souvenirs », *Pour la Science*, avril 2001.
12. *La Peur de vivre*, Éd. L'Épi, 1994.
13. *Le Noyau énergétique de l'homme*, Éd. Sand, 1991.
14. *Ce que le corps révèle*, Éd. Le Hameau, 1993.
15. *Les Vilains Petits Canards*, Éd. Odile Jacob, 2001.
16. *Aïe mes aïeux !*, Éd. La Méridienne, 2000.
17. Dr. J. Valnet, *Traitement par les légumes et les fruits*, Éd. Maloine, 1990.
18. S. Bensabat, *Vive le stress*, Éd. R. Laffont, 1996.

19. *Le Pouvoir de la conscience maîtrisée*, Éd. Jouvence, Genève, 1992.
20. *Comment je vois le monde*, Éd. Flammarion, 1991.
21. *Ça m'intéresse*, n° 246, août 2001.
22. *L'Illusion psychosomatique*, Éd. Odile Jacob, 1989.
23. *La Nature et la Règle*, Éd. Odile Jacob, 1998.
24. *Passerelles*, Albin Michel, 1995.
25. *Le Harcèlement moral*, Éd. Syros, 2000.
26. *Le Point*, 14 mars 1998.
27. *Comment perdre la santé*, Éd. F.-X. de Guibert, 1999.
28. *Le Langage secret du corps*, Éd. De Vecchi, 1995.
29. *Vaincre le stress*, Éd. de Vecchi, 1985.
30. *Guérir envers et contre tout*, Éd. D. de Brouwer, 1998.
31. C. Dejours, *Souffrance en France*, Éd. du Seuil, 1999.
32. *Comment devenir un bon stressé*, Éd. Odile Jacob, 1994.
33. *Rire, c'est la santé*, Éd. Vivez Soleil, 1990.
34. *Ces gens qui drainent votre énergie*, Éd. Le Jour, 2000.
35. J.S. Salomon, *Fleurs et santé*, Éd. Le Souffle d'Or, 1986.
Manuel des fleurs du Dr Bach, Éd. Le Courrier du livre, 1998.
36. *Grandir en harmonie*, Éd. Courrier du livre, 1998.
37. *La Guérison par les fleurs*, Éd. Courrier du livre, 1998.
38. *La Nutrithérapie*, Éd. PUF, 1998.

Chapitre 3. Mise en Bouche

1. *Encyclopédie moderne de l'hygiène alimentaire*, Éd. Maloine, 1993.
2. « Les stéréotypes alimentaires », *Science et Vie*, n° 208, sept. 1999.
3. « Nutrition pratique », *Diétécom,* n° 8, mars 1995.
4. « Conséquences économiques de l'obésité », *Médecine Science*, n° 14, 1998.
5. *Changez d'alimentation*, F.-X. de Guibert, 1994.
6. *Biologie des passions*, Éd. Odile Jacob, 1994.
7. *La Mal Bouffe*, Éd. Olivier Orban, 1983.
8. *Sciences et Avenir*, sept. 1999.
9. *Dictionnaire de diététique et de nutrition*, Éd. Le Cherche-Midi, 1998.

10. « L'univers de l'aliment », *Science et Vie*, n° 208.
11. *L'Alimentation, risque majeur*, Éd. Ellipse, 1990.
12. *La Nutrithérapie*, Éd. PUF, 1998.
13. *Kiné Actualité*, n° 768, mai 2000.
14. *Je mange donc je suis*, Éd. Payot, 1996.
15. *Le poids qui me convient*, Éd. Marabout, 1997.
16. *Trop nourri, mal nourri*, Éd. Stock, 2000.
17. M. Ferrari, *La Cuisine exotique*, Éd. Solar, 1995.
18. *Le Programme de longue vie*, Éd. Seuil, 1999.
19. *La Minceur gourmande Weight Watchers*, Éd. Robert Laffont, 2000.
20. *La Cuisine des parfums*, Éd. du Chêne, 1996.
21. *Le Mal du sucre*, Éd. Orion, 1991.
22. *Les Bonnes Graisses*, Éd. Odile Jacob, 1991.
23. *La Révolution de la médecine orthomoléculaire*, Éd. Retz, 1994.
24. *L'Alimentation anti-oxydante*, Éd. Marabout, 2000.
25. *Bien manger*, Bayard Éditions, 1999.
26. *Comment rester jeune*, Éd. Albin Michel, 2000.
27. M. Lafitte-Dupont, *La Nutrithérapie*, Éd. Retz, 1994.
28. *La Cuisine végétarienne pour tous*, Éd. Köneman, 1997.
29. *La Cuisine végétarienne*, Éd. Manise, 1996.
30. L. Perlemuter, *Diététique et Nutrition*, Éd. Masson, 1997.
31. M. Apfelbaum, *Vivre avec du cholestérol*, Éd. du Rocher, 1992.
32. *Sciences et Avenir*, juin 1998.
33. *Le Régime paléolithique*, Éd. Jouvence, 2000.
34. *Le Corps médecin*, Éd. J.-C. Lattès, 1997.
35. *Paris Match*, 7 déc. 2000.
36. *Manger autrement*, Éd. Institut Pasteur de Lille, 1991.
37. *La Thérapie des vitamines et de l'alimentation*, Éd. Terre Vivante, 1987.
38. *Diétexpo*, 1993.
39. *La Nouvelle Cuisine familiale*, Éd. Gabriandre, 1997.
40. *Santé Active*, mai 2000.
41. *Sciences et Avenir*, n° 31, août 1997.
42. *American Journal of Clinical Nutrition*, 1999, 70.
43. *L'Alimentation saine*, Éd. De Vecchi, 1998.
44. *Docteur Nutrition*, Éd. Trédaniel, 2000.

45. *Manuel de diététique*, Éd. Masson, 2000.
46. *Bien se nourrir*, Éd. Solar, 1999.
47. *Vaincre le syndrome prémenstruel*, Éd. Albin Michel, 1997.
48. E. Fischer, *La Cuisine végétarienne*, Éd. Grancher, 1997.
49. *Réseau Environnement Santé*, octobre 1999.
50. n° 257, juin 1999.
51. *La Méthode Kousmine*, Éd. Jouvence, 1998.

Chapitre 4. Les toxiques se cachent pour nous nuire

1. G.E. Séralini, *Le Sursis de l'espèce humaine*, Éd. Belfond, 1997.
2. *Sciences et Avenir*, août 1997.
3. A. Picot, *Réseau Environnement Santé*, 98.
4. *Science et Vie*, n° 933, juin 1995.
5. *La Santé empoisonnée*, J. Huss et P. Lannoye, Éd. Frison-Roche, 1998.
6. *L'Éducation du patient au secours de la médecine*, Éd. PUF, 2000.
7. TF1, 19 sept. 2001.
8. M. Bounias, *Le Guide des toxicitudes*, Éd. R. Laffont, 1992.
9. *Alternative santé*, avril 2001.
10. Auteur de plusieurs ouvrages sur les jardins et les haies.
11. *Cohérence*, juillet 2000.
12. *Sciences et Avenir*, mars 2000.
13. M.L. Bougerra, *La Pollution invisible*, PUF, 1997.
14. H. Wingert, *La Maison polluée*, Éd. Terre Vivante, 1990.
15. *Que Choisir*, n° 378, janv 2001.
16. *L'écologie, c'est la santé*, Éd. Frison-Roche, 1993.
17. *Maisons toxiques*, Éd. Flammarion, 1999.
18. J.-P. Fréjaville, *Le Danger des produits domestiques*, Éd. du Seuil, 1977.
19. CNRS. UPS 831. *Information toxicologique*, n° 3, Gif-sur-Yvette.
20. *La Santé empoisonnée*, Éd. Frison-Roche, 1998.
21. *Comment perdre la santé*, F.-X. de Guibert, 1999.
22. *L'Alimentation ou la Troisième Médecine*, J. Seignalet, Éd F.-X. de Guibert, 1998.

23. A.Picot, *Toxicité de diverses substances chimiques*, CNRS, 1979.
24. A. Cicolella, *Congrès d'Andrologie de Tours*, décembre 1995.
25. *Sciences et Avenir*, nov. 1997.
26. www.securite.conso.org.
27. *Eurêka*, fév. 96.
28. *L'Homme en voie de disparition*, Éd. Terre Vivante, 1997.
29. *Travail et Sécurité*, n° 578, nov. 1998.

Chapitre 5. D'étonnants cocktails

1. Ch. 1. « Retours de chocs ».
2. *Sciences et Avenir*, juillet 2000.
3. *Le Péril électrique*, Éd. l'Âge du Verseau, 1989.
4. Colloque Assemblée nationale, Paris, 1999.
5. *Mesurer les champs électriques et magnétiques*, Éd. Encre, 1994
6. *Téléphones cellulaires. Danger ?* Éd. Marco Piéteur, 2000.
7. *Sciences et Avenir*, n° 2667, septembre 2000.
8. *Vaincre le stress*, Éd. De Vecchi, 1985.
9. P. Loiret, *Médecine du travail*, 1995.
10. *Vive le stress*, Éd. R. Laffont.
11. Revue *Mc World*, juillet 1990.
12. *L'écologie, c'est la santé*, Éd. Frison-Roche, 1993.
13. *Quels risques pour notre santé ?*, Éd. Syros, 2000.
14. *Aesculape*, n° 19, juillet 1999.
15. *L'Express*, 19/02/1998.
16. *Eurêka*, octobre 1996, n° 11.
17. *Ça m'intéresse*, mai 1999.

Chapitre 6. Changement de cap

1. *Vive le stress*, Éd. R. Laffont, 1997.
2. Conférences, *Réseau Environnement Santé*, mars 2000.
3. *La Santé empoisonnée*, Éd. Frison-Roche.
4. *Comment perdre la santé*, Éd. F.-X. de Guibert, 1995.

5. *Dis-moi comment tu cuisines*, Éd. Terre Vivante, 1991
6. *Le Tox 50*, Éd. Carthame.
7. *La Santé en péril*, Lib. Arnette, 1998.
8. *L'écologie c'est la santé*, Éd. Frison-Roche, 1993.
9. *Santé active*, n° 6, fév. 2000.
10. *Sciences et Avenir*, janv. 2000.
11. *Science et Vie*, n° 184, sept. 1993.
12. *L'Univers bactériel*, Éd. Albin Michel, 1989.
13. Dr F. A. Popp, *Biologie de la lumière*, Éd. Marc Piéteur, 1989.
14. S. Brousse, *L'Équilibre de l'énergie humaine*, Éd. du Rocher, 1986.
15. Agence France Presse, 16 juillet 1989.
16. *L'Éducation du patient au secours de la médecine*, Éd. PUF, 2000.
17. *La Révolution silencieuse de la médecine*, Éd. du Rocher.
18. *Le Corps quantique*, InterEd., 1991.

TABLE DES MATIÈRES

CHAPITRE 1

RETOURS DE CHOCS

CHAPITRE 2

ÉMOTIONNELLEMENT VÔTRE

CHAPITRE 3

MISE EN BOUCHE

CHAPITRE 4

LES TOXIQUES SE CACHENT POUR NOUS NUIRE

CHAPITRE 5

D'ÉTONNANTS COCKTAILS

CHAPITRE 6
CHANGEMENT DE CAP

Imprimé en France par la Société Nouvelle Firmin-Didot
Dépôt légal : mars 2002
CNE section commerce et industrie Monaco : 19023
N° d'impression : 58892